ASIEN

PAZIFIK

④

Suez

bal

ROTES
MEER

Sudan

⑤ Sarso

⑧

Nikobaren

⑧

Ceylon

Singapore

Malediven

INDISCHER
OZEAN

Barriere
Riff

Cairns ⑥

AUSTRALIEN

⑦ 1953/54 1. »Xarifa«-Expedition
Hamburg – Azoren – Los Roques – Bonaire – Galapagos –
Kokos – Bonaire – Genua

⑧ 1957/58 2. »Xarifa«-Expedition
Genua – Gubal – Sarso – Malediven – Ceylon –
Nikobaren – Singapore

Hans Hass

Abenteuer unter Wasser

1

Meine Erlebnisse
    und Forschungen
im Meer

Hans Hass

Abenteuer unter Wasser

Herbig

© 1986 F.A. Herbig Verlagsbuchhandlung München–Berlin
Alle Rechte vorbehalten
Redaktion: M. Handschuch-Hammann
Layout und Herstellung: Franz Nellissen
Umschlaggestaltung: Christel Aumann
Reproduktionen: Gebr. Czech, München
Satz, Typographie und Vorsatzkarte: Atelier Hans Numberger, München
Gesetzt aus 10/11 Helvetica leicht, System 4 Linotype
Druck und Binden: Mohndruck Graphische Betriebe GmbH, Gütersloh
Printed in Germany   ISBN 3-7766-1426-9

INHALT

Wie es anfing

Man hat mich oft gefragt, wieso gerade ich – ein Wiener, also ein Binnenländer, auf die Idee kam, in tropischen Meeren mit einer neuen Art der Meeresforschung zu beginnen. Mit einer Harpune und einer Kamera in die damals noch unerforschten Korallenriffe hinabzutauchen und sich dort mit den Haifischen einzulassen, war zweifellos keine alltägliche Sache.

Ich glaube, die Antwort darauf ist, daß mich ungewöhnliche Dinge immer schon interessiert haben. Ich meine damit Dinge, die andere nicht tun. An sich sollte ich die Kanzlei meines Vaters übernehmen: er war Rechtsanwalt. An Naturforschung war ich damals noch nicht sonderlich interessiert – eher an ausgefallenen Dingen wie etwa Handlesen, Graphologie, Okkultismus, Tischrücken, Pendeln und Ähnlichem. Darüber schaffte ich mir eine umfangreiche Bibliothek an – und habe sogar eine Abiturarbeit über die Geschichte der Chiromantie im Altertum und im Mittelalter verfaßt.

Ich war recht sportlich, ein guter Schwimmer und Kunstspringer, auch Leichtathlet, gewann einmal im Zehnkampf. Auch im Florettfechten

Meine ersten Fische erlegte ich an der alten Donau bei Wien. Ich konnte stundenlang im Boot sitzen und meine Angel in die Algenwälder hinunterlassen. Biß einer an, dann holte ich ihn so schnell hoch, daß er sich nicht in den Pflanzen verheddern konnte.

habe ich Preise gewonnen. Im Sommer fuhr ich stets mit meiner Mutter nach Juan les Pins an der französischen Riviera. Sie war eine sehr schöne, sehr jugendlich wirkende Frau – viele hielten uns für Bruder und Schwester. Wir verstanden uns ausgezeichnet, und sie hatte einen großen Einfluß auf meine Erziehung. Als ich acht oder neun Jahre alt war, gab sie mir Taschengeld und sagte zu mir: »Wenn es dir Spaß macht, kauf dir Zigaretten. Wir haben nichts dagegen. Wenn du rauchen willst, kannst du das ruhig tun. Freilich, für einen Sportler ist das nicht besonders gut. Außerdem rauchen ja sowieso die meisten, also macht es fast mehr Eindruck, wenn man der einzige ist, der es nicht tut.« Das Ergebnis war, ich habe nie geraucht.

Nun, meine Geschichte beginnt im Sommer 1937. Ich war damals 18 Jahre, hatte mein Abitur gut hinter mich gebracht. Meine Eltern schickten mich, diesmal allein, nach Paris zur Weltausstellung. Ich sollte mir die Hörner abstoßen, das Leben kennenlernen. Ich blieb nicht lange dort, sondern fuhr wieder zur französischen Riviera, nach Juan les Pins. Dort erlebte ich dann eine unglückliche Liebe und strebte deshalb in die Einsamkeit, um mich in aller Ruhe meinen traurigen Gedanken widmen zu können. Ich wanderte zum einsamen Cap d'Antibes, das etwa auf halbem Weg zwischen Monaco und Cannes liegt. Als ich dort auf die sehr malerischen und schroffen Felsen hinauskletterte, sah ich einen Mann im Meer umherschwimmen, der mit einer langen Stange immer wieder untertauchte und dann stets ziemlich lange unter Wasser blieb. Was trieb dieser Kerl? Plötzlich erschien er wieder an der Oberfläche und am Ende der Stange – es war eine drei Meter lange Harpune – zappelte ein durchbohrter Fisch!

Ich wartete bis er an Land kam und sprach ihn an. Es war ein Amerikaner, sein Name war Guy Gilpatric. Wie ich von ihm erfuhr, war er Journalist, schrieb für die Saturday Evening Post. Einer seiner Freunde hatte in der Südsee Eingeborene beobachtet, die mit langem Speer tauchend Fische erlegten. Das hatte ihn auf die Idee dieses neuen Sportes, den er somit begründete, gebracht. Wie er mir erzählte, betrieb er diese Tätigkeit schon seit drei Jahren und hatte schon einige Dutzend Schüler und Nachahmer, die an den Felsküsten zwischen Toulon und Monaco den Fischen in dieser Weise nachstellten.

Ich fragte ihn, wo ich mir eine solche Harpune beschaffen könnte, und er verwies mich an den Schmied Martin in Antibes. Dorthin marschierte ich gleich am nächsten Tag – und kaufte mir dann auch dieselbe Brille, wie Gilpatric sie verwendete. Die heute üblichen Tauchmasken gab es damals noch nicht, nur eben diese wasserdichten Brillen, die für U-Boot-Austauchgeräte erzeugt wurden und den Brillen von Perlentauchern ähnlich waren. Tauchte man mit ihnen tiefer als zehn Meter, dann preßte der Wasserdruck sie so stark in die Augenhöhlen, daß die Augen tränten. Standen sie nicht genau parallel, dann sah man ein doppeltes Bild.

Schon bei meinen ersten Versuchen Fischen auf diese neue Weise nachzustellen, sah ich, daß es außerordentlich schwierig ist, mit der drei Meter langen Harpune an einzelne Tiere heranzukommen. Vorne am Harpunenschaft saß die lösbare Spitze, die sich im Körper des Tieres, wenn es getroffen war, verankerte, also vom Schaft löste und mit einem Vorfach aus Draht und einem kurzen Seil am Harpunenstock hing. Das Seil war normalerweise mit einem Gummiband am Harpunenstock festgehalten und schlüpfte dann aus diesem Band heraus, so daß der Fisch mit dem Seil an dem Stock hing. Dazu aber war es nötig, mit völlig lautlosen Bewegungen an das Tier heranzuschleichen und es dann mit blitz-

Steile Felsküsten waren später mein Jagdrevier mit der Harpune. Das Wasser war dort kristallklar, und vor den Höhlen standen große Zackenbarsche. – Fußflossen gab es damals noch nicht. Ich tauchte bis zwölf Meter Tiefe und lernte bis zu zwei Minuten lang den Atem anzuhalten.

Mit der zweieinhalb Meter langen Harpune bis auf Stichnähe an Fische heranzukommen und sie dann mit blitzschnellem Stoß zu durchbohren, war schwierig und erforderte viel Geduld. Ich lernte damals, daß sich jede Art anders verhält.

War der Fisch getroffen, dann löste sich die Spitze, und er hing an der Schnur. Ich verkaufte meine Beute an Restaurants, wurde dort zum gerngesehenen Lieferanten. – Rechts: Mit den Tauchgeräten wurde es später einfacher. Eine Invasion von Unterwasserjägern setzte ein. Mit Schußharpunen wurden viele Küsten leergeschossen.

schnellem Stoß zu durchbohren. Und das war ganz und gar nicht einfach. Schon beim Untertauchen mußte man jedes Plätschern vermeiden, sonst waren alle Fische im Umkreis gewarnt.

Nach vielen ergebnislosen Versuchen traf ich endlich auf einen Brassen, der unbeweglich vor einem Felsen stand. Ich pirschte mich behutsam näher, wie mein Luftvorrat es zuließ, dann schnellte mein Arm vor – der Fisch wich seitlich aus, und ich traf mit voller Wucht den Felsen. Die Spitze zerbrach, und ich mußte mir von Herrn Martin eine neue schmieden lassen.

Meine erste Beute war schließlich ein Rochen. Es war keine Heldentat, denn er lag regungslos auf dem Sand, und ich spießte ihn, von schräg oben kommend, buchstäblich auf. Einige Neugierige standen am Ufer. Ich brachte ihn stolz an Land. Als ich ihn jedoch faßte, ließ ich ihn schnell wieder fallen. Es war ein Zitterrochen, der elektrische Schläge austeilt. So zeigte mir das Monster, mit dem ich mich da eingelassen hatte, gleich zu Anfang seine Zähne.

Diese Jagd – das möchte ich hier hervorheben – war ein sehr fairer Sport. Im Gegensatz zum Angler, der vom Boot aus seinen in einem schmackhaften Köder verborgenen Haken in die Tiefe hinabläßt, hatten die Fische uns gegenüber praktisch jeden Vorteil auf ihrer Seite. Sie sahen uns kommen, konnten beliebig lange unter Wasser bleiben, brauchten nicht immer wieder zur Oberfläche hochzuschwimmen und Luft zu schöpfen. Und sogar wenn man einen überlistete, und er sich in eine Höhle flüchtete, war es durchaus nicht einfach, ihn dann aus diesem Versteck hervorzuholen. Als dann später die mit Gummiband, Eisenfeder oder Pulver betriebenen Unterwassergewehre auf den Markt kamen und die Unterwasserjäger zusätzlich noch Atemgeräte verwendeten, veränderte sich dieses Verhältnis. Die mechanisierten Unterwasserjäger wurden den Fischen allzusehr überlegen. Sie konnten jedem Fisch bis in sein Loch folgen, dort in aller Gemütsruhe auf ihn zielen und ihn aus seinem Versteck hervorholen. Das war auch der Grund, warum ich mich nach zahlreichen Büchern, in denen ich die Unterwasserjagd populär machte, gegen diesen Mißbrauch des einst fairen Sportes wandte. 1971 appellierte ich mit einem Manifest an alle Sporttaucher der Welt, sich für ein generelles Verbot der mechanischen Unterwasser-Sportwaffen einzusetzen. Mir war dabei klar, daß auch mit den Schleudern manche Fische schwer zu erlegen sind; jedoch lassen sich unter Wasser kaum Einzelverbote und Abschußquoten durchsetzen. Fast alle führenden Taucher schlossen sich meiner Aktion

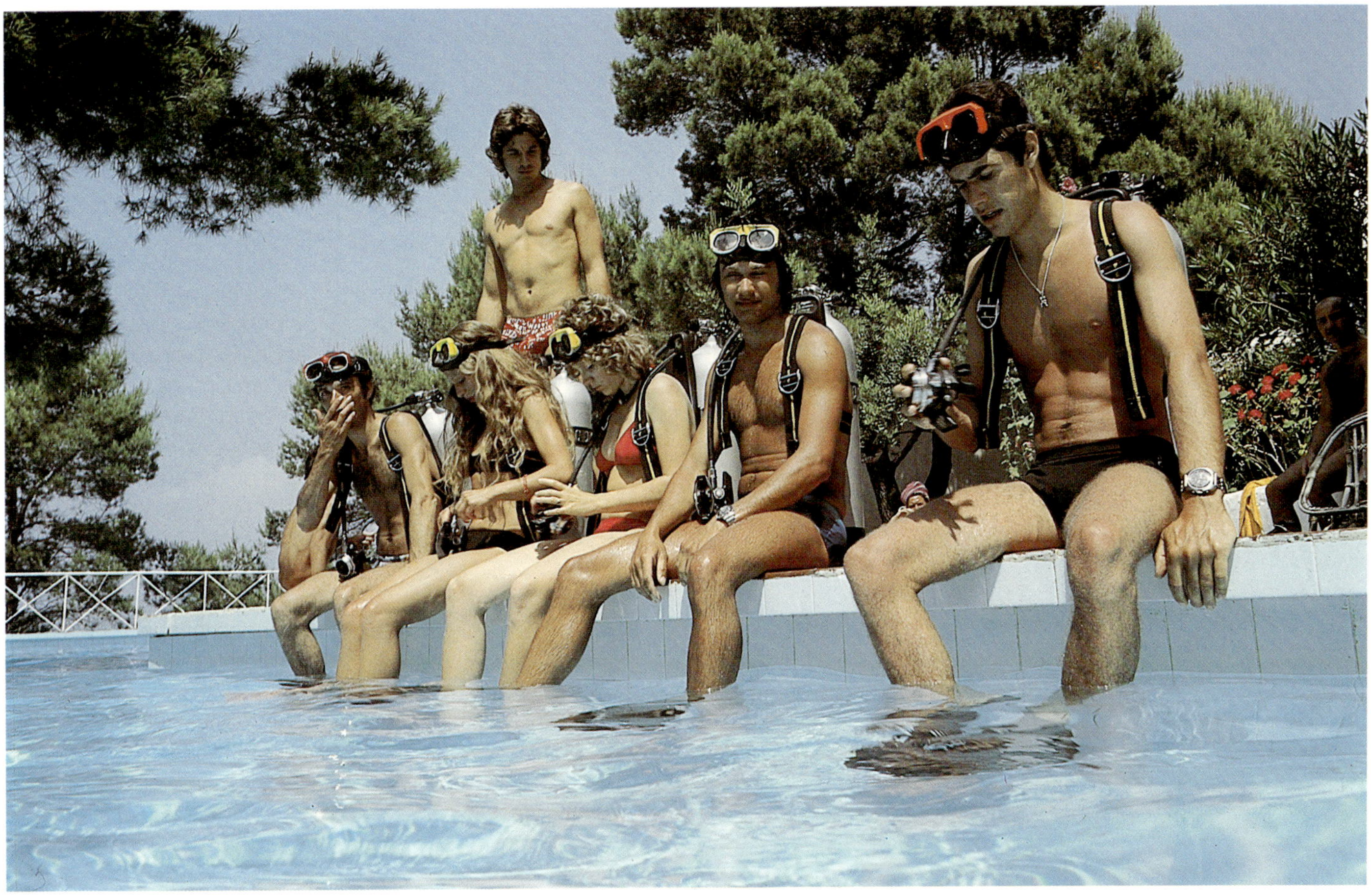

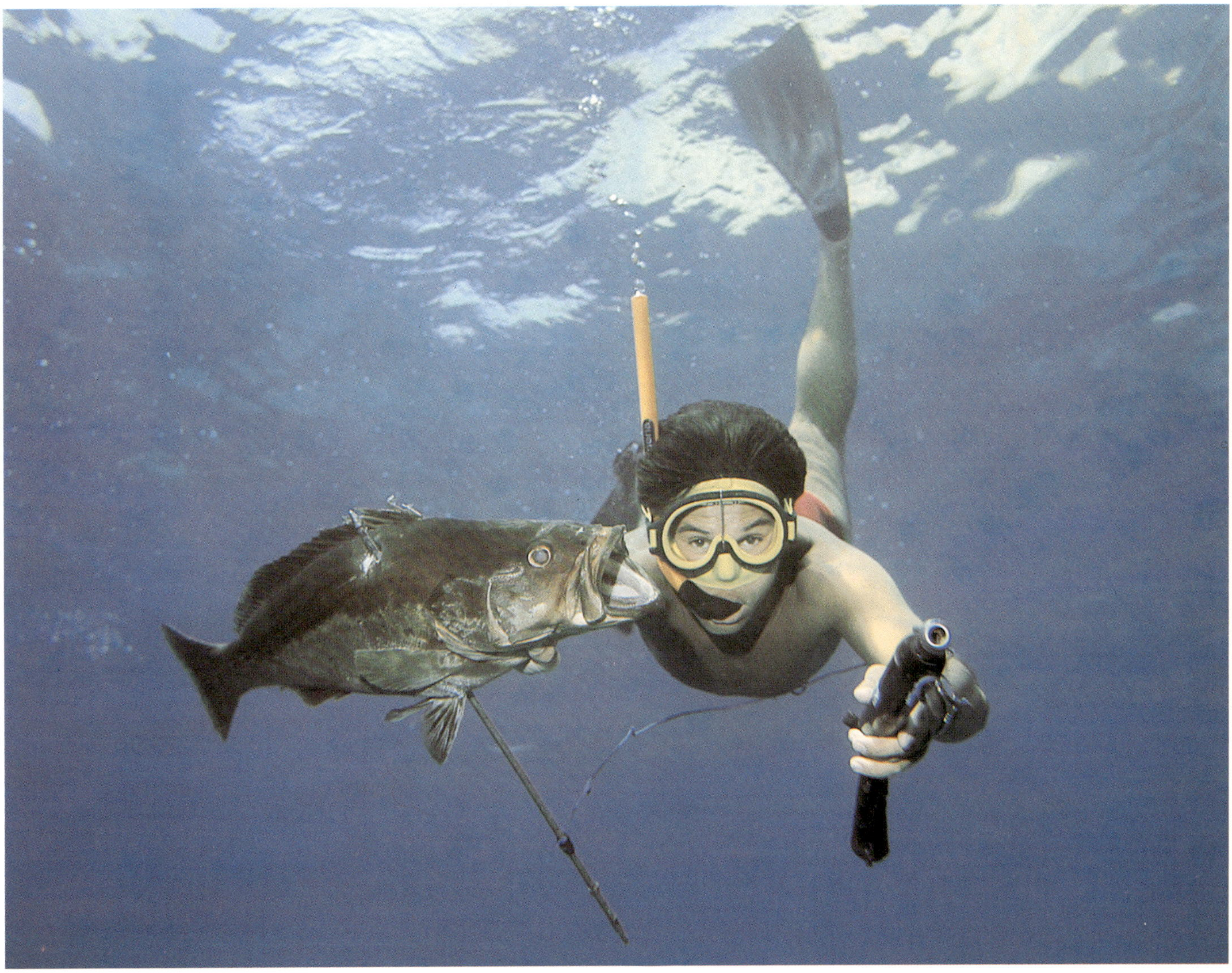

Die Jagd mit dem Hand-
speer war fair. – Rechts: 34
Jahre später wandte ich
mich mit diesem Manifest an
die Sporttaucher in aller Welt.

pischen Meeresgrund und von dem unglaublichen Fischreichtum innerhalb und rund um versunkene Schiffe. Aber mir wurde klar, daß zwei
Drittel der Erdoberfläche praktisch vom Menschen noch unberührt waren – unbetreten und
unerforscht. Im besonderen dachte ich bereits
an die Korallenriffe in den südlichen Meeren,
über die ich in einigen Büchern gelesen hatte. Im
Roten Meer! Im Karibischen Meer! Im Indischen
Ozean! In den endlosen Weiten der Südsee im
Pazifik! Dort überall wollte ich eines Tages tauchen, die dort lebenden Fische kennenlernen,
ihnen nachstellen! Dieser Gedanke beherrschte
mich schon gleich in dieser ersten Zeit, und ich
vermerkte ihn in meinem Tagebuch. Freilich ahnte ich nicht, daß es mir möglich sein würde,
diese kühnen Träume zu verwirklichen. Und in
der Tat war bis dahin noch ein weiter Weg.
In der wissenschaftlichen Forschung hatte man
wenig Verständnis für solche Gedanken. Man
sandte Netze in die Tiefe, untersuchte die gefangenen Meerestiere, beobachtete jene, die lebten, in Aquarien. Doch über ihr natürliches Leben und Zusammenleben war damals noch sehr
wenig bekannt. Fast überall, wo ich später
tauchte, war ich der erste und wußte nicht, was
mir hinter dem nächsten Riff oder Felsen begegnen würde. Meine Phantasie hielt stets die damals noch kaum bekannten »Meeresungeheuer«
bereit, die jederzeit irgendwo auftauchen konnten – und die ich dann auch der Reihe nach
kennenlernte. Die prickelnde Angst vor dem Unbekannten, das gebe ich ehrlich zu, war vielleicht der stärkste Antrieb für alles, was ich in
den folgenden Jahren unternahm. Stolz saß ich
an manchem Abend allein vor der Weltkarte und
betrachtete die ungeheure Zahl von Küsten und
Inseln. Ich lebte im 20. Jahrhundert – und zwei
Drittel des Globus waren noch unerforscht, vom
Menschen noch unberührt!
Bald tauchte ich nicht mehr allein, sondern hatte
einen Kameraden namens Burli gefunden. Es
war ein Freund aus Wien, den ich hier zufällig
traf, und der sich mir anschloß. In der Nähe von
Cannes, bei der kleinen Insel St. Honorat, hatten
wir ein besonderes Erlebnis. An der Ostspitze
gibt es Riffe, zu denen wir hinausschwammen.
Sie fallen steil in die Tiefe ab, und beim äußersten Riff sah ich ziemlich tief unten einen riesigen
Fisch. Er stand dort vor einem Felsloch – es war
ein Zackenbarsch von sicher zehn bis fünfzehn
Kilogramm Gewicht. Er hatte große Glotzaugen
und sah mit schwingenden Flossen zu uns herauf. Mir war sofort klar, daß ich den unmöglich in
der gewohnten Art erlegen konnte. Selbst wenn
ich an ihn herankommen sollte und ihn harpu-

an, und sie hatte erstaunlichen Erfolg. In wenigen Jahren kam es in den meisten südlichen
Ländern zu Gesetzgebungen, die dort heute die
Unterwasserjagd verbieten. Es ist also keineswegs so, daß damals gut war, was heute
schlecht ist, nur hat sich die Situation grundle-
gend verändert. Die Waffen wurden zu wir-
kungsvoll, und der Jäger wurden zu viele.
Was mir schon in diesen ersten Jagdtagen be-
wußt wurde, war die ungeheure Größe meines
neuen Jagdreviers. Noch wußte ich nichts von
den phantastischen Landschaften auf dem tro-

nieren konnte, so war er viel zu stark. Was wir brauchten, war ein langes Seil, um es an das Vorfach der Harpunenspitze zu befestigen. Das andere Ende des Seils mußte Burli, an der Oberfläche oder auf den Klippen stehend, halten und dann mit aller Kraft hochziehen. Wenn ich dann mithalf, konnte es gelingen den Fisch zur Oberfläche hochzuziehen und zu überwältigen.

Wir schwammen zur Küste zurück und fanden auch einen Fischer, der bereit war, uns ein etwa 30 Meter langes Seil zu borgen. Als Sicherheit ließen wir ihm unsere Kleider zurück. Außerdem wurde vereinbart, daß er im Falle des Erfolges den Kopf des Fisches bekommen würde. Daraus ließe sich, so erklärte er uns, eine vorzügliche Suppe kochen.

Inzwischen war einige Zeit vergangen, und das Wetter hatte sich verschlechtert. Als wir wieder zur Ostspitze zurückkamen, brandeten hohe Wellen an den Klippen. Schwarze Wolken zogen auf, ein Sturm war im Anzug.

Wir schwammen trotzdem hinaus und wurden mit unserem langen Seil über den Klippen, auf denen es viele Seeigel gab, hin- und hergespült. Als wir zur äußersten Spitze kamen, war der Fisch tatsächlich noch da. Ich mußte mehrere Meter tief tauchen, um unter die Schaumwolken der Brandung zu gelangen und ihn zu sehen – und diesmal bemerkte er mich nicht. Burli verblieb mit dem Ende des Seiles, das er sich um den Bauch befestigt hatte, zwischen den hohen Wellen – denn auf die Klippen zu steigen, war jetzt unmöglich. Ich schöpfte lang und tief Atem und tauchte dann, vorsichtig am Fels entlangschleichend, zu dem Fisch hinab. Ich war inzwischen schon ein recht geschickter Unterwasserjäger, hatte schon verschiedene Fische erlegt. Während oben die Brandung donnerte, schwamm ich mit ganz vorsichtigen Bewegungen seitlich an ihn heran. Mein Körper war gespannt, ich kam auf Stichweite nahe, zielte genau, stach zu – in eben diesem Moment wurde mir die Harpune von unsichtbarer Kraft rückwärts aus der Hand gerissen. Der Fisch verschwand in seinem Loch, und ich tauchte auf. Burli war von einer besonders großen Welle erfaßt und hinweggespült worden – und mit ihm das Seil und die Harpune.

Dieses Erlebnis brachte mich auf eine neue Idee: Um künftig auch größere Fische harpunieren zu können, mußte ich mir ein dünneres Seil besorgen und dieses in kunstvollen Schlingen so mit einem Knoten an dem Gürtel meiner Badehose befestigen, daß sich, wenn ein Fisch stärker zog, der Knoten öffnete und das Seil freigab. Dann hatte ich Zeit, um zur Oberfläche zu schwimmen

Manifest

Die Unterwasserjagd, die vielen aufregende und faszinierende Erlebnisse vermittelte, hat leider zu sehr negativen Folgeerscheinungen geführt. Die immer besseren Unterwasserwaffen und die immer größere Zahl von Unterwasserjägern hatten zur Folge, daß die Fischbestände der Litorale stark dezimiert, ja in vielen Gegenden praktisch vernichtet sind. An den Küsten des Mittelmeeres wird dies jedem, der die gleiche Gegend vor 20 Jahren besucht hat, sehr drastisch vor Augen geführt. Und ebenso öde und leergeschossen sind auch schon viele tropische Korallenriffe. Was ist zu tun?

Wir können auf dem Standpunkt beharren, daß nur, was der Augenblick bietet, Bedeutung hat: Après nous le déluge — Was nach uns kommt, ist belanglos. Wer jedoch den Unterwassersport liebt, wird vielleicht anders denken. Zerstören wir die Fischbestände, dann zerstören wir den Hauptreiz für den Taucher. Denn durch öde Steinlandschaften und Riffe zu schwimmen ist nur halbe Freude.

Da ich diesen Sport popularisierte, sei mir die Darlegung meiner Ansicht gestattet. Nach meiner ehrlichen Überzeugung kann hier nur ein höchst drastisches Mittel helfen: Schutzgebiete, »Unterwasserparks«, sind eine vorzügliche Einrichtung, genügen aber nicht. Die Ausgabe von Jagdscheinen hilft wenig, die Genehmigung für den Abschuß von so und so vielen Fischen dieser oder jener Art ist völlig unmöglich, weil unkontrollierbar. Das Übel kann nur an der Wurzel bekämpft werden — durch ein weltweites Verbot aller mechanischen Unterwasserwaffen. Auf den ersten Blick erscheint ein solches Vorhaben undurchführbar, aussichtslos. Für die Hersteller und Verkäufer aller dieser Waffen würde ein solcher Schritt beträchtliche geschäftliche Einbußen bedeuten. Ist es aber wirklich so schlimm? Werden die Fischbestände zerstört, dann verliert der Tauchsport viel von seinem Reiz ... dann werden also, kommerziell betrachtet, entsprechend weniger Tauchgeräte, Unterwasserkameras und sonstiges Gerät verkauft werden.

Jedem, der den Sport liebt, sollte es indes gleichgültig sein, ob sich Opfer oder ein finanzieller Schaden mit seinen Aktionen verbindet. Hauptgesichtspunkt ist, den Tauchsport zu erhalten, ihn zu fördern und ihn immer neuen Jüngern zugänglich zu machen.

Deshalb fordere ich alle, die so wie ich empfinden, dazu auf, sich dieser Bestrebung anzuschließen und sich für nachstehende Ziele einzusetzen:

1. Einwirkung auf sämtliche Organisationen des Unterwassersportes, in ihrem jeweiligen Bereich den Verzicht einer Verwendung mechanischer Unterwasser-Sportwaffen zu bewirken.

2. Einwirkung auf die Hersteller, Händler und Verkäufer der mechanischen Unterwasser-Sportwaffen, freiwillig solche Herstellung, solchen Handel und Verkauf einzustellen.

3. Einwirkung auf die gesetzgebenden Körperschaften aller Länder, über entsprechende Gesetze und Verordnungen die Herstellung, den Handel, den Verkauf und die Verwendung aller mechanischen Unterwasser-Sportwaffen zu verbieten.

Die Unterwasserjagd mit dem bloßen Handspeer könnte bis auf weiteres gestattet bleiben. Sie ist insofern fair, als sie schwierig ist und den Fischen gute Chancen zum Entkommen bietet. Jedoch durch Schleudern oder Explosionswaffen wird der Mensch den Meerestieren allzu sehr überlegen. Diese Degeneration der ursprünglichen Jagdform muß freiwillig aufgegeben und verboten werden.

Wien, den 12. Juni 1971   *Dr. Hans Hass*

Der durch dieses Manifest angeregten Bewegung schlossen sich durch Unterschrift über 5000 Taucher in aller Welt an und setzten sich in der Folge tatkräftig für Schutzmaßnahmen und Durchsetzung entsprechender Gesetze ein. In zahlreichen Ländern wurde die Unterwasserjagd inzwischen gesetzlich verboten. Unter den prominenten Tauchern unterzeichneten in den USA: Stanton Waterman, Al Giddings, Jack McKenney, Paul Tzimoulis, Douglas Faulkner, Flip Schulke. In Australien: Ron und Valery Taylor, Jon Harding, Walt Deas, Ben und Eva Cropp. In Frankreich: Jacques Mayol, Henry Broussard und Philippe Diolé. In der Schweiz: Hannes Keller, Hermann Heberlein und Jacques Piccard. In Italien: Victor de Sanctis und Sergio Angeletti. In England: Peter Vine. In Portugal: Jorge de Albuquerque. In Deutschland: Ludwig Sillner, Jens-Peter Paulsen, Hermann Gruhl, Horst Laskovski und Irenaeus Eibl-Eibesfeldt. Jacques Cousteau wurde ebenfalls eingeladen, konnte aber als Präsident von US-Divers, des größten Harpunenherstellers in den USA, zunächst nicht mitziehen. Zwei Jahre darauf strich US-Divers die Herstellung von Harpunen aus seinem Programm, und Cousteau initiierte in den USA eine analoge eigene Bewegung.

Diese Aufnahme – halb unter, halb über Wasser – zeigt, um wieviel größer und näher alles unter Wasser aussieht. Dies liegt an der Lichtbrechung des Wassers.

Ohne lange nachzudenken, stieß ich dem nächsten die Harpune tief in den Leib. Sofort fühlte ich, wie eine ungeheuer starke Kraft mich schräg in die Tiefe zog.

Ich zappelte verzweifelt, verlor die Tauchbrille, versuchte den Knoten, der sich nicht lösen wollte, zu öffnen. Es war aussichtslos. Er hatte sich ganz fest zugezogen. Ich schluckte Wasser, der Fisch zog mich hinter sich her – mir wurde klar, daß ich daran war, zu ertrinken. Endlich kam mir der erlösende Gedanke! Mit aller Gewalt zwängte ich mich aus der Badehose heraus, an deren Gürtel das Seil und der übermächtige Fisch hingen. Ich war fast tot, als ich wieder zur Oberfläche kam, mußte mehrere Minuten lang tief atmen, um mich allmählich zu beruhigen. Als ich splitternackt und ohne Brille, nur mit dem Harpunenstock, den ich nicht losgelassen hatte, wieder an Land stieg, war Burli ziemlich erstaunt.

Ich begann damals die Fische, die ich harpunierte, an Hotels zu verkaufen. Ich führte auch Buch über meine Einnahmen und Ausgaben, konnte bald schon die Kosten der Harpune und des gemieteten Fahrrades hereinbringen. Daraus entwickelte sich dann ein Prinzip: Ich habe alle späteren Expeditionen stets mit dem Geld finanziert, das mir diese Tätigkeit einbrachte. Meine Eltern hätten mir ohne weiteres Geld gegeben, doch hatte ich das Bedürfnis, mir diesen Weg, diese Herausforderung, selbst zu finanzieren – zunächst durch Fischverkauf, später dann durch Zeitungsberichte, Bücher, Vorträge und Filme.

Ich machte damals eine Beobachtung, die dann ebenfalls mein späteres Leben wesentlich beeinflußt hat. Bei dieser Unterwasserjagd zeigte sich, daß die einzelnen Fischarten, die ich verfolgte, durchaus nicht so stumpf und gleichförmig waren, wie sie sich in Aquarien präsentierten. Um an sie heranzukommen, mußte ich sie sehr genau studieren – und dabei stellte ich fest, daß das Instinktverhalten der einzelnen Arten, ihre Lebensweise und ihre Reaktionen, verschieden sind wie ihre Körpergestalt, ihre Musterung und Färbung. Auch ihre Intelligenz ist durchaus verschieden ausgeprägt. Mir kam damals der Gedanke, daß hier vielleicht für die Meeresforschung eine gänzlich andere und neue Möglichkeit gegeben war. Sie bestand darin, daß der Forscher sich selbst in ein fischartiges Wesen verwandelt, selbst fischartig das Leben der Meerestiere erforscht, also die Tiere in ihrer natürlichen Umwelt beobachtet und mit ihnen experimentiert, sie in ihrem natürlichen Lebensraum in einem Fisch-Fisch-Verhältnis kennenlernt.

und von dort aus den Fisch zu ermüden und hochzubringen.

Diese Idee hätte mich fast das Leben gekostet. Ich rüstete mich genauso aus, wie ich es geplant hatte, und schon bei einer der nächsten Unterwasserjagden ergab sich die Gelegenheit, mein neues Patent zu erproben. Burli fühlte sich nicht besonders und blieb an Land. Ein ziemlich weites Stück von der Küste des Kap Miramar entfernt lag ein einsames Riff: zu diesem schwamm ich hinaus. Bald wurde es unter mir so tief, daß ich den Grund nicht mehr sehen konnte. Plötzlich war ich von riesengroßen Fischen umringt. Silberglänzende, große pralle Körper umkreisten mich in nächster Nähe. Es waren Thunfische!

Genau das habe ich dann bei späteren Expeditionen verwirklichen können. Sogar die Flossenbewegungen jeder Fischart sind charakteristisch und von jenen anderer Arten zum Teil außerordentlich verschieden. Ich konstruierte später eine Spezialkamera, mit der ich sogar bei kleinen und schnellschwimmenden Korallenfischen in Großaufnahme und in Zeitlupe festhalten konnte, wie sie manövrieren. Bei manchen dauerte es wochenlang, ehe ich diese Bewegungen der einzelnen Flossen wirklich scharf aufs Bild bekam. Wie ich dann feststellte, war diese Jagd mit der Kamera noch weit aufregender und weit schwieriger als jene mit der Harpune.

In einer einsamen Gegend schwamm ich um eine Klippe, da sah ich in einer kleinen Bucht drei sehr hübsch gewachsene junge Damen, die sich hier in aller Einsamkeit nackt sonnten. Es war psychologisch interessant, wie sie reagierten. Ihre Kleider waren einige Meter weit entfernt – um also meinen Blicken zu entgehen, sprangen sie kurzentschlossen ins Wasser. Womit freilich nicht erreicht war, was sie wollten. Denn über Wasser hätte ich sie kaum in Muse und im Detail beobachten können; unter Wasser jedoch sah ich sie durch meine Brillen ganz außerordentlich deutlich. Schon damals erkannte ich, daß manches Instinktverhalten beim Menschen ebenso unbesonnen und maschinenhaft abläuft wie bei den uns so unterlegenen Fischen.

Die Wasseroberfläche spiegelt auch von unten. Hier schwebt einer meiner Kameraden bei völlig glattem Meer dicht unter der Oberfläche. Sein Spiegelbild ist kaum verzerrt.

Mein erstes Expeditionsschiff war der »Sokol«, ein Fisch-kutter, den wir mieteten. Mit ihm fuhren wir an der dalma-tinischen Küste entlang und erkundeten die Unterwasser-welt.

Ich kehrte dann nach Wien zurück, erzählte von meinen Abenteuern, und niemand glaubte mir. Meine Freunde sagten: »Das ist doch unmöglich. Du kannst doch nicht Fische unter Wasser fangen!« Das brachte mich auf den Gedanken, unter Wasser zu fotografieren. Ich wollte Bewei-se schaffen. Ich erkundigte mich und gelangte zu einem Kunstschlosser, Herrn Steurer, der nach meinen Angaben für mich eine wasser-dichte Hülle für eine Kleinbild-Fotokamera fa-brizierte. Die wasserdichten Durchführungen waren kein Problem; wir verwendeten eben-solche Stopfbüchsen wie bei Wasserleitungen. So entstand eine kleine, handliche Unterwasser-kamera.

Ich erfuhr auch, daß bei der Weltausstellung

Flossen gezeigt worden waren, die der Franzose Corlieu erfunden hatte. Ich ließ mir solche kom-men, probierte sie und besiegte gleich einen Meisterschwimmer im Kraulen, weil man eben mit Flossen viel schneller schwimmen kann.

In meinem Sportklub, dem Akademischen Sportverein, hielt ich einen Vortrag über meine Erlebnisse. Es wurde ein großer Erfolg. Auch hier fehlte es nicht an Skepsis, aber acht meiner Sportkameraden waren bereit, mich auf der nächsten Reise, die ich für den folgenden Som-mer plante, zu begleiten. Diesmal wollte ich nach Jugoslawien fahren, an der dalmatinischen Kü-ste tauchen. Ich organisierte dort ein Schiff und bekam dann noch das Buch von William Beebe in die Hand, in dem er schilderte, wie er mit

einem Taucherhelm unter Wasser ging. Ich ließ mir von Herrn Steurer einen ganz ähnlichen anfertigen. Im Prinzip ist das eine kleine, durch Gewichte beschwerte Taucherglocke, die über den Kopf gestülpt wird. Die Luft wird von oben durch einen Gummischlauch herabgepumpt, wir verwendeten dazu einen gewöhnlichen Gartenschlauch und eine größere Fahrradpumpe. Im Helm war so der Kopf von Luft umgeben, und man konnte normal atmen. Vorne hatte der Helm ein Fenster.

Mit dieser Ausrüstung fuhren wir dann, fünf Mann hoch, nach Zadar, wo uns der von mir gemietete Fischkutter »Sokol« erwartete. Unser erstes Ziel war die Insel Uglian in den Incoronaten: eine einsame Inselgruppe vor der jugoslawi-

schen Küste. Wie sich jedoch zeigte, war das keine sehr gute Wahl. Die Inseln sind reines Karstgebiet. Über Wasser gibt es kaum größere Pflanzen, und unter Wasser sieht es nicht minder öde aus. Der Algenwuchs ist spärlich, deshalb gibt es auch nur wenige pflanzenfressende Fische, und aus diesem Grund fehlten die Raubfische. In jeder erdenklichen Fülle gab es dagegen Seegurken. Schwarz und unappetitlich lagen sie überall herum, sowohl auf dem Sand wie auch auf den Felsen. Wir fuhren deshalb rasch weiter und fanden an den Küsten bei Split wesentlich bessere Bedingungen. Hier machte ich die ersten Unterwasseraufnahmen. Ich fotografierte meine Kameraden, wie sie hinabtauchten und Fische zu harpunieren versuchten. Dann

Es wurde eine lustige Fahrt. Allerdings gelang es nur einem meiner Sportkameraden, Fische unter Wasser zu harpunieren.

Mit der Kamera an Fische heranzupirschen ist noch schwieriger als mit der Harpune. Man muß völlig lautlos schwimmen und gleichzeitig an die Entfernungs- und Blendeneinstellung denken. Dieser Marmorbrassen wühlte mit dem Kopf im Sand, so daß ich unbemerkt an ihn herankam. Ais er aufschaute, fotografierte ich.

Schwer zu fotografieren waren die stets eilig an den Felsen entlangschwimmenden
Meeräschen. Hier hatte ich
das Glück, daß eine dicht an
mir vorbeikam.

Unten: Zackenbarsche gibt
es in allen Meeren.
Tropische Arten
werden bis über zwei Meter
lang und mehrere hundert
Kilo schwer.

Abstieg mit dem Taucher-
helm. Die Luft wird von oben
herabgepumpt, so daß der
Kopf im Trockenen ist. Der
Auftrieb wird durch Gewichte
vorn und rückwärts am Helm
ausgeglichen. Man kann damit bis 20 Meter tief tauchen,
ist jedoch ungeschickt und
kann sich nur langsam über
den Grund fortbewegen.

postierte ich mich unterhalb des Bootes auf dem
Grund und fotografierte von unten, wie sie ins
Wasser sprangen und, von Blasen umgeben,
wieder hochtrieben. Bei völlig glattem Meer
konnte ich festhalten, daß die Grenzschicht zwischen Wasser und Luft von unten her ebenso
spiegelt wie von oben. Außerdem gelang es mir
bereits, an verschiedene Fische ganz dicht heranzukommen und sie in ihrem natürlichen Leben
in Großaufnahme festzuhalten.
Besonders günstige Tauchbedingungen fanden
wir auf der Insel Lopud. Wir harpunierten hier
zahlreiche große Fische, vor allem Zackenbarsche. Allerdings gelang es nur einem der vier
Sportkameraden Fische zu erlegen. Er hieß
Egon Staic und ist leider im folgenden Winter
beim Skispringen tödlich verunglückt. Die von
uns beiden erbeuteten Fische verkauften wir –
sofern wir sie nicht selbst aßen – in bewährter
Weise an Hotels. Eines Morgens kam ein Polizist
an Bord. Wir sollten zur Polizeistation kommen.

Dort empfing mich der diensthabende Offizier
mit den Worten: »Wir haben erfahren, daß Sie
Fische unter Wasser vergiften. Das ist bei uns
verboten. Entweder unterlassen Sie das, oder
Sie werden bestraft und müssen die Insel verlassen!«
Ich fragte ihn höflich, wie er sich das denn vor-
stelle. Ob er etwa glaube, daß wir den Fischen
unter Wasser das Gift ins Maul steckten?
Er ließ sich jedoch auf keine Argumente ein.
Entweder wir hörten mit dieser Tätigkeit auf,
oder wir müßten sofort die Insel verlassen.
Nun machte ich ihm den Vorschlag: »Kommen
Sie doch mit uns und bilden Sie sich ein eigenes
Urteil! Wir geben Ihnen eine Tauchbrille und dann
können Sie ja selbst sehen, was wir unter Wasser tun!« Das aber scheiterte daran, daß der
Mann nicht schwimmen konnte. Zum Glück kam
mir jetzt der Bürgermeister des Ortes, der auch
zugegen war, zu Hilfe. Er war ein freundlicher
dicker Mann, namens Glavovic, und er war

Goldstriemen schwimmen
stets im Schwarm und wei-
den die kleinen Algen auf den
Felsen ab. Solche Aufnah-
men, welche die Tiere ungestört in ihrem natürlichen Lebensraum zeigen, waren nie
zuvor aufgenommen
worden.

Rechts: Einer der unzähligen
bunten Bewohner in einem
Korallenriff. Diese von
Schwimmern noch nie er-
kundete Wunderwelt zu er-
forschen, war unser näch-
stes Ziel.

Der Hai, den Jörg Böhler
und ich bei den Petini-Riffen
vor Dubrovnik harpunierten
und überwältigten, war nicht
besonders groß, trotzdem
waren wir sehr stolz. Schon
auf der nächsten Expedition
bekamen wir es dann mit
wesentlich größeren Haien
zu tun.

selbst bereit, diesen vorgeschlagenen Augen-
schein durchzuführen.

Im vollen Bewußtsein seiner Position und Bedeutung zog er sich zu Hause die Badehose an
und marschierte dann mit uns zum Strand, wo
sich bereits das halbe Dorf versammelt hatte.
Auch eine Motorbarkasse der Polizei stand bereit.

Ich erklärte Herrn Glavovic die Tauchbrille und
wie man die Gläser innen mit Speichel einreiben
muß, damit sie unter Wasser nicht beschlagen.
Ich half ihm dabei, sie so aufzusetzen, daß die
Gläser parallel standen. Kaum hatte er den ersten Blick unter Wasser geworfen, war er bereits
ebenso begeistert, wie es jeder ist, der zum
ersten Mal klar unter Wasser sehen kann. Denn

wenn man die Augen unter Wasser öffnet, sieht
man nur ganz verschwommen – wegen der
Lichtbrechung an der gewölbten Augenober-
fläche.

Nun lag es allerdings an Egon und mir, einen
Fisch zu harpunieren, und das war nicht einfach.
Denn hinter uns schwamm der prustende und
heftig plätschernde Herr Glavovic und neben
uns fuhr das Polizeiboot, um den Bürgermeister
nötigenfalls zu schützen.

Aber Herr Glavovic war von vornherein für unsere Sache gewonnen. Er lud uns ein, in die Barkasse zu steigen, und man führte uns nun von
einem fischreichen Platz zum nächsten. Jeder
der Polizisten wollte selbst mit diesen Brillen
unter Wasser schauen und mitansehen, wie wir
mit unseren Harpunen an Fische heranschli-
chen. Zu guter Letzt gelang es mir dann wirklich,
einen Brassen zu harpunieren, und wir waren die
Helden des Tages.

Herr Glavovic lud uns zum Abendessen ein und
bei dieser Gelegenheit sagte er dann zu mir: »Die
Sache ist in Ordnung. Sie dürfen in Lopud bleiben und Ihren Sport hier ausüben: Nur eines:
Fische verkaufen dürfen Sie hier nicht!« Dann
rückte sein freundliches Gesicht noch näher an
mich heran, und er fügte leise hinzu: »An mich
können Sie natürlich die Fische schon verkaufen!« Er war nämlich nicht nur Bürgermeister,
sondern auch Besitzer des größten Hotels und
gerade die Fische, die wir erbeuteten – besonders Zackenbarsche – wurden von den einhei-
mischen Fischern nur selten gefangen.

Wir gingen nun auch mit dem Taucherhelm unter
Wasser. Schon in der Alten Donau bei Wien,
einem einstigen Arm der großen Donau, der
abgeschlossen und in einen kleinen See verwandelt wurde, hatte ich ihn erprobt und sogar
versucht, dieses Gewässer auf dem Grund zu
durchqueren. Während oben im Boot einer meiner Freunde saß und pumpte, marschierte ich
durch die Schlingpflanzen. Da ich keinen Kom-
paß hatte, verirrte ich mich, und da das Wasser
nicht sehr klar war, konnte ich auch das Boot
nicht sehen. Ich ging in großen Kreisen, bekam
auch zu wenig Luft und hatte schließlich starkes
Kopfweh. Also gab ich es auf, warf den Helm ab
und schwamm wieder nach oben.

An dieser Stelle war das Wasser klar, und es
gelang mir, über einen Hang bis auf achtzehn
Meter Tiefe hinunterzusteigen. Ich versuchte
auch zu laufen und zu springen, mußte aber
feststellen, daß man mit einem solchen Helm
sehr ungeschickt ist und sich nur langsam bewegen kann. Zwar war es möglich, die Fische im
Umkreis zu beobachten, doch in dieser Ausrü-

stung fehlte mir der unmittelbare Kontakt zu den Tieren. Das war dann auch der Grund, warum ich zwei Jahre später ein Atemgerät konstruierte, mit dem sich der Mensch in ein völlig frei bewegliches, amphibisches Wesen verwandeln kann.

Das aufregendste Erlebnis in dieser Zeit hatte ich bei Dubrovnic. Die vier ersten Tauchgenossen waren abgereist, und ich hatte den »Sokol« wieder heimgeschickt. Jetzt tauchte ich mit Jörg Böhler, der mich dann auch im folgenden Jahr nach Westindien begleiten sollte. Er war Medizinstudent und Mitglied des akademischen Sportvereins. Jörg war vom ersten Tag an ein hervorragender Jäger. Bei den Petini-Riffen vor Lapad begegneten wir unversehens einem Hai. Er war nicht groß, nur knapp eineinhalb Meter lang – aber zweifellos war es ein Hai. Jörg und ich hatten inzwischen schon mehrere größere Fische erlegt: er tauchte voran und traf den Hai hinter den Kiemen. Ich war ihm gefolgt, übernahm die Harpune, und während er hochschwamm, schob ich mich näher an das heftig zappelnde und ziehende Tier heran. Obwohl der Hai nach mir schnappte, konnte ich ihn gegen einen Felsen pressen und ihm mit meinem Dolch weitere Stiche in die Kiemengegend versetzen. Inzwischen kam Jörg wieder zurück, und gemeinsam brachten wir das Tier an Land. Stolz fotografierten wir die ungewöhnliche Beute.

Als ich diesmal wieder nach Wien zurückkehrte, war mir schon ziemlich klar, daß ich mein Jus-Studium an den Nagel hängen und statt dessen Biologie studieren würde. Mein Vater war da eher skeptisch. Er meinte, als Anwalt könnte ich genug verdienen, um mir diesen Sport auch in fernen Ländern leisten zu können. Als Zoologe würde ich bestenfalls Kustos in einem Museum. Ich erinnere mich noch, wie ich zu ihm sagte:
»Schau, Vater. Im Grunde genommen besteht die Welt aus zwei Teilen. Erstens aus der Welt über Wasser, in der wir leben, und zweitens aus der Unterwasserwelt, die zwei Drittel des Globus bedeckt, also doppelt so groß ist. Alles, was der Mensch heute hier oben tut, wird sich eines Tages auch unter Wasser verlagern. Man wird unter Wasser filmen und forschen, man wird unter Wasser Landwirtschaft betreiben und anderes mehr. Es wird zu einer Invasion ins Meer kommen. – «
Mein Vater sah mich ungläubig und etwas verschmitzt an. Er schüttelte den Kopf und sagte: »Na ja, einen Fronleichnamszug wirst du nicht so bald unter Wasser erleben.«
Und selbst da hatte er nicht recht. Fast alle

menschlichen Interessen und Tätigkeiten haben sich seither in den Unterwasserraum verlagert. Wirtschaftliche Interessen, militärische Interessen, Tourismus, Kunst, Verbrechen, Recht..., ja auch die Religionen manifestieren sich bereits auf dem Meeresgrund. Bei Camoglie in Italien und an anderen Küsten gibt es bereits Unterwasser-Madonnen und Unterwasser-Christusstatuen, zu denen fromme Taucher hinpilgern.
Ich verschob meinen Entschluß, wußte jedoch schon genau, was ich im nächsten Sommer tun würde. Ich hatte inzwischen in mehreren Büchern Schilderungen von den tropischen Korallenriffen gelesen. Besonders beeinflußten mich diejenigen des deutschen Arztes und Naturforschers Klunzinger, der jahrelang in Koseir am Roten Meer gelebt und, vom Boot aus durch das klare Wasser hinabschauend, eine kaum zu beschreibende Wunderwelt gesehen hatte. Dort wollte ich hin. Was die Haie betraf, so würde sich schon zeigen, ob die wirklich so gefährlich waren. Und mit unseren Harpunen würden wir uns schon zur Wehr setzen.
Die Zeit war allerdings für solche Pläne nicht sehr günstig. Nach dem Anschluß Österreichs an Deutschland hatten sich viele Bestimmungen verschärft, und es war schwierig, eine Ausreiseerlaubnis zu erhalten. Fast unmöglich aber war es damals – im Winter 1938/39 – für eine solche Reise Devisen zugeteilt zu erhalten. Das Rote Meer mußte ich mir aus dem Kopf schlagen: dorthin gab es keine geeigneten Schiffsverbindungen. Dagegen gab es Hapag-Schiffe, die nach Westindien verkehrten und bei denen man die Passage in deutscher Währung bezahlen konnte. In der Wiener Universitätsbibliothek studierte ich die englischen Admiralitätskarten und stellte fest, daß sich von allen Orten, die wir anlaufen sollten, die vor der venezolanischen Küste gelegene Insel Curaçao vorzüglich für unsere Zwecke eignen würde. Außer Jörg Böhler wollte noch Alfred von Wurzian, ein Rechtsstudent, an der Expedition teilnehmen. Curaçao war eine holländische Kolonie – und nach Holland hatte ich durch einen Verwandten gute Beziehungen. Ich suchte also um ein dreimonatiges Touristenvisum für uns an.
Was die Devisen betraf, so kam uns ein glücklicher Zufall zu Hilfe. Im Akademischen Sportverein war auch ein wohlhabender Holländer Mitglied. Als ich ihm unsere Nöte schilderte, sagte er: »Gut, da will ich euch helfen. Ich werde über Holland veranlassen, daß ihr 500 Gulden in Willemstad vorfindet. Dafür zahlst du mir dann zehn Prozent von allen Erträgen dieser Expedition – also aus Zeitungsberichten, Büchern, Filmen

und Sonstigem.« Ich war überglücklich. Als wir von dieser Reise zurückkehrten, war aber bereits Krieg, und dem Holländer Neuteboom ging es nicht besonders gut. Er war an einer einmaligen Regelung interessiert – ebenso auch ich, um nicht ständig mit ihm abrechnen zu müssen. Ich bot ihm das Zehnfache dessen, was er mir vorgestreckt hatte, womit er sehr zufrieden war. Also war auch dieses Problem gelöst.

Und dann kam die große Enttäuschung. Es war Frühling geworden, und wir hatten alles für diese Expedition vorbereitet. Da erhielt ich knapp vor Abfahrt ein offizielles Schreiben aus Willemstad, der Hauptstadt von Curaçao, daß man uns leider kein Einreisevisum erteilen könnte. In dieser Nacht habe ich lange mit mir gekämpft, was ich tun sollte.

Jörg blieb auch in den Tropen der Unterwasserjagd treu. Hier hat er mit gezieltem Stoß eine zwölf Kilo schwere Makrele erlegt. Er wurde später Chirurg und Primarius an einem Wiener Unfallspital.

Unter Korallen und Haien

Wäre ich in dieser entscheidenden Nacht zu einem anderen Entschluß gekommen, dann wäre wohl mein Leben anders verlaufen. Denn schon einige Monate später brach der Zweite Weltkrieg aus, und ich hätte dann für lange Zeit keine Chance gehabt, meine kühnen Pläne zu verwirklichen. Mein Entschluß war schließlich recht einfach. Was hinderte mich daran zu sagen, daß ich diesen Brief nie erhalten hätte. Bluff war in unserem Fall die beste Chance. Auch zu Jörg und Alfred sagte ich kein Wort. Es war besser, wenn sie glaubten, wir hätten die Einreiseerlaubnis. Alles wurde somit durchgeführt, wie geplant. Wir fuhren mit unserer gesamten Ausrüstung nach Hamburg, meldeten uns dort im Büro der Hapag, um die Tickets in Empfang zu nehmen.

»Wo sind Ihre Visa?« war die erste Frage. »Ohne Visa können wir Sie nicht mitnehmen.« Ich versicherte dem Mann, daß wir die Zusage hätten, bei Ankunft in Willemstad diese Visa zu erhalten. Schließlich überzeugten wir den Mann. Er sagte: »Gut, wir nehmen Sie mit. Sie haben ja die Rückfahrt bereits bezahlt, also ist das Schlimmste, was passieren kann, daß man Sie wieder zurückschickt. Wenn Sie dieses Risiko eingehen wollen —«

Wir versicherten ihm einhellig, daß wir damit einverstanden waren und gingen an Bord. Die erste Schlacht war geschlagen.

Die vierzehntägige Reise nach Westindien war ein herrliches Erlebnis. Eines Morgens kamen wir an Deck und blickten auf ein Meer, das glatt wie ein Spiegel war, über dem mehr als hundert Delphine aufsprangen und Saltos schlugen. Ein anderes Mal, es war schon Nacht, lief alles zum Bug: Es herrschte Meeresleuchten. Das Meer war von kleinsten Organismen erfüllt, die aufleuchteten, wenn das Wasser sich bewegte. Wo der Bug durchs Meer pflügte, war es so hell, daß man oben an Deck Zeitung lesen konnte. Einige Delphine sahen wie in Silber eingehüllt aus. Alfred, der ein sehr gutaussehender Junge war, freundete sich mit einem jungen Mädchen an, dessen Eltern auf Curaçao lebten. Damit hatten wir eine Art von Rettungsanker. Fanden wir das von Herrn Neuteboom versprochene Geld nicht vor, dann würde uns ihre Familie schon irgendwie helfen!

In Willemstad wurden wir sofort zur Einwanderungsbehörde geführt. Der Leiter, Herr van de Croef, begrüßte uns mit den Worten: »Wieso kommen Sie? Wir haben Ihnen doch einen Brief geschrieben, daß Sie nicht einreisen dürfen.«

Nun galt es also, die zweite Schlacht zu schlagen. Ich erklärte ihm, wir hätten nie ein Schreiben erhalten und nun seien wir eben einmal da. Wir packten unsere Fotos aus, erklärten ihm unsere Tätigkeit. Offensichtlich hielt man uns für Spione oder Agenten. Schließlich sagte ich zu ihm: »Untersuchen Sie doch unser Gepäck, dann sehen Sie am besten, was wir hier wollen.« Man hielt es offenbar für völlig unmöglich, daß man hier zu seinem Vergnügen ins Wasser ging. Herr van de Croef hatte kleine stechende Augen und hörte sich alles in großer Ruhe an. Schließlich stimmte er zu. Gut, am nächsten Tag würde man unser Gepäck durchsuchen.

Aber das war dann nur noch eine Formsache. Wir erhielten die Aufenthaltserlaubnis, ja man half uns sogar, eine passende Gegend für unseren ersten Zeltplatz ausfindig zu machen. Vor der Boca des Spanischen Wassers gab es ein großes Korallenriff, dort konnten wir kampieren. Das Spanische Wasser war ein Binnensee, der durch einen Kanal mit dem Meer in Verbindung stand. An der linken Seite, bei einem Mangrovenwald, schlugen wir unser Zelt auf. Damit hatten wir unser Ziel erreicht.

Alfred übernahm das Kochen. Ein Fischer sagte uns zu, daß er uns regelmäßig Wasser und Bananen bringen würde. In Willemstad hatten wir das versprochene Geld ordnungsgemäß bei der Bank vorgefunden. Somit war alles in bester Ordnung.

Natürlich waren wir sehr gespannt, nun wirklich

Alfred von Wurzian, Jörg und ich bei unserer Ankunft auf der Insel Curaçao in Westindien. Man hielt uns zunächst für Spione, denn niemand wollte glauben, daß man zu seinem Vergnügen bei den Riffen ins Wasser gehen kann. Wir würden dort sicher von Haien aufgefressen werden!

ein Korallenriff zu sehen und dort unter Wasser zu jagen und zu fotografieren. Von unserem Zeltplatz aus sahen wir dieses Riff, es lag auf der anderen Seite des Kanales. Zwischen weißen Schaumkronen brandender Wellen sahen wir rötliche Korallen, die bis an die Oberfläche emporwuchsen.

Nun mußten wir aber über diesen Kanal hinwegschwimmen – durch völlig trübes Wasser! Auch einige Fischer hatten uns gewarnt: »Ihr werdet das nicht lebend überstehen!«

Ich erinnere mich noch gut, wie wir drei mit unseren Harpunen dicht aneinandergedrängt durch das trübe Wasser schwammen und nach allen Richtungen Ausschau hielten. Wir erwarteten jeden Augenblick, daß irgendwo ein Hai auftauchte. Dann endlich löste sich allmählich dieser Nebel, und wir sahen das Korallenriff.

Wenn man ein Korallenriff als eines der großen Naturwunder bezeichnet, dann ist dies sicher keine Übertreibung. Was wir vor uns sahen, war ein rötlicher Wald – ein Wald von Elchhornkorallen, um den Hunderte von kleinen und größeren Fischen kreisten. Die Bäume dieses unterseeischen Waldes waren zwei bis drei Meter hoch – es waren Bäume aus Stein, mit breiten schaufelartigen Ästen.

Das wichtigste über diese bizarren Bildungen war uns bekannt. Jeder Korallenstock wird von unzähligen, mikroskopisch kleinen Polypen aufgebaut, die dem Meerwasser Kalk entziehen und so ihre Bauwerke errichten. Manche sehen wie Hecken aus, andere wie Bäume, wieder andere bilden Türme und Kugeln. Außerdem gibt es auch Korallen, die wie Pflanzen aussehen. Sie haben grünlich gefärbte, lange Äste oder bilden große Fächer, die in der Dünung hin- und herschwingen. In diesem Fall scheiden die Polypen nicht Kalk ab, sondern eine elastische Hornsubstanz.

Wir lugten in die Spalten dieses Riffes, an dem wir entlangschwammen, sahen dort bunte, merkwürdig geformte Fische. Zwischen den Bäumen sahen wir langstachelige Seeigel, die ihre tückischen Stacheln ruhelos bewegten. Auf einigen Korallen saßen kleine Krebse und bunte Schnecken. Wir erlebten eine Wunderwelt, die alles übertraf, was wir uns vorgestellt hatten – und die wir dann auch in Filmaufnahmen festhielten.

Ich filmte damals natürlich noch in schwarzweiß, nicht in Farbe. Außerdem war meine Kamera sehr primitiv. Trotzdem gelang es mir, diese Wunderwelt festzuhalten. Mein Film »Pirsch unter Wasser« war der erste, der je freitauchend in Korallenriffen produziert wurde.

Die Inseln Curaçao und Bonaire liegen im Zentrum des Karibischen Meeres. Auf der winzigen Nachbarinsel von Bonaire schlugen wir unser Zelt unter dem einzigen sich dort befindlichen Baum auf. Der Lehrer des Ortes und Pfadfinder brachten uns Wasser und Proviant.

Unten: Willemstad, die Hauptstadt von Curaçao, einer damals noch holländischen Kolonie.

Wir waren die ersten, die mit Harpune und Kamera in tropischen Korallenriffe vordrangen. Überall wimmelte es von bunten Fischen. Riesige Fischschwärme fluteten durch die unterseeischen Wälder. – Rechts: Vierzehn Jahre später waren die gleichen Riffe kaum wiederzuerkennen. Allzuviele Unterwasserjäger mit Schußharpunen hatten hier gewütet, und durch die zunehmende Verschmutzung waren viele Korallen abgestorben. Inzwischen kam es auch hier zu einem Verbot der Unterwasserjagd und sonstigen Schutzbestimmungen. Die Situation hat sich bereits wesentlich verbessert.

Große bunte Papageienfische nagten an den Ästen der Elchhornkorallen. Aus dunklen Höhlen lugten die großen gestreiften Schnapper hervor. Ein grotesk geformter Kofferfisch drehte sich wie in einem Tanz um sich selbst und eilte dann in panischem Schrecken davon. Ein leuchtend gelber Trompetenfisch hing wie ein regungsloser Stock im Wasser – als ein dicker Papageienfisch vorbeikam, schwamm er zu ihm hin und ließ sich nicht abschütteln. Überall herrschte hier reiches Leben: eine vom Menschen noch völlig unberührte Welt!

Spiele ich mir heute diese Aufnahmen vor, dann wird erschreckend deutlich, wie sehr sich diese bunte Welt in wenigen Jahrzehnten verändert hat. Knappe dreißig Jahre später habe ich die gleichen Riffe wieder besucht – und sie kaum wieder erkannt. Ja, die Elchhornkorallen waren noch da, aber viele waren abgestorben. Wie anklagende Arme reckten sie ihre kahlen Äste in das öde Wasser. Wo sind nur die so zahlreichen Fischschwärme, die wir damals sahen, geblieben? Im gleichmäßigen Rhythmus der Dünung schwangen sie zwischen den Korallenbäumen hin und her. Jetzt blickte ich auf total verödete Mondlandschaften. Nur hier und da blitzte ein kleiner, erschreckter Fisch auf. Was war hier geschehen?

Unterwasserjäger hatten mit Schußharpunen die größeren Fische abgeschossen. Ob ich es wahrhaben wollte oder nicht: Meine Bücher hatten sie zu dieser Tätigkeit angespornt! Dazu kam die Verschmutzung der Gewässer durch die Öltanker und die Fülle von Abfällen, die man entlang der Küsten ins Meer warf. Wo wir einst kampierten, war inzwischen ein Luxushotel errichtet worden. Hier lagen Tausende von leeren Flaschen und sonstiges weggeworfenes Gerümpel zwischen den Korallen. Bei einem Lehnstuhl, der jetzt in zwölf Meter Tiefe zwischen den Korallen seine Existenz beendete, machte ich halt, setzte mich auf ihn, blickte um mich und dachte nach. Einst paradiesische Landschaften hatten sich hier in einen Friedhof verwandelt – und ebenso in vielen anderen Teilen der Welt!

Damals war es ganz anders. Jeden Tag kehrten wir mit herrlichen Eindrücken heim. Abends saßen wir vor unserem Zelt, aßen harpunierte Fische, sprachen von den Wundern der Unterwasserwelt, die wir durchstreift hatten. Freilich, das große Abenteuer fehlte noch. Alle drei warteten wir auf den großen Augenblick: auf die Begegnung mit den so gefürchteten tropischen Haien!

Und schließlich war es so weit. Wir schwammen um ein Riff – da kam eine riesige Gestalt auf uns

Während unseres achtmonatigen Aufenthaltes lernten wir alle Küsten von Curaçao kennen. Es sind hochinteressante Tauchgebiete.

Weiter draußen, wo die Korallen etwas tiefer lagen, gab es ungeheuer große Fischschwärme. Hier sahen wir auch die erste Meeresschildkröte. Mit außerordentlich graziösen Flossenbewegungen schwamm sie über zierlich gefiederte Hornkorallen hinweg.

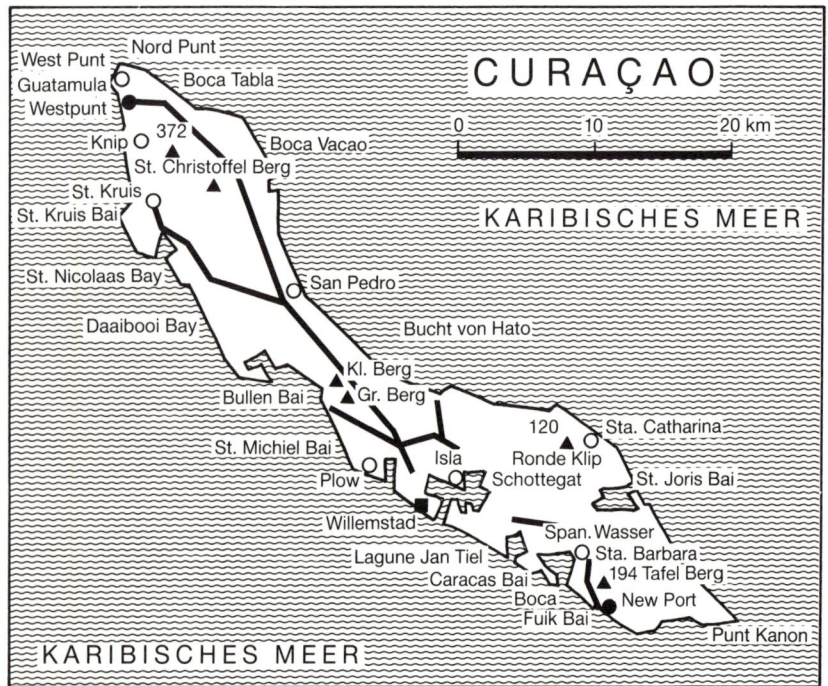

CURAÇAO

0   10   20 km

KARIBISCHES MEER

West Punt, Nord Punt, Guatamula, Boca Tabla, Westpunt, Knip, 372, St. Christoffel Berg, St. Kruis, St. Kruis Bai, St. Nicolaas Bay, San Pedro, Daaibooi Bay, Bucht von Hato, Kl. Berg, Gr. Berg, Bullen Bai, 120, Sta. Catharina, St. Michiel Bai, Isla, Ronde Klip, St. Joris Bai, Plow, Schottegat, Willemstad, Span. Wasser, Lagune Jan Tiel, Sta. Barbara, Caracas Bai, 194 Tafel Berg, Boca, Fuik Bai, New Port, Punt Kanon

KARIBISCHES MEER

Im Abendlicht kam dieser große Hai in unsere Nähe. An seiner Rückenfinne war ein Schiffshalter festgesaugt. Schwammen wir auf Haie los, dann erschraken sie und flüchteten. – Rechts: Überall in den Tropen werden Haie falsch eingeschätzt. Sie betrachten Menschen keineswegs als ersehnten Leckerbissen, sondern verhalten sich meist scheu. – Darunter: Ein Sporttaucher mit einem jungen Riesenhai. Diese Art ist völlig harmlos, ernährt sich von Plankton.

zu. Dieser Hai war gut vier Meter lang, selbst für tropische Verhältnisse eine stattliche Größe. Taucher erzählen wohl viel, doch die tatsächliche Länge der Haie in den Korallenriffen beträgt meist nicht mehr als eineinhalb bis drei Meter. Trotz der vielen Warnungen, die man uns freundlich auf den Weg gegeben hatte, erweckte mir der Anblick dieses Riesen keinerlei Angst. Im Gegenteil: Ich war einfach fasziniert von der Schönheit dieses Tieres! Ein getöteter, an Land

In Gruselfilmen wird gezeigt, wie Taucher aus Käfigen Haie filmen. Wir haben alle unsere Aufnahmen ohne solche Schutzvorrichtungen gemacht.

gezogener Hai mit blutbeschmiertem Rachen, erweckt zweifellos den Eindruck einer häßlichen Bestie. Doch unter Wasser ist der Hai sicher das schönste und eleganteste Tier, vollendet in seiner Stromliniengestalt, in der königlichen Sicherheit und Überlegenheit seiner Bewegung. Ein solches Tier kam also direkt auf uns zu.

Ich hatte in diesem Augenblick nur den einen Wunsch, diesen Eindruck festzuhalten. Ich schwamm diesem großen Hai ohne Zögern entgegen, direkt auf ihn los, und er wiederum kam auf mich zu. Dann ging plötzlich ein Ruck durch diesen massigen Körper – der Hai drehte erschreckt um. Er jagte davon!

An der Oberfläche schnappten wir erschöpft nach Luft. Nur allmählich wurde uns klar, was sich da abgespielt hatte. Der so gefürchtete »Tiger des Meeres« war vor mir geflohen, trotz seines gefährlichen Mauls, trotz seiner Größe! Höchst unverhofft hatten wir eine wirkungsvolle Waffe gegen Haie entdeckt. Man darf keine Angst zeigen, muß auf sie losschwimmen. Haie sind Könige im Meer, sie sind daran gewohnt, daß alles vor ihnen flieht. Begegnet ihnen nun ein fremdes Lebewesen, das sie noch nie gesehen haben, dann löst dies bei ihnen Fluchtverhalten aus.

In der folgenden Zeit hatten wir häufig Begegnungen mit Haien. Besonders frühmorgens oder gegen Abend. Wenn es dunkel wurde, kamen

Meeresschildkröten mit der Hand zu fangen, gelingt nur, wenn sie ruhig zwischen den Korallen liegen, und man sich sehr vorsichtig anschleicht. – Rechts: Bei Trompetenfischen beobachtete ich, daß sie kleine Fische überlisten, indem sie kopfabwärts regungslos zwischen Hornkorallen stehen und so selbst wie ein Ast aussehen. Papageienfischen folgen sie über weite Strecken, schmiegen sich an ihren Körper, reiten auf ihrem Rücken. Da die Papageienfische Korallenfresser sind, lassen die kleinen Fische sie unbeachtet in ihre Nähe. So – oder indem sie sich in Fischschwärmen verstecken –, kommen sie unbemerkt an ihre Beute heran.

Schwärme von Stachelmakrelen kamen steil hochgeschwommen und machten wie in einer Parade vor uns kehrt. Nur wenn einer dabei aus der Reihe fiel, konnte es uns gelingen, ihn zu harpunieren. – Rechts unten: Auf Bonaire gibt es heute schon drei Taucherzentren, die über hundert Taucher mit Ausrüstungen versorgen und zu ausgewählten Plätzen führen.

sie aus größeren Tiefen empor, verhielten sich aber uns gegenüber durchwegs scheu. Es war schwierig, näher als fünf bis acht Meter an sie heranzukommen – und ich war deshalb so frech, daß ich Furcht vortäuschte. Näherte sich ein Hai, den ich fotografieren wollte, dann schwamm ich so schnell ich konnte davon. So weckte ich den fast bei jedem Raubtier nachweisbaren Instinkt, dem zu folgen, was da zu entfliehen versucht. Oft folgten mir daraufhin die Haie wirklich interessiert, kamen näher – dann drehte ich mich schnell um, schwamm ihnen entgegen und gelangte so zu einigen meiner besten Aufnahmen.

Als ich dreißig Jahre später wieder in die gleiche Gegend kam, erlebte ich auch in dieser Hinsicht eine Überraschung. Heute gibt es auf Curaçao und der Nachbarinsel Bonaire Tauchschulen, die über 100 Tauchlustige pro Tag mit Geräten versorgen können. Wie ich von einem der Tauchlehrer erfuhr, bekommt man heute kaum mehr Haie zu Gesicht. Das liegt wahrscheinlich daran, daß Haie gegenüber Geräuschen im Wasser empfindlich sind. Durch die vielen Taucher und das Geräusch ihrer Atemgeräte wurden sie verscheucht, zogen sich in tiefere Meeresregionen zurück. Da wir damals über jeden Hai, den wir sahen, Tagebuch führten, ist diese Wandlung der Situation deutlich zu beweisen.

Nach unserem Zeltplatz an der Boca des Spanischen Wassers übersiedelten wir nach Jan Thiel, einer anderen einsamen Küstenstelle. Hier gab es große Steinplatten am Strand, aus denen wir

einen Tisch und Lehnstühle für uns erbauten. Wir verbrachten jetzt schon bis zu sieben Stunden täglich im Meer, und wenn wir dann erschöpft heimkamen, schmausten wir an unserer Tafel gebratene Fische und gekochte Langusten. Die Sonnenuntergänge in dieser Gegend sind kaum zu beschreiben. Die Wolken bilden eine ungeheuer eindrucksvolle, sich ständig verändernde Kulisse.

Jörg war der leidenschaftlichste Jäger unter uns. Wenn er mit der Harpune zustieß, konnten wir das auf größere Entfernung unter Wasser hören. Sein ganzer Körper schnellte dann wie eine Feder vor. Selbst die sehr scheuen Schildkröten fing er mit der bloßen Hand. Er packte sie an den rückwärtigen Flossen und ließ sich von ihnen ziehen. Dann ließ er sie wieder frei.

Bei einem der Riffe, an dem wir tauchten, lebte in 20 Meter Tiefe ein Schwarm von Makrelen, die sich dicht über dem Grund aufhielten und jedesmal, wenn wir oben vorbeischwammen, in Reih und Glied zu uns heraufkamen. Wir nannten sie wegen ihrer perfekten Exerzierordnung Preußenfische. In einer bestimmten Entfernung drehten sie wie auf Kommando ab. Es war fast ausgeschlossen, sie zu überlisten – doch Jörg ließ nicht ab. Und dann hatte er wirklich Erfolg. Einer aus dem Regiment drehte etwas zu spät ab – und bruzzelte am Abend in unserer Pfanne.

War uns kein Jagdglück beschieden, dann wußten wir uns auch zu helfen. Wir entdeckten

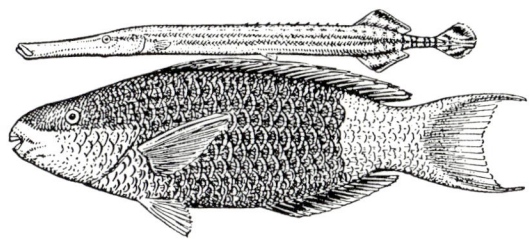

Reusen, die Fischer ausgelegt hatten. War also
Not am Mann, dann schwammen wir dorthin,
sahen nach, was sich dort gefangen hatte und
wählten den bestschmeckenden Fisch für uns
aus.

Dann übersiedelten wir zur Nachbarinsel Bonaire und schlugen dort auf dem kleinen, völlig
unbewohnten Eiland Little-Bonaire unter dem
einzigen Baum, den es dort gab, unser Zelt auf.
Hier gab es besonders schöne Riffe, und wir
sahen fast täglich Haie.

Einmal regnete es, und das Wasser wurde völlig
trüb, so daß wir unter Wasser kaum zwei oder
drei Meter weit sehen konnten. An diesem Tag
war es meine Aufgabe, einen Fisch für das
Abendessen zu jagen. Plötzlich sah ich vor mir
ein großes Steuerruder unter Wasser. Es war
eine über zwei Meter hohe Platte, die sich langsam zur Seite bewegte ...

Ich war so überrascht, daß ich über Wasser
blickte, um das so unerwartet vor mir befindliche
Schiff zu sehen. Natürlich war keines da – und
mir wurde klar, was diese Platte wirklich bedeutete. Es war kein Steuerruder, sondern die
Schwanzflosse eines riesigen Haies, der sicher
fünf oder sechs Meter lang war. Von rückwärts
war ich unversehens an diesen Schwanz herangekommen. Ich rührte mich nicht, die Platte
verschwand, und ich habe den zu dieser Flosse
gehörenden Hai nie gesehen. Vielleicht zu meinem Glück. Denn man darf sich nicht darüber
täuschen, daß man in den tropischen Meeren
Überraschungen erleben kann.

Ich verwandelte mich in dieser Zeit immer mehr
von einem Jäger mit der Harpune zu einem
solchen mit der Kamera. Einen Fisch gut zu
fotografieren, ist noch viel faszinierender und
auch schwieriger, als ihn zu töten. Besonders
interessierte mich das merkwürdige Verhalten
der Trompetenfische. Sie standen steif zwischen
den Korallen, lauerten so nach kleinen Fischen.
Kam ihnen einer zu nahe, dann schossen sie
plötzlich vor, ihr trompetenartiges Maul erweiter-
te sich, und sie saugten den Fisch buchstäblich
ein. Nun beobachtete ich mehrmals, daß diese
Tiere auch sehr beweglich werden konnten, indem sie zu anderen größeren Fischen hin-
schwammen, sich dicht an deren Körper
schmiegten und allen ihren Bewegungen folgten. Ich konnte zunächst nicht verstehen, was
das bedeutete. Dann ging mir ein Licht auf!
Meist waren es die großen bunten Papageienfische, auf denen sie so »ritten«. Nun ernähren
sich Papageienfische von Korallenpolypen, sind
also für die kleinen Fische keine Gefahr. Indem
der Trompetenfisch sich an ihrem Körper ver-

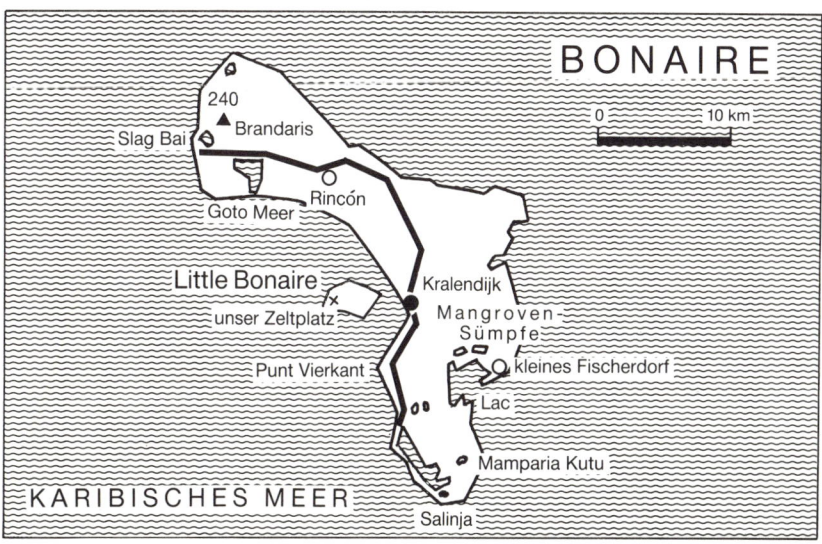

Die 1.80 Meter lange Muräne, mit der ich einen so dramatischen Kampf ausfocht. Diese schlangenartigen Fische sehen gefährlich und angriffslustig aus, verhalten sich jedoch Tauchern gegenüber scheu.

steckte, gelangte er unbemerkt an kleine Fische heran, schoß dann zur Seite und schnappte sie auf. Es war eine noch unbekannte »Kriegslist«, und ich bemühte mich, alle Phasen im Verhalten dieses »Wolfes im Schafspelz« fotografisch festzuhalten.

Manchmal freilich brach nach wie vor die Jagdleidenschaft bei mir durch. Als ich einmal gegen Abend an der Riffkante entlangschwamm, sah ich einen großen Zackenbarsch aus der Tiefe emporkommen. Ich hielt mich dicht an dem Riffabsturz, schwamm ihm entgegen – da erschien plötzlich vor mir, aus einem Loch hervorkommend, der Kopf einer riesigen Schlange mit weit aufgerissenem Maul. Ehe ich mich versah, hatte ich die Harpune quer durch den dicken Hals gestoßen! Mit einem heftigen Ruck wurde sie mir aus der Hand gerissen, ich sah, wie sie durch die Korallen tanzte, und das Tier, was immer es sein mochte, tief unten in einer Höhle verschwand.

Wie ich später feststellte, war es keine Schlange, sondern eine Muräne – ein aalähnlicher Fisch, der bis drei Meter lang wird. Ich versuchte dieses Tier aus seinem Versteck hervorzuziehen – mir lag weniger an der Beute, als an meiner Harpunenspitze, die in dem Tier steckte und die ich keineswegs verlieren wollte. Nach endlosem Auf- und Niedertauchen stemmte ich beide Beine gegen den Korallenstock, in dem das Tier versteckt war und zog mit einem entschlossenen Ruck an. Das Ergebnis war unglaublich. Es sah aus, als explodiere der Felsen! Er flog auseinander – und aus diesen Trümmern kam nun das riesige Tier hervor und griff mich an.

Mit dem Speer, an dem diese etwa 1,80 Meter lange Muräne hing, konnte ich mich nur schwer verteidigen. Wie ein Fechter mit seinem Degen hielt ich sie von mir weg. Zwischendurch

schnappte ich an der Oberfläche nach Luft. Ich dirigierte sie zur Riffkante, wo es mir gelang, sie über einen Korallenblock ins seichte Wasser der Lagune zu werfen. Die Sonne war knapp vor dem Untergehen, da es in den Tropen sehr schnell dunkle Nacht wird, mußte ich mich beeilen. Ich kletterte auf den Korallenstock, der fast bis zur Oberfläche reichte – und sah zu meinem Schrecken, daß die etwa 30 Meter breite Lagune, die mich vom Land trennte, von unzähligen Seeigeln bedeckt war. Wenn ich noch vor Dunkelheit an Land kommen wollte, mußte ich durch dieses Stachelbeet irgendwie durchkommen. Die Muräne sauste mit unverminderter Kraft zwischen diesen Seeigeln hin und her.

Nun gab es zwischen den schwarzen Flecken, welche die Ansammlungen dieser Seeigel anzeigten, auch einige Korallen. Auf diesen versuchte ich, das Stachelbeet zu durchqueren. Behindert durch die Flossen stieg ich von einer auf die nächste – da rutschte ich aus und fiel der Länge nach in diese Seeigel hinein. Instinktiv hielt ich die Hände vor mein Gesicht ...

Das war mein Glück. Denn fast hätte mich die Muräne ins Gesicht gebissen – was nach meinem Verhalten auch ihr gutes Recht war. Im letzten Moment wehrte ich sie ab. Irgendwie gelangte ich dann an Land – völlig von den Seeigeln zerstochen. Ich tötete das Tier, indem ich einen Stein auf sie warf und ihr dann mein Messer in den Kopf stieß. Wie in einem Delirium schleppte ich diese ungewöhnliche Beute zum Zelt, wo Jörg und Alfred mich erst fotografierten und mich dann medizinisch versorgten. Da die Stacheln dieser Diadema-Seeigel sehr dünn, spitzig und außerdem giftig sind, dauerte es einige Tage, ehe ich wieder hergestellt war.

Für die heutigen Sporttaucher sind Begegnungen mit Muränen kein ungewöhnliches Erlebnis. Die im Mittelmeer lebenden Arten sind schmackhaft, wurden von den Römern in Teichen gehalten und – der Sage nach – mit Sklaven gefüttert. Um so mehr erstaunt es, wie freundlich diese Tiere sein können. Manche Taucher füttern solche Muränen regelmäßig, ja, haben sie gezähmt. Sie lassen sich dann streicheln und fressen dem Taucher aus der Hand.

In dieser paradiesischen Einsamkeit hatten wir keine Ahnung, daß sich inzwischen in Europa die politische Lage äußerst verschärft hatte. Der Ausbruch des Zweiten Weltkrieges stand unmittelbar bevor. Wir dagegen lebten herrlich einsam und waren der Natur so nahe, wie man es überhaupt sein kann.

Eines Morgens kam eine große Motorbarkasse herangebraust. Ein weiß gekleideter Mann saß

Igelfische bestehen aus einem riesigen Kopf und einem winzigen Schwänzchen. Werden sie erschreckt, dann schlucken sie Wasser und verwandeln sich in eine stachelige Kugel, der kein Raubfisch etwas anhaben kann. Jörg war »Ernährer der Expedition«. Hier kommt er mit einem erlegten Zackenbarsch zum Zelt.

darin, außerdem ein zweiter, der steuerte und sich dann als Detektiv erwies. Er kam an Land gerudert und erklärte uns, daß Mynheer Gezaghebber, der oberste Beamte der Insel, in der Barkasse sei und uns einlud, ihn zu besuchen.

Wir fuhren hinaus, und der hohe Herr begrüßte uns herzlich: Er wäre ausgefahren um zu fischen, doch hätte er die Köder vergessen, und das habe ihn auf die Idee gebracht, ob wir nicht vielleicht schnell hinuntertauchen und einige Fische für ihn harpunieren könnten…

Auch er wollte sich wohl etwas genauer über unser Tun informieren – sein Begleiter untersuchte inzwischen unser Zelt. Wir holten unsere Harpunen, und jeder von uns schwamm in eine andere Richtung. Aber auch diesmal wollte uns nichts glücken. Von Zeit zu Zeit blickte ich zum Herrn Gezaghebber, der aufrecht im Boot stand, sich eine Zigarette angezündet hatte und uns beobachtete.

Plötzlich hörte ich aufgeregtes Geschrei. Jörg war in einiger Entfernung an Land geklettert und kam mit langen Sprüngen über die Klippen gelaufen. Wie er uns zurief, hatte er einen schlafenden Hai entdeckt, der regungslos mit dem Kopf unter einer Koralle lag.

Ich schwamm so schnell ich konnte an Land, um meine Kamera aus dem Zelt zu holen. Eine deutsche Illustrierte hatte uns den Auftrag gegeben, in Unterwasseraufnahmen festzuhalten, wie wir einen Hai harpunieren. Das hatten wir nun schon einige Male versucht, doch ohne Erfolg. Jörg machte die Harpunenspitze an einem langen Seil fest, und das andere Ende knüpften wir an unser Boot. Dann ruderten wir zu dem Platz. Der Detektiv wußte nicht recht, was da geschah – und draußen im Boot rief Mynheer Gezaghebber, was denn los sei.

Die beiden waren uns jetzt gleichgültig. Kaum hatten wir den Platz erreicht, waren wir schon im Wasser. Der Grund lag hier etwa zehn Meter tief. Inmitten einer endlosen Korallenhecke erhob sich hier unten ein zwei Meter hoher Korallenstock, und unter diesem sahen der Körper und der Schwanz des Haies hervor. Er lag auf dem Sand, der Kopf war im Dunkel der Spalte. Jörg pirschte mit der Harpune in die Tiefe. Ich folgte mit der Kamera und fotografierte.

Höchst elegant schwamm Jörg bis dicht an den Felsen, zielte auf die letzte Kiemenspalte des Haies – stieß zu. Im nächsten Augenblick ging es auf dem Meeresgrund drunter und drüber. Der getroffene Hai sauste aus seinem Versteck hervor, Jörg hatte die Leine umklammert und wurde von ihm durch die Korallen gezogen. Ich eilte hoch, schnappte nach Luft. Wie von un-

sichtbarer Hand gepackt, drehte sich das Boot, setzte sich in Bewegung. Ich umklammerte das Seil, hangelte mich hinunter – inzwischen hatte Jörg losgelassen und kam mit peitschenden Flossenbewegungen empor.

Der Hai hatte sich in den Korallen verwickelt, schlug heftig um sich. Ich hatte nun meinen Dolch gezückt und tauchte hinunter. Aber am Rücken war die Haut viel zu hart. Also umschlang ich das um sich schlagende Tier so, daß es mit seinem schnappenden Maul nicht an mich herankonnte und stach ihm von unten her in die Kiemengegend. Während sich Blut im Wasser ausbreitete, war ich am Ende meines Atems. Ich entwirrte noch das Seil aus den Korallen, in denen es verheddert war und schwamm, den Hai hinter mir nachziehend, nach oben.

An der Oberfläche sah ich als allererstes die großen erstaunten Augen von Mynheer Gezaghebber, der mit seinem Boot herangebraust war und feststellen wollte, was hier geschah. So lässig wie ich konnte, sagte ich: »Ihr Köder, Mynheer Gezaghebber!« Der Hai wehrte sich jetzt nur noch wenig, und ich hielt ihn vor sein Gesicht.

Später erfuhren wir, daß man den Verdacht hatte, wir stünden mit deutschen U-Booten in Verbindung. In den Vereinigten Staaten ging sogar durch die Presse, daß deutsche Agenten bereits in der Karibik seien, um den Angriff von deutschen U-Booten vorzubereiten. In einer seiner Kaminreden wies Präsident Roosevelt sogar auf diese Meldung hin.

Diese Agenten waren offenbar wir. Und Mynheer Gezaghebber hatte wohl geglaubt, daß plötzlich ein solches U-Boot herangekommen sei, und er einer wichtigen politischen Entdeckung auf der Spur wäre.

Um große Fische zu harpunieren, befestigten wir die lösbare Harpunenspitze an einem langen Seil.

Der rettende Schrei

An der Ostküste von Bonaire liegt eine große Bucht, die durch ein breites Korallenriff vom Meer abgetrennt ist. Durch eine Öffnung am nördlichen Ende strömt das Meer bei Flut in diese Lagune hinein, bei Ebbe wieder hinaus. An diesem interessanten Punkt wollten wir unbedingt tauchen. Wir mieteten einen Fischkutter und gelangten frühmorgens zu einem kleinen Fischerdorf, das direkt bei dieser Öffnung auf einer kleinen Landzunge lag. Ringsum waren hohe Mangroven. Alfred und ich gingen in die Mangrovensümpfe, um dort Flamingos zu filmen. Als wir zurückkamen, herrschte große Aufregung im Dorf. Jörg stand heftig gestikulierend zwischen den Fischern.

Was war geschehen?

Er war in diesen Kanal hinausgeschwommen, es war ziemlich trübes Wasser, aber er sah unglaublich viele Fische. Dann war es ihm gelungen, einen eineinhalb Meter langen Barrakuda zu harpunieren. Er schwamm, das Tier hinter sich nachziehend, zum Ufer. Da tauchte hinter ihm, im Trüben, eine große dunkle Form auf, die er zunächst für einen alten Baumstumpf hielt. Aber es war ein großer Kopf, und er rückte immer näher. Dann öffnete sich ein großes Maul, es machte schwapp, und der Barrakuda war weg. Auch die Harpune wurde ihm aus der Hand gerissen. So schnell er konnte, kam er ans Ufer.

Die Fischer wußten genau, was sich da abgespielt hatte. Sie kannten diesen Fisch. Es war ein Riesenzackenbarsch, ein sogenannter Judenfisch. Sie erzählten uns, daß dieses Monstrum ihnen schon seit Jahren ihre Angelschnüre abrisse und ihre Netze beschädigte. Sie boten uns zehn Dollar an, wenn wir das Tier töten würden. Zehn Dollar waren für uns viel Geld, warum also nicht? Wir hatten ja schon einen Hai harpuniert. Wir fuhren mit den Fischern hinaus, sie wußten genau, wo der Judenfisch lebte. In etwa zehn Meter Tiefe gab es dort auf dem Grund einen großen Felsen, und direkt neben diesem Felsen lag der große Fisch. Wir hatten die Harpunenspitze an ein langes Seil geknüpft und das andere Ende des Seils an dem Fischerboot befestigt. Jörg, der beste Harpunierer unter uns, tauchte hinunter und schmetterte die Harpune diesem ganz ruhig daliegenden Riesen in den Leib.

Der Judenfisch sauste laut brummend – wir konnten das deutlich unter Wasser hören – rings um den Felsen herum und lag dann wieder an der gleichen Stelle. Die Harpune war überhaupt nicht in die Haut eingedrungen. Die Haut war so hart, daß das offenbar nicht möglich war. Jörg meinte: »Vielleicht, wenn ichs beim Bauch versuche –«. Er tauchte also noch einmal, schlich über den flachen Grund seitlich an ihn heran und stieß wieder mit voller Kraft zu. Wieder brummte der Judenfisch, schwamm rings um seinen Felsen und lag dann wieder an dem gleichen Platz. Auch der Bauch war zu hart! Wir hielten aufgeregt Kriegsrat an der Oberfläche. Was sollten wir tun?

Alfred hatte die Idee, ihm eine Schlinge über den Schwanz zu legen. Die Fischer halfen uns, eine kunstvolle Schlinge anzufertigen, und mit dieser tauchte Alfred hinunter, näherte sich dem Fisch von rückwärts. Aber das war dem Judenfisch nicht geheuer. Er setzte sich in Bewegung, schwamm um den Felsen und Alfred verfolgte ihn mit seiner Schlinge. Es gelang ihm nicht, sie über den Schwanz zu stülpen.

Dann kam uns die rettende Idee. Wir hatten inzwischen bemerkt, daß dieser Judenfisch immer von Zeit zu Zeit sein Maul aufriß, als wollte er gähnen. Jörg meinte: »Warum sollen wir ihn nicht durch das offene Maul harpunieren?« Gesagt, getan. Jörg tauchte hinunter, ging in Position, wartete mit stoßbereiter Harpune vor dem Maul, daß es sich öffnen würde. Aber jetzt machte er das Maul nicht auf. Jörg wartete, so lange er konnte, dann kam er herauf. Wir beschlossen, uns abzuwechseln. Wir konnten damals etwa zwei bis drei Minuten lang den Atem anhalten. Der Reihe nach tauchten wir hinunter,

Die Fischer von Lac begutachten unsere Flossen. Sie boten uns zehn Dollar, wenn wir den großen Judenfisch, der ihre Netze und Angelschnüre zerriß, töteten.

gingen in Position, warteten darauf, daß das Maul sich öffnete. Aber es dauerte eine ganze Weile. Endlich riß er das Maul auf – und Jörg rammte ihm die Harpune tief in den Schlund.

Der Fisch sauste davon. An der Oberfläche drehte sich das Boot und fuhr, heftig hin und her schaukelnd, mit den aufgeregt schreienden Fischern davon. Wir folgten, aber nach einigen hundert Metern blieb es plötzlich stehen. Als wir hinkamen, stellten wir fest, daß der Judenfisch um eine große Koralle geschwommen war und das Seil abgerissen hatte. Wie wir später erfuhren, wurde das Tier nie mehr gesehen. Offenbar hatten wir ihn doch tödlich verletzt. Unsere Pflicht hatten wir getan – doch die zehn Dollar bekamen wir natürlich nicht.

An der Küste von Brasilien gibt es besonders große Exemplare von Judenfischen, die den modernen Unterwasserjägern recht hilflos ausgeliefert sind. Das Tier liegt ruhig in seiner Höhle, sie halten ihm ihr Unterwassergewehr an den Kopf, drücken ab – und haben einen neuen Rekord aufgestellt. Daß diese unsportliche Jagd verboten werden sollte, versteht sich wohl von selbst.

In jüngster Zeit sind Taucher von Riesenzackenbarschen angegriffen worden – aus einem sehr kuriosen Grund. Heute bringen ihnen die Taucher oft Fische mit, um sie aus ihrem Loch zu locken und fotografieren zu können. Kommt nun ein Taucher, der nichts mitbringt, dann wird der Fisch ärgerlich. Ich kenne einen Tauchlehrer in Hurghada am Roten Meer, den ein solcher Riesenzackenbarsch kräftig in den Arm gebissen hat.

Daß es unter den Riesenzackenbarschen aggressive Exemplare gibt, erlebten wir bereits in dieser ersten Zeit. Es war gegen Abend, nur noch Jörg war im Meer. Wir beobachteten, daß er an der Oberfläche immer an der gleichen Stelle schwamm, immer nur kurz nach Luft schnappte und irgend etwas unter Wasser tat. Wir schwammen hinaus und erlebten einen erstaunlichen Anblick. Jörg hielt die Harpune senkrecht nach unten, und dicht davor stand ein etwa 30 Kilo schwerer, senkrecht hochschauender Zackenbarsch, der sich offenbar für Jörgs Füße interessierte. Jörg hielt ihn mit der Harpunenspitze auf Distanz. Als uns der Fisch sah, drehte er indigniert ab und verschwand in der Tiefe.

Schließlich holten uns die schlechten Nachrichten ein – in Europa war der Krieg ausgebrochen. Eine holländische Polizeibarkasse kam, und es wurde uns mitgeteilt, daß wir nach Curaçao zurückkehren müßten. Mehrere deutsche Han-

Wir belagerten das riesige Tier, doch seine Haut war so hart, daß die Harpunenspitze nicht eindrang. Schließlich harpunierte ihn Jörg ins offene Maul. – Als der Krieg ausbrach, finanzierten wir unsere Heimfahrt über die USA, Japan, Asien und die Sowjetunion durch den Verkauf großer Fische an Restaurants in Curaçao.

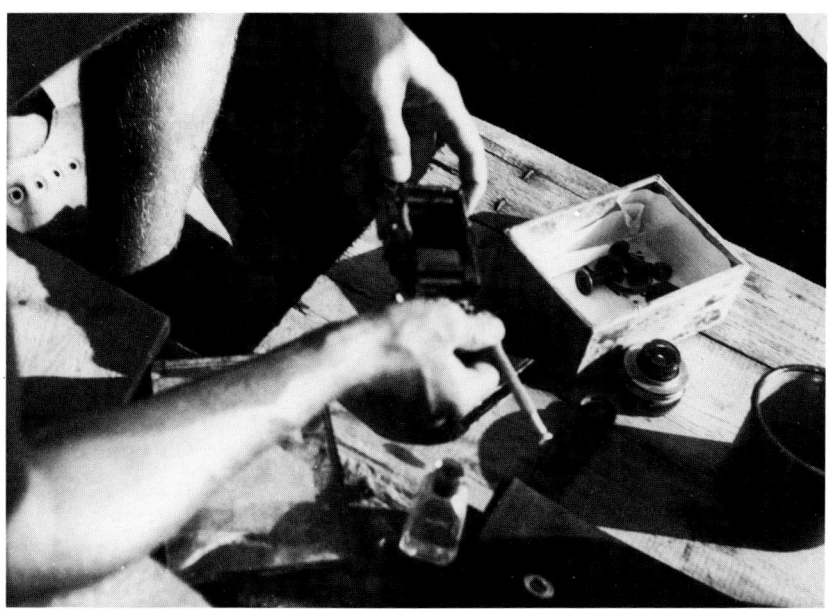

In das Gehäuse der Unterwasserkamera ist Wasser eingedrungen! Im Boot zerlegte ich sie, um sie zu reinigen und wieder in Stand zu setzen.

delsschiffe hatten in dem neutralen Hafen Willemstad Zuflucht gesucht, und auf einem dieser Schiffe wurden wir nun untergebracht. Dort mußten wir die Nacht verbringen, doch wurde uns durchaus gestattet, tagsüber unsere Tauchtätigkeit fortzusetzen.

Wir hatten inzwischen unser Geld ziemlich verbraucht, aber wir hatten Freunde gewonnen, die uns halfen und zu den verschiedensten Riffen führten. In den Monaten, die nun folgten, lernten wir fast die ganze Insel kennen. Ich machte Tausende von Unterwasseraufnahmen, setzte meinen Ehrgeiz darein, möglichst jede Fischart in ihrem natürlichen Lebensraum zu fotografieren. Solche Aufnahmen waren bisher noch nie gemacht worden. Als ich einmal sehr tief tauchte, funktionierte plötzlich die Kamera nicht. Ich blickte ins Fenster des Gehäuses – es war halb voll Wasser! Ich hatte es offenbar oben nicht gut geschlossen! Schnell jagte ich hoch und legte die Kamera in Öl, um zu verhindern, daß die Teile verrosteten. An Bord nahm ich sie dann Stück für Stück auseinander, schwitzte dabei Blut. Als ich in das Innere vordrang, sprangen einige winzige Federn in die Gegend – und ich hatte keine Ahnung, wo sie gewesen waren und wohin sie gehörten. Erst nach zwei Tagen glückte es mir, sie wieder zusammenzusetzen – dabei blieben mir zwei kleine Teile und eine Feder übrig. Aber die Kamera funktionierte wieder. Nur hatte ich jetzt keine Ahnung, ob die Belichtungszeiten stimmten. Das löste ich schließlich auf folgende Art: Ich borgte mir ein Grammophon und stoppte mit einer Uhr, wie schnell der Teller sich drehte. Auf diesem befestigte ich eine Taschenlampe, schaltete sie ein und fotografierte sie von

oben. Auf meinem Bild war dann der Weg des Lampenlichtes als Kreissegment zu sehen – und aus dessen Länge konnte ich errechnen, bei welcher Einstellung ich nun eine fünfzigstel oder eine hundertstel Sekunde hatte.

Eines Nachts, wir lagen schlafend in unseren Kojen, öffnete sich leise die Tür, und der Barbier des Schiffes kam zu uns herein. Wir hatten uns mit ihm angefreundet, und er erzählte uns, er sei in Schwierigkeiten, wir müßten ihm unbedingt helfen. Er hatte Farbtöpfe an Land geschmuggelt, um seine Finanzen aufzubessern. Nicht weit vom Kai war jedoch das Boot umgekippt. Die Töpfe lagen nun auf dem Grund. Er hatte aber das Geld schon erhalten und auch ausgegeben – wir waren also die einzigen, die ihm helfen konnten!

Gut, wir wollten es versuchen. Es war bald Mitternacht. Mit unseren Harpunen und Tauchbrillen marschierten wir an der etwas erstaunten Zollwache vorbei. Doch die wußten, daß wir die erstaunlichsten Dinge taten, wunderten sich also über nichts mehr. Unser Freund führte uns zur anderen Seite des Hafens, wo sein Komplize uns bereits erwartete. Die Stelle lag etwa 15 bis 20 Meter weit von der Mole entfernt. Ich meldete mich freiwillig für den ersten Versuch, stieg in das übelriechende Wasser. Es war total dunkle Nacht. Nur auf der anderen Seite des geräumigen Hafenbeckens leuchteten schwach einige Lampen. Allerdings herrschte Meeresleuchten. Man rief mir leise zu, daß ich genau über dem Punkt sei. Doch, ehrlich gesagt, hatte ich Angst in dieses schwarze Wasser hinabzutauchen. Vielleicht erwartete mich dort ein riesiger Krake oder ein Hai? Aber dann holte ich tief Atem und tauchte in die Dunkelheit hinab, schwamm und schwamm – und erlebte dann die größte Überraschung meines Lebens.

Plötzlich wurde es unter mir hell. Ich sah flachen sandigen Grund – und sah auch drei dieser Farbtöpfe in meiner Nähe liegen. Die Erklärung für dieses merkwürdige Phänomen war das Meeresleuchten. Die vielen kleinen Blitze im Wasser summierten sich, wurden durch den Sand nach allen Seiten reflektiert, und so bildete sich über dem Sand eine Zone, die matt erleuchtet war. Ich ergriff zwei der Töpfe am Henkel mit der einen, den dritten mit der anderen Hand und stieß mich vom Grund ab. Es wurde dunkel – doch gleich anschließend wurde es wieder hell. Ich hatte mir zu viel zugemutet, die Töpfe zogen mich wieder hinunter. Also ließ ich einen fallen und hatte nun zwei Töpfe in der rechten Hand, mit der linken und den Beinen schwamm ich. Ich fluchte jetzt, daß ich die

Anfangs verwendete ich zum Filmen ein Stativ, dann lernten wir freihändig die Kamera zu führen. Durch die Unterwasserfotografie gelangte ich zu dem Entschluß, auf das Studium der Zoologie umzusatteln.

Flossen nicht mitgenommen hatte. Ja, ich wußte nicht einmal, ob ich überhaupt aufstieg. Es gab ja nichts, woran ich dies hätte ermessen können. Außer den kurzen Lichtblitzen war es um mich total dunkel. Auch am Druckunterschied konnte ich mich nicht orientieren. In meinen Ohren begann es zu brausen, ich geriet in schwere Atemnot.

Ich erlebte damals eine Art von Bewußtseinsspaltung. Mir war durchaus klar, daß ich daran war zu ertrinken, und eine innere Stimme sagte mir: Warum läßt du diese dummen Töpfe nicht los? Aber das konnte ich nicht mehr. Ich war in Panik. Es brauste um mich, und ich verlor das Bewußtsein.

Als ich aufwachte, lag ich auf der Mole, hatte den widerlichen Geschmack dieses ölhaltigen Wassers im Mund, von dem ich offenbar ausgiebig geschluckt hatte. Jörg hatte mich kurz auftauchen gesehen, und ich war dann gleich wieder gurgelnd verschwunden. Er war mir nachge-

Als ich 24 Jahre später als Meeresbiologe wieder nach Curaçao kam, besuchte ich wieder die so gefährliche Nordküste. Ein amerikanischer Journalist fotografierte mich dort mit meiner damaligen Ausrüstung.

sprungen, hatte mich zu fassen bekommen und samt den Töpfen herausgeholt. Meine rechte Hand hielt die Henkel eisern umklammert. Man mußte die Finger gewaltsam öffnen.

Dieses Erlebnis machte mich mit einem Phänomen bekannt, das wir noch öfter erlebten, und das bei jeder Tätigkeit unter Wasser von besonderer Bedeutung ist. Nicht Haie oder giftige Fische oder Strömungen sind für Gerätetaucher die größte Gefahr, sondern diese archaische Reaktion, die den Menschen zu den unsinnigsten Handlungen veranlaßt. Unter Wasser verläßt man den normalen Lebensraum, und schon geringfügige Anlässe können beim Taucher Panik erzeugen. Mehr als die Hälfte aller Tauchunfälle sind auf diese Reaktion zurückzuführen. Deshalb werden fortgeschrittene Tauchschüler vom Lehrer absichtlich erschreckt, indem er ihnen von rückwärts die Maske wegzieht oder ihnen den Atemschlauch aus dem Mund reißt. Ein guter Taucher darf sich durch nichts aus der Ruhe bringen lassen, muß auf alles vorbereitet sein. Panik – eine dem Menschen angeborene Reaktion – wird unter Wasser zum größten Feind!

Ursprünglich hatten wir nur zwei Monate in Westindien bleiben wollen, nun war nicht abzusehen, wann und wie wir wieder zurückkehren würden. Über den Atlantik war das nicht mehr möglich. Wir konnten jedoch von Curaçao mit einem amerikanischen Schiff nach New York fahren, dann quer durch die Vereinigten Staaten, über den Pazifik nach Japan und über China mit der Transsibirischen Bahn wieder nach Europa gelangen. Dazu war allerdings einiges Geld nötig. Also gingen wir konsequent daran, Geld zu verdienen. Wir tauchten nach hübschen Korallen, bleichten sie und verkauften sie an Touristen. Außerdem jagten wir nach großen Fischen und verkauften sie an Hotels. Dies führte uns nun auch an die stürmische Nordküste von Curaçao, wo wir bisher noch nicht getaucht hatten. Sie ist äußerst zerklüftet, und es branden dort das ganze Jahr über riesige Wellen, die der Nordost-Passat gegen die Steilkante wirft. Von den spitzen Felsen in das brandende Meer zu springen erforderte Mut. Jedoch mit Harpune, Kamera und erbeuteten Fischen wieder aufs Trockene zu gelangen, ist ein Akrobatenstück, das uns wohl nicht viele nachgemacht haben

Heute gibt es bereits wasserfeste Bestimmungsbücher, mit denen man die Artnamen der Fische auf dem Meeresgrund selbst feststellen kann. Ich führte Lotte zu den Plätzen, wo wir einst jagten und wo der moderne Tauchsport seinen Anfang nahm.

Angriff eines Haies an der Nordküste. Wir schrien ins Wasser, und er drehte ab. – Ich nützte die acht Monate in Curaçao und Bonaire, um alle im Küstengebiet lebenden Fische zu fotografieren. Um die äußerst beweglichen, kleinen Korallenfische scharf aufs Bild zu bekommen, zerbrach ich Seeigel und wartete in genau abgemessener Entfernung bis sie vom Blutgeruch angelockt herankamen. – Unten: Ein seltener Feilenfisch.

dürften. Die Wellen sind drei bis vier Meter hoch. Man muß auf die passende warten, die einen zu der unterhöhlten Kante hochhebt, sich dann dort festklammern und blitzschnell hochklettern – ehe einen die nächste Welle wieder hinabspült. Wir wurden darin Meister und haben reiche Beute gemacht.

Hier hatten wir ein gefährliches Erlebnis. Alfred tauchte und harpunierte einen großen Zackenbarsch. Jörg und ich rissen ihn mit schneller Bewegung aus den Korallen. Als wir hochschwammen, sahen wir drei Haie aus verschiedenen Richtungen in atemberaubender Geschwindigkeit auf uns zukommen. Wie wir später schätzten, beträgt die Geschwindigkeit bei solchen Attacken etwa 50 bis 60 km/h. Die Schwanzschläge erfolgen so schnell, daß man sie nicht sieht, jedoch deutlich unter Wasser hört. Einer von uns stieß vor Schreck unter Wasser einen Schrei aus. Das hatte einen erstaunlichen Effekt. Es riß die Haie gleichsam herum, sie jagten davon – einer machte kehrt und kam nochmals auf uns zu. Aber jetzt schrien wir bereits im Chor! Es riß den Hai ein zweites Mal herum, und er verschwand in der Ferne. Der Schrei oder die im Wasser ausgestoßenen Luftblasen hatten ihn erschreckt. Durch Zufall hatten wir so eine zweite Waffe gegen Haie entdeckt.

Wir fragten uns natürlich, warum uns die Haie so unerwartet angegriffen hatten. Ich vermute, daß diese Attacke gar nicht uns galt, sondern dem harpunierten Fisch. Das Gezappel dieses Fisches hatte die Haie offenbar herangelockt. Die Schwingungen solcher Bewegungen eines verzweifelt sich wehrenden Fisches hörten sie offenbar aus weiter Entfernung – und wußten dann, daß hier ein Tier in Not war. Sie kamen herangeschossen, um es zu fressen.

Nach allgemeiner Ansicht werden Haie durch Blutgeruch angelockt. Auch wir hatten dies bestätigt gefunden. Nachdem wir mehrere Fische harpuniert hatten, waren mehrmals nach einer Weile Haie aufgetaucht. Doch Blutgeruch kann sich nur langsam ausbreiten. Dieser Angriff war dagegen in Sekundenschnelle erfolgt. Und die Haie waren sicher aus mehr als hundert Meter Entfernung gekommen, denn das Wasser war sehr klar, und wir hatten weit und breit keinen Hai gesehen. Hier war ich einem interessanten Zusammenhang auf der Spur. Denn, wenn solches Gezappel Haie herbeirief, dann war es ja im Prinzip möglich, diese Schwingungen mit einem Unterwassermikrophon aufzunehmen und sie dann mit einem Unterwasserlautsprecher an Plätzen abzustrahlen, wo Haie angelockt wer-

den sollten. Für den gewerblichen Haifang ergaben sich hier neue Möglichkeiten!

Um sicher zu gehen, führte ich mehrmals das gleiche Experiment durch. An der äußeren Riffkante, wo mit Haien zu rechnen war, tauchte ich auf den Grund und führte dort mit meinen Flossen heftige Schläge aus. Ich zappelte so stark ich konnte, sicher nicht weniger stark als ein zehn Kilo schwerer Zackenbarsch. In keinem Fall ließ sich ein Hai blicken. Harpunierten wir dagegen im gleichen Gebiet einen großen Fisch, dann wiederholte sich mehrmals, daß Haie plötzlich auftauchten und so nahe heranschossen, daß wir sie durch Schreie abschrecken mußten. Das bedeutete, daß Haie sehr wohl zwischen meinen, für sie nichtssagenden Flossenschlägen und der besonderen Schwingungsmelodie, welche ein in Not befindlicher Zackenbarsch aussendet, unterscheiden konnten.

William Beebe hatte in seinem Buch »Das Arcturus Wunder« erzählt, wie er vom Boot aus durch einen Glaszylinder einen an der Angel gefangenen Fisch beobachtete. Ein kleiner Hai und ein Barrakuda befanden sich ebenfalls in seinem Sichtfeld. Zog er an der Leine, so daß der daran hängende Fisch sich wehrte, dann schossen die beiden Räuber heran »wie Hunde, die zubeißen wollen«. Ließ er dagegen die Leine locker, so daß der Fisch wieder normal schwamm, dann beruhigten sie sich.

Ich begann nun manches mit anderen Augen zu sehen. Etwa Fische im Liebesspiel: Sie schossen kreuz und quer, verfärbten sich, umkreisten einander, blieben mit vibrierenden Flossen dicht nebeneinander stehen. Bisher hatte mich der auffällige Farbwechsel interessiert, jetzt achtete ich mehr auf die Flossenbewegungen. Waren diese erregten Bewegungen nicht eine Art von Liebesgeflüster? Oder nüchtern ausgedrückt: Beeinflußten hier nicht die Geschlechtspartner einander durch das Aussenden besonderer Schwingungssequenzen, versetzten einander so in Paarungsbereitschaft?

Ich wußte aus der wissenschaftlichen Literatur, daß Fische ein besonderes Sinnesorgan besitzen, mit dem sie Druckveränderungen im Wasser wahrnehmen können. Es sind dicht unter der Haut verlaufende Schleimkanäle, in denen sich schwingungsempfindliche Sinneszellen befinden. Diese Kanäle sind entlang der Seitenlinie angeordnet, befinden sich aber auch am Kopf. Dieses System wird »Seitenlinienorgan« genannt und befähigt die Tiere auch in trübem und dunklem Wasser zu schwimmen, ohne gegen Steine zu stoßen. Indem der Fisch sich bewegt, sendet er Druckschwingungen aus – diese werden von Objekten der Umwelt zurückgeworfen und von diesem Organ wahrgenommen.

Wenn bei Haien diese Sinnesorgane so empfindlich entwickelt sind, daß sie auf mehrere hundert Meter Entfernung solche Schwingungen nicht nur wahrnehmen, sondern auch ihre Besonderheit deuten können, dann war auch nicht zu verwundern, daß unsere aus nächster Nähe ausgestoßenen Schreie sie erschreckten. Der optische Eindruck der so unvermutet ausgestoßenen Blasen mochte dabei noch die Wirkung unterstreichen.

Ich war nun fest entschlossen, nach der Rückkehr nach Wien Biologie zu studieren. Der unmittelbare Kontakt mit den Meerestieren, indem man sich wie ein Fisch unter ihnen bewegte, eröffnete der Forschung neue Möglichkeiten! Hier gab es für mich ein ungeheuer interessantes und entwicklungsfähiges Arbeitsfeld. Ein Arbeitsfeld, das, räumlich betrachtet, doppelt so groß war wie alle fünf Kontinente zusammengenommen!

Nach acht Monaten hatten wir genug Geld gespart, um die Überfahrt nach New York zu bezahlen. Dort sollte ein Bekannter unserer Eltern uns abholen und die nötige Kaution für uns stellen, damit man uns in die Vereinigten Staaten einreisen ließ. Leider kam der Mann bei unserer Ankunft zu spät, und wir wurden ins Einwanderungsgefängnis von Ellis Island gebracht. Dort wurde dann alles sehr kompliziert. Wir wurden zu einem »Fall«.

Aber wir hatten Glück. Bei unserer Ankunft brachten einige Zeitungen ausführliche Berichte über unsere Erlebnisse. Alfred hatte vor einigen Jahren eine Gruppe amerikanischer Studentinnen des angesehenen Smith College durch Europa geführt, und diese Mädchen hatten ihn offenbar alle in bester Erinnerung. Als sie von unserer Lage hörten, erreichten sie, daß das Smith College sich für uns einsetzte und die erforderliche Kaution stellte. So erhielten wir dann die Einreiseerlaubnis und durften drei Monate in den USA bleiben.

Über eine Agentur verkaufte ich das Veröffentlichungsrecht an meinen Bildern an LIFE-Magazin, die größte Illustrierte in den USA. Man zahlte uns einen guten Preis, doch wurde dann keines der Bilder je veröffentlicht. Warum – ? Offenbar weil wir in dieser politischen Situation zum ande-

ren Lager gehörten. Man wollte deshalb keinen Österreicher zum Sympathieträger aufbauen.

Ich hielt auch Vorträge, um so Geld für die Weiterreise zu verdienen. Wir kauften dann ein Auto, fuhren quer durch die Vereinigten Staaten bis Kalifornien, wo wir in Los Angeles einen interessanten Auftrag erhielten. Der Kaugummikönig Wrigley war Besitzer der Insel Catalina, die unweit von Los Angeles liegt und zum Touristenzentrum ausgebaut worden war. Man fuhr zum Weekend dort hinüber, konnte hübsche Bungalows mieten.

Der Veranstalter war an Werbung interessiert. Wir sollten in den Unterwassergärten rings um die Insel Unterwasseraufnahmen machen. Saturday Evening Post, eine der größten amerikanischen Zeitungen, wollte einen großen Bericht darüber bringen, hatte sogar ein Titelblatt garantiert. Dafür wurde uns ein gutes Honorar geboten, außerdem waren wir Gäste der Gesellschaft.

So verbrachten wir dort zwei Wochen. Das Meer erwies sich als überaus kalt, doch die Tangwälder, die aus 10 bis 20 Meter Tiefe emporwuchsen, boten herrliche Fotomotive. Es sah zwischen diesen riesigen Algen wie in einem Unterwasser-Dschungel aus.

Nach getaner Arbeit machte ich beim Manager der Gesellschaft einen Abschiedsbesuch. Er fragte mich freundlich: »Ich hoffe, Sie sind mit Ihrer Bildausbeute zufrieden – ?«

»Das wird eine große Story«, sagte ich, »mit der Sie bestimmt sehr zufrieden sein werden. Besonders schöne Aufnahmen haben wir von großen Stachelrochen gemacht, denen erstaunlicherweise die Schwänze fehlen. Die haben ihnen nämlich Haie abgebissen.«

Der Mann zog kurz die Augenbrauen hoch: »Ach, das ist ja sehr interessant –.« Er zögerte, dann beugte er sich vor: »Herr Hass, darf ich eine direkte Frage an Sie stellen? – Sie waren hier unser Gast und haben ja selbst gesagt, wie gut es Ihnen gefallen hat. Wieviel verlangen Sie, damit diese Bilder nicht veröffentlicht werden?«

Der Grund lag auf der Hand. Hörte man in Los Angeles, daß es auf Catalina Stachelrochen und Haie gab, dann kam kein Mensch mehr herüber, um hier zu baden. Wir verlangten selbstverständlich nichts, doch hatte dies zur Folge, daß auch diese Aufnahmen in den USA nicht veröffentlicht wurden.

Das Schwimmtauchgerät

Unsere Eltern waren sehr erleichtert, als wir über Japan und mit der Transsibirischen Eisenbahn wieder gesund zu Hause anlangten. Viele Zeitungen interviewten uns. Die »Berliner Illustrirte«, die damals eine Auflage von über 2 Millionen hatte, verpflichtete mich für einen Tatsachenbericht, der unter dem Titel »Wir lebten unter Fischen« über mehrere Fortsetzungen lief. Ein Redakteur der Zeitung half mir bei der Niederschrift, allerdings dramatisierte er unsere Abenteuer so sehr, daß es mir anschließend schwerfiel, diese Passagen in ein Buch, das ich über diese Expedition schrieb, in meinen eigenen Text einzubauen. Die Serie war indes außerordentlich erfolgreich. Wir bekamen Hunderte von Briefen und noch weit mehr Bitten um Autogramme. Kein Mensch wollte glauben, daß sich ein Hai abschrecken läßt, indem man auf ihn losschwimmt. Und ebensowenig konnten sich die meisten vorstellen, daß man heranstürmende Haie durch einen im Wasser ausgestoßenen Schrei abschrecken kann. Nach einem der Vorträge, die ich in Berlin hielt, lud mich einer der reichsten Männer in Deutschland, Fürst Donnersmark, zum Abendessen in seine Suite ins Hotel Adlon ein. Ich hegte im stillen die Hoffnung, ihn zur Mitfinanzierung des von mir geplanten Forschungsschiffes gewinnen zu können. Doch es kam anders. Nach einem sehr opulenten Mahl fragte er mich, ob ich ihm nicht den Schrei unter Wasser vorführen könnte. Ein Diener hatte bereits in einem Nebenraum einen

Trog mit lauwarmen Wasser aufgestellt. Da steckte ich also meinen Kopf hinein und stieß einige schrille Schreie aus. Der Fürst war von dieser Darbietung ehrlich entzückt. Er hatte sich nicht vorstellen können, daß man unter Wasser schreien kann, ohne daß Wasser in den Mund gelangt. Was freilich mein Forschungsschiff betraf, so meinte er, er sei leider gerade jetzt finanziell festgelegt. So verließ ich mit doppelt gewaschenem Kopf das Hotel.

Mein Vater war jetzt damit einverstanden, daß ich mich der Meeresbiologie zuwandte. In Wien war damals vom Krieg noch nicht viel zu bemerken. Beim Wehrbezirkskommando stellte man fest, daß ich an einer Gefäßkrankheit an den Beinen litt, die mich am Marschieren hinderte. Obwohl ich sonst durchaus gesund war, wurde ich deshalb nur als »arbeitsverwendungsfähig« eingestuft und für mein Studium ohne weiteres freigestellt. Mein Ziel war nun, ein Schwimmtauchgerät zu entwickeln, mit dem ich mich eine Stunde lang frei unter Wasser bewegen konnte. Außerdem wollte ich ein eigenes Forschungsschiff ausrüsten, eine schwimmende Forschungsstation, auf der ich dann nach dem Krieg meine Tätigkeit mit einem Team von Wissenschaftlern in größerem Stil fortsetzen konnte. Ich hielt in dieser Zeit Hunderte von Vorträgen, allein im Berliner Planetarium sprach ich 200 mal in einer Folge vor ausverkauftem Saal; jeden Tag zweimal, an Sonn- und Feiertagen dreimal. Da mir das zu viel wurde, mieteten wir dann die Deutschlandhalle, wo ich an zwei aufeinanderfolgenden Tagen wiederum vor je 20000 Menschen sprach. Nach den Vorträgen verkaufte ich stets Unterwasserfotos: das Bild für eine Mark, das Dutzend für zehn Mark. Alles so eingenommene Geld floß einem besonderen, steuerbegünstigten Konto zu, das für die Ausrüstung des Forschungsschiffes bestimmt war. Ich kaufte später mit diesem Geld das bekannte Schiff »Seeteufel« des Grafen Luckner, des legendären Seehelden des Ersten Weltkrieges, mit dem ich mich sehr befreundete. Luckner war an meinen weiteren Plänen besonders interessiert und hat mich durch sein ungemein weltoffenes und draufgängerisches Wesen stark beeinflußt. Wenn ich später – nachdem der »Seeteufel« bei Kriegsende verlorenging – wiederum ein Segelschiff ausgerüstet habe, dann liegt dies sicher daran, daß die Romantik dieses großen Mannes sich auf mich übertrug. Er wollte selbst Kapitän auf meiner nächsten Expedition sein – und diese sollte unbedingt zu den Galapagos-Inseln führen. Es dauerte indes zehn Jahre bis es wirklich so weit war – da war Luckner schon zu alt.

Felix Graf Luckner wurde mein Freund und beriet mich bei der Ausrüstung des geplanten Forschungsschiffes. Er bot mir an, selbst Kapitän auf der nächsten Expedition zu sein. – Rechts: Eine erstaunliche Farbkomposition in einer unterseeischen Grotte. Hier grenzt Unterwasserfotografie an moderne Malerei.

Das von mir entwickelte erste Schwimmtauchgerät, mit dem ich 1942 in den griechischen Gewässern Forschungsarbeiten durchführte. Ich atmete reinen Sauerstoff und konnte mit einer 0.6 Literflasche eine Stunde unter Wasser bleiben. – Rechts: Die später entwickelten Preßluftgeräte setzten diese Entwicklung fort. Das größte Problem ist die Dekompression. Bis vor kurzem mußte der Taucher in der Tiefe die richtige Auftauchzeit mit Tabellen errechnen, heute übernimmt der am Handgelenk getragene Deko-Brain (ein Tauchcomputer) diese lebenswichtige Aufgabe. Dekompressionsfehler können zum Tod oder zu Spätschäden führen.

Trotzdem führte dann meine erste Fahrt zu diesem einsamen Archipel, das ihn so besonders interessierte und dessen unglaubliche Fauna er mir in so eindrucksvoller Weise schilderte.

Mit dem von mir geplanten Schwimmtauchgerät machte ich ebenfalls schnelle Fortschritte. Es gab damals bereits Atemgeräte, die zum Austauchen aus verunglückten U-Booten dienten. Es waren »Kreislaufgeräte«, bei denen man reinen Sauerstoff atmet, wobei die beim Atmen anfallende Kohlensäure durch eine Chemikalie absorbiert wird. Ich besuchte das Drägerwerk in Lübeck, wo diese Geräte hergestellt wurden und hatte eingehende Gespräche mit Oberingenieur Stelzner, dem in Deutschland für das Tauchwesen höchstqualifizierten Fachmann. Er schlug mir erst ein Preßluftgerät vor, wie es dann Cousteau nach dem Krieg auf den Markt gebracht hat. Ein geeignetes Reduzierventil war im Prinzip bereits vorhanden. Dennoch entschied ich mich für das Kreislaufgerät – einerseits, weil

man keine große Flasche mit sich tragen mußte, sondern mit einer 0,6-Liter-Flasche eine ganze Stunde lang tauchen konnte – andererseits, weil ich so nicht durch das Ausstoßen von Luftblasen verursachte und deshalb die Meerestiere weit ungestörter beobachen konnte. Ich ließ also das U-Boot-Austauchgerät entsprechend umbauen. Die kleine Flasche kam an den Gürtel, der Atemsack mit der darin enthaltenen Kalipatrone auf den Rücken, wo er mir wie ein hochtreibender Rucksack beim Schwimmen die richtige Schwergewichtslage gab. Aus der Flasche gelangte der Sauerstoff durch Druck auf einen Knopf in den Atemsack, so daß ich meinen Auftrieb unter Wasser beliebig regulieren konnte. Aus dem Sack atmete ich durch den rechts um den Kopf zum Mundstück führenden Schlauch ein, während durch den links befindlichen Schlauch die ausgeatmete Luft in den Atemsack zurückströmte und dort gereinigt wurde. Entsprechende Ventile sorgten für diesen ständigen

Kreislauf. Das Gerät war ungemein klein und handlich, konnte sehr schnell angeschnallt und wieder abgelegt werden. Da Sauerstoff zum Schweißen verwendet wird, konnte ich dieses Gas überall in der Welt in großen Flaschen kaufen. Das Drägerwerk hatte eine Pumpe entwickelt, mit der man das Gas aus den großen Flaschen in die kleinen abfüllen und den Druck gleichzeitig noch bis auf 200 Atmosphären erhöhen konnte. Wir brauchten also keinen umfangreichen Kompressor mitzunehmen.

Im Sommer 1942 erprobte ich dieses Gerät an der griechischen Küste. Ich war sehr aufgeregt – und in der Tat war dies die Geburtsstunde des modernen Tauchens. Zum ersten Mal verwandelte sich ein Mensch in ein sich fischartig unter Wasser fortbewegendes Wesen!

Bisher war man in schwerfälligen Taucheranzügen auf den Meeresgrund hinabgestiegen. Ich dagegen war frei beweglich und endlich von der lästigen Atemnot befreit. Ich werde diesen ersten Ausflug nie vergessen. Ich schlug Purzelbäume, sauste kreuz und quer über den Grund, kroch in dunkle Höhlen, setzte mich gemütlich auf einen Felsen und beobachtete in aller Ruhe, was um mich geschah. Da ich keine Blasen ausstieß, beachteten mich die Fische in der Umgebung überhaupt nicht. Fischschwärme zogen gemächlich grasend an mir vorbei. Ein herrliches Gefühl der Freiheit erfüllte mich. Jetzt war ich wirklich Fisch unter Fischen. Ein Glücksgefühl, das ich kaum beschreiben kann, erfüllte mich, wurde zum Impuls für alles, was ich dann in späteren Jahren unter Wasser tat.

In den griechischen Gewässern bot sich uns bereits die Gelegenheit, das Schwimmtauchgerät für wissenschaftliche Untersuchung und Filmarbeit einzusetzen. Die deutsche Marine betrachtete zwar die Ägäis als Kriegsgebiet, und man war deshalb über unsere Tätigkeit durchaus nicht erbaut. Doch durch meine vielen Veröffentlichungen und Vorträge hatte ich einflußreiche Freunde gewonnen, die mir bei der Beschaffung eines geeigneten Schiffes und der notwendigen Fahrtbewilligung halfen. Fünf Mann hoch – darunter Jörg, Alfred und ein Meeresbiologe – fuhren wir von Piräus aus in die nördlichen Sporaden, wo wir unterseeische Grotten mit einer damals noch völlig unbekannten Schwamm- und Korallenfauna entdeckten.

Manche dieser Grotten waren sehr geräumig und fast völlig dunkel, die Eingänge lagen zum Teil unter Wasser. Es dauerte eine Weile, ehe sich das Auge an dieses Dämmerlicht gewöhnte – dann blickte man auf eine erstaunliche Vielfalt merkwürdig gestalteter Organismen, die in bi-

zarren Ornamenten die Wände dieser unterseeischen Dome bedeckten. Es waren Schwämme, Kalkalgen und Korallen, dazwischen Fische, Krebse und Mollusken. Die Decke dieser Grotten ist meist von zahllosen gelben Sternen bedeckt: einzeln wachsende Korallenpolypen, die ihre spitzen Fangarme entfalteten. Als ich, dicht unter einer solchen Decke schwimmend, den Bewuchs über mir studierte, schreckte ich zurück! Ein merkwürdiges Wesen, das eine Tauchmaske trug, starrte mich von oben her an. Es dauerte eine Weile, ehe ich begriff: Das war ich selbst – mein Spiegelbild! Mit der Brandung war im Lauf der Zeit Luft in diesen Unterwasserdom gelangt und hatte sich an den höchsten Stellen der Decke gesammelt. Sie hing dort wie Quecksilber – bildete einen Spiegel, in dem ich mein eigenes Unterwasser-Konterfei sah!

Leider war das damalige Filmmaterial noch viel zu wenig lichtempfindlich, um diese verborgene Welt festzuhalten. Ich nahm mir deshalb vor, für meine Fotokamera eine Blitzlichteinrichtung zu konstruieren und zusätzlich auch Unterwasserscheinwerfer für Filmarbeit im Dunkeln. Erst nach dem Kriegsende wurde dies verwirklicht – heute sind solche Unterwassergrotten zu einem für Wissenschaftler und Sporttaucher interessanten und beliebten Ziel geworden. Durch Blitzlicht und Unterwasserscheinwerfer werden die verborgenen Farben des Bewuchses in solchen Grotten sichtbar. Was ohne künstliches Licht grau oder schwarz erscheint, leuchtet dann in erstaunlich prächtigen Farbsymphonien mit besonders hervortretenden Rot- und Gelbtönen auf. Bis heute ist es eine ungelöste Frage, warum sich gerade an dunklen Orten der Unterwasserwelt – auch an der schattigen Unterseite von Felsen und im Inneren von versunkenen Schiffen – so prächtige Farben entwickeln. Denn auch für andere Lebewesen sind sie unsichtbar – nur mit künstlichem Licht kann man sie erwecken.

Das Schwimmtauchgerät ermöglichte uns, größere Gesteinsbrocken mit allen ihnen anhaftenden Organismen loszuschlagen. Wir konservierten sie in Alkohol oder Formalin, damit diese noch unbekannten Lebensgemeinschaften von Spezialisten verschiedener Fachrichtungen untersucht werden konnten. Bei diesen Arbeiten entdeckte ich auch korallenähnliche Stöcke, die – ans Tageslicht gebracht – wie rote Rosen aussahen, deren Blätter aus feinem Tüll gebildet waren. Es waren Reteporiden, die ähnlich den Korallen Stöcke bilden – sogenannte Neptunsmanschetten. Auch sie bestehen aus Kalk und werden von vielen tausend winzigen Polypen

gebildet. Ich fragte mich, wie es den Polypen dieser Art gelingt, so ästhetisch perfekte Gebilde zu schaffen – dies wurde das Thema meiner Doktorarbeit. Welche Gesetze lagen der so regelmäßigen Maschenbildung zugrunde? Es gelang mir, dieses Wachstum bis auf mathematische Formulierungen zurückzuführen.

Bei Sammlungen, die wir unter einem versunkenen Schiff in der Meerenge von Trikeri ausführten, fand ich beinahe den Tod. So gut sich mein Tauchgerät bewährte, so hatte es die Schwäche, daß reiner Sauerstoff unter dem Druck größerer Tiefen für den menschlichen Organismus giftig wird. Man wußte damals noch nicht genau, wo die genaue Grenze liegt. Unterhalb des Wracks war es, in 25 Meter Tiefe: Hier gelangte ich zu einer wunderschönen Schlucht, in der noch ein Stück tiefer besonders interessante Reteporiden wuchsen. Ich war mit einem durch Draht versteiften Netzkorb ausgerüstet, in den ich vorsichtig die vom Gestein abgelösten Exemplare legte.

Plötzlich bemerkte ich Ausfallserscheinungen beim Sehen. Ich dachte erst, meine Maske sei beschlagen, stellte dann aber fest, daß es in meinem Blickfeld Bereiche gab, die wie weiße Flecken aussahen. Ich vermutete sogleich, daß dies Symptome der Sauerstoffvergiftung sein könnten – daß ich also zu tief war. Wäre ich klug gewesen, dann wäre ich hochgeschwommen, um meine Mitarbeiter zu informieren und allfällige Experimente mit einer Rettungsleine auszuführen. Stattdessen blieb ich unten, um zu sehen was weiter geschah. Schließlich sollten ja auch andere dieses Gerät verwenden, also war es wichtig, seine Grenzen zu erproben. Ich arbeitete also weiter – die Flecken wurden rasch größer. Damit endet meine Erinnerung: Ich verlor ganz plötzlich das Bewußtsein.

Zum Glück wurde ich vom Auftrieb hochgetragen. Ich schwebte dann fast leblos unter der Oberfläche, wobei nur der Atemsack über dem Wasser hervorsah. Sofort kamen Möwen, um nachzusehen, was da aufgetaucht war – darauf wurden meine Freunde an Bord unseres Schiffes aufmerksam und holten mich aus dem Wasser. Nach ein paar Stunden erlangte ich wieder das Bewußtsein – hatte jedoch mein Gedächtnis völlig verloren. Ein kurioser Zustand. Jörg und Alfred erzählten mir, daß ich ein griechischer Fischer sei, mit einer häßlichen Frau und acht Kindern. Möglich war es immerhin. Dann schlief ich wieder ein, wachte später wieder auf – und Stück für Stück kam das Gedächtnis zurück.

Durch weitere Versuche stellten wir fest, daß zwanzig Meter die äußerste Grenze für das Tau-

Als ich zu tief tauchte, bekam ich Sehstörungen. Ich blieb unten, um die Symptome zu studieren – und wurde ohnmächtig. Zum Glück trieb ich zur Oberfläche empor, wo meine Mitarbeiter mich noch rechtzeitig auffischten.

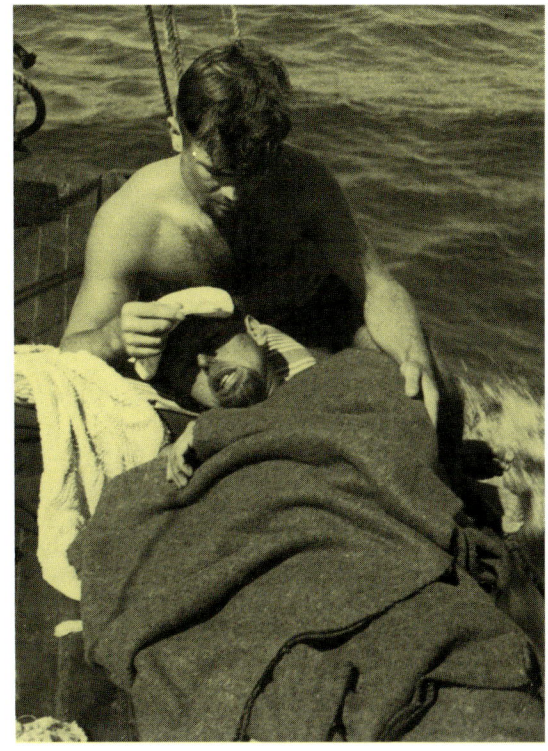

chen mit reinem Sauerstoff sind. Heute ist man vorsichtiger und taucht mit reinem Sauerstoff höchstens zehn oder fünfzehn Meter. Ich tauchte bis über 30 Meter, kannte jedoch die Symptome dann sehr genau. Traten sie auf, dann schwamm ich schnell höher, und sie verschwanden wieder. Für größere Tiefen war das Gerät also nicht geeignet.

Immerhin hat das Sauerstoffgerät die freischwimmende Meeresforschung und den modernen Tauchsport ermöglicht, und wir sind ihm noch lange treu geblieben. In den tropischen Korallenriffen, deren Erforschung wir uns in der Folge besonders widmeten, ist der größte Lebensreichtum in zehn bis achtzehn Meter Tiefe. Viele Nahbeobachtungen, besonders von Fischschwärmen und Symbiosen, wären uns mit Preßluftgeräten nicht möglich gewesen. Da wir keinerlei Blasengeräusch verursachten, konnten wir uns den Tieren weit besser nähern, konnten feine Einzelheiten ihres Zusammenlebens beobachten.

In den griechischen Gewässern wurde damals – wie auch heute noch üblich – mit Dynamit gefischt. Obwohl es streng verboten ist, fuhren manche Fischer zu einsamen Plätzen, wo Fischschwärme vorbeizogen, und warfen dort ihre Sprengladungen ins Meer. Die Fische im Umkreis wurden durch die Explosion getötet, sanken auf den Grund – und dies lockte größere Fische an. Dann kamen die Fischer zum zweiten Mal, warfen weitere Ladungen und erbeuteten so die großen Fische.

Wir hörten, daß nach den Explosionen sehr bald Haie auftauchten, um an dem Festmahl teilzunehmen. Mit einiger Mühe gelang es uns, mit solchen Fischern in Kontakt zu kommen, und schließlich erklärten sie sich einverstanden, daß wir sie begleiteten. Ich sah hier eine Chance, wieder Haie vor die Kamera zu bekommen. Unsere Beobachtungen im Karibischen Meer waren vielfach angezweifelt worden, man hatte sogar von Trickaufnahmen gesprochen. Was ich brauchte, waren Filmszenen, die Mensch und Hai auf dem gleichen Bild zeigten. Nur dann wurde deutlich, wie sich diese gefürchteten »Bestien« tatsächlich verhielten.

Alles spielte sich genauso ab, wie uns erzählt worden war. Wurde eine Sprengladung gezündet, dann sprangen wir unmittelbar nach der Explosion mit unseren Tauchgeräten ins Meer. Der Anblick, der sich uns bot, war eindrucksvoll. Ringsum hingen getötete oder gelähmte Fische wie in einem Silberregen im Wasser – und es dauerte meist nur wenige Sekunden, bis die ersten Haie zur Stelle waren. Während man als Taucher normalerweise im Mittelmeer kaum je einen Hai zu Gesicht bekommt, umkreisten uns hier oft vier oder sechs Stück – manchmal sogar noch mehr. Die Tiere waren hier geradezu auf die Detonationen dressiert. Sie wußten dann, daß eine reichgedeckte Tafel auf sie wartete.

Wir erfuhren, daß an Plätzen, wo mit Dynamit gefischt wurde, nach den Explosionen Haie auftauchten. Wir begleiteten die Fischer, sprangen nach den Explosionen ins Wasser und konnten tatsächlich zahlreiche Haie filmen.

Im Silberregen getöteter und gelähmter Fische schwammen die Haie kreuz und quer und schnappten die Fische auf. Um uns kümmerten sie sich nicht. Sie verhielten sich nicht anders als ihre Kollegen im Karibischen Meer, reagierten jedoch nicht auf Schreie. Durch die Explosionen waren sie an heftige Geräusche gewöhnt.

Um uns kümmerten sich diese im Durchschnitt zwei bis drei Meter langen Haie fast überhaupt nicht. Kam einer zufällig in unsere Richtung, dann drehte er geradezu unwillig ab. Die Tiere verhielten sich ähnlich wie ein Mensch, der Erbsen ißt – und unversehens eine Melone darin findet.

Müssen Haie sich auf den Rücken drehen, um zuzupacken? Das ist eine alte Streitfrage. Hier konnte ich feststellen, daß dies keineswegs der Fall ist. Wohl drehten sich manchmal Haie zur Seite, wenn sie so besser zuschnappen konnten, doch auf den Rücken drehte sich keiner. Im Gegenteil: Ich konnte filmen, wie geschickt sie auf dem Boden liegende Fische aufschnappten. Wir erlebten hier eine einmalige Situation!

Rings um uns das Glitzern der zum Grund absinkenden Fische – und dazwischen die elegant hin und her schießenden Haie, die kaum die Schwanzflosse zu bewegen brauchten, um wie Torpedos durchs Wasser zu gleiten. Königlich souverän gleiten sie dahin, können beliebig innehalten und sich blitzschnell umdrehen. Nur rückwärts schwimmen können sie nicht – und brauchen dies auch nicht.

Bei einem dieser höchst dramatischen Abstiege tauchte ein Thunfisch auf, schnappte ebenfalls nach den im Wasser hängenden, zuckenden Fischen. Alfred machte mir aufgeregt Zeichen, ich sollte schnell zur Oberfläche kommen. Dort schrien die Fischer, wir sollten schleunigst ins Boot steigen. Der eine hielt eine einsatzfertige Sprengladung in der Hand – sie wollten den Thunfisch erlegen!

Kaum waren wir im Boot, ruderten sie emsig dem Thunfisch nach. Er kam in einiger Entfernung zur Oberfläche – dann tauchte er direkt neben dem Boot auf. Und ohne Zögern warf der Mann die Bombe. Eine Wasserfontäne stieg hoch – und schon waren wir wieder im Wasser. Zuerst sahen wir nur weißen Gischt. Dann löste sich der Schleier – und es bot sich uns ein unvergeßlicher Anblick. Der Thunfisch war getroffen, torkelte tief unter uns im Kreis. Im selben Moment tauchte ein riesiger Hai auf – sicher an die fünf Meter lang –, sauste zu dem Thunfisch hin, biß in ihn hinein. Der Rest des Thunfisches hing nun völlig bewegungslos im Wasser, und eine grüne Wolke breitete sich um ihn aus. Eine Wolke von Blut . . ., der Hai hatte ihm den halben Bauch weggebissen.

Schon sauste ein zweiter, kleinerer Hai heran, biß ein weiteres Stück von ihm weg. Alfred hatte als einziger ein Tauchgerät. Er schwamm eilig mit der Filmkamera hinunter. Er filmte den Rest dieses großen Fisches, der jetzt regungslos über

den Algen schwebte. Da erschien wieder der große Hai auf der Bildfläche, wollte sich offenbar diesen Rest holen. Jörg und ich schrien von oben, denn Alfred sah ihn nicht. Er hörte uns nicht, drehte sich aber, wie von einer inneren Stimme gewarnt, langsam um und sah, daß er sich zwischen diesem großen Hai und dem blutenden Rest des Thunfisches befand. Eine zweifellos gefährliche Situation!

Er hob die Kamera – ich dachte mir, warum schreit er nicht? Doch mit dem Mundstück des Tauchgerätes konnte er das nicht. Also tauchte ich so tief ich konnte, schrie mehrmals – aber dieser Hai reagierte in keiner Weise. Er rührte sich nicht von der Stelle, stand jetzt unbeweglich vor Alfred. Da sahen wir, wie dieser vorschnellte und dem Riesen die Kamera direkt vor das Maul hielt, so, als wollte er sie ihm anbieten. Der große Hai machte jäh kehrt und sauste davon.

Ich brachte dann die Reste des Thunfisches zum Boot. Die beiden Bisse sahen wie mit einem Rasiermesser gezogen aus. Der große Hai kam etwas später noch einmal suchend zurück, so daß ich fotografieren konnte, wie er an Alfred vorbeischwamm. Seine Schwanzflosse war bestimmt zwei Meter hoch. Anschließend stellten wir fest, daß keiner dieser Haie hier auf Schreie reagierte. Und das war auch kein Wunder, denn sie waren ja an Explosionen gewöhnt . . .

Weitere Haie filmten wir bei Thira. Dort tauchte einmal auch ein riesiger Stachelrochen auf, der zwischen den Haien herumschwamm. Auch das konnte ich im Film festhalten: Es sah aus, als befänden wir uns in einem zoologischen Garten! Hier gelang es mir auch, mehrere Szenen zu

Durch einen der Dynamitwürfe wurde ein Thunfisch betäubt. Ein fünf Meter langer Hai tauchte auf, biß ihn mittendurch. Die Bißspuren zeigten, wie groß der Rachen dieses Hais war. Fleisch und Knochen waren wie mit einem Rasiermesser durchschnitten.

Filmaufnahme von einem riesigen Stachelrochen in achtzehn Meter Tiefe. Heute ist es an allen meeresbiologischen Stationen der Welt üblich geworden, daß Wissenschaftler und Studenten mit Tauchgeräten unter Wasser gehen. – Rechts unten: Der fünf Meter lange Hai, der den Thunfisch glatt durchbiß. Hinter seiner Schwanzflosse ist Alfred zu sehen.

filmen, die Mensch und Hai unmittelbar nebeneinander zeigten. Diese Aufnahmen bildeten später den Höhepunkt meines ersten abendfüllenden Kulturfilmes »Menschen unter Haien«.

Es hat viele erstaunt, daß es auch im Mittelmeer so große Haie gibt. Normalerweise treten sie jedoch nicht in Erscheinung. Auch als Taucher bekommt man sie kaum zu Gesicht. In den seither verflossenen Jahrzehnten hat meines Wissens niemand auch nur ähnliche Aufnahmen zustande gebracht, wie sie uns damals auf Grund des Unwesens der Dynamitfischerei gelungen sind.

Auf Thira hatte ich noch ein denkwürdiges Erlebnis. Diese ungewöhnliche Insel ist der Rest eines Vulkans, der explodierte und einen riesigen Krater hinterließ, in den das Meer von allen Seiten her eindrang. Die sehr malerischen Kraterwände sind etwa 300 Meter hoch und fallen unter Wasser weitere 300 Meter senkrecht ab. Den Bewuchs dieser Kraterwände untersuchten wir. Wir schlugen auch hier Stücke los, die wir mit allen darauf angesiedelten Organismen konservierten.

Es war am Ende dieser Expedition, spät im Herbst, das Wasser war schon ziemlich kalt. In unseren Baumwolleibchen froren wir erbärmlich. An dem betreffenden Tag war unsere Tätigkeit praktisch beendet, und ich machte mit Alfred

noch einige Aufnahmen, die ich für den Film als Zwischenschnitte benötigte. Das Boot war etwa 30 Meter entfernt an der Felswand festgemacht, unter mir gähnte die Tiefe des Kraters. Während ich ein Tauchgerät trug, schwamm Alfred nur mit Maske und Flossen an der Oberfläche. Mir fiel auf, daß mein Atem wesentlich schneller ging als normal. Dagegen konnte ich gar nichts tun. Da mir das doch etwas verdächtig vorkam, machte ich Alfred ein Zeichen, daß wir fertig wären, und er schwamm auf das Boot zu. Ich folgte in fünf Meter Tiefe – und damit endet meine Erinnerung.

Hätte ich damals den Tod gefunden, dann hätte ich sozusagen nichts davon gewußt. So wie man einen Schalter abdreht, so endete mein Bewußtsein – ohne letzten Gedanken oder dergleichen. Alfred drehte sich zufällig nach mir um und sah, daß ich meinen Atemschlauch ausgespuckt hatte, alle Luft verlor und in die Tiefe absank. So schnell er konnte, tauchte er mir nach, und es gelang ihm, mich in zehn Meter Tiefe zu erreichen. Er packte mich am Atemsack und zog mich mit verzweifelter Anstrengung nach oben. Da ich alle Luft aus dem Atemsack verloren hatte, war ich nun wesentlich schwerer als normal. An der Oberfläche schrie Alfred gellend um Hilfe, versank wieder, strampelte wieder hoch – Jörg und ein zweiter Mann sprangen sofort ins Wasser und holten uns beide heraus. Diesmal hatte ich eine sogenannte »Kältenarkose« erlitten, wie man sie auch bei abgeschossenen Fliegern beobachtet hat, die im kalten Meer trieben. Wird der menschliche Körper unter 27 Grad abgekühlt, dann kommt es zu einer so plötzlichen Ohnmacht, daß man es selbst nicht mehr bemerkt. Hätte Alfred sich nur zwei Sekunden später umgedreht, dann hätte er mir wahrscheinlich nicht helfen können. Dann wäre ich in den Abgrund des Kraters hinabgesunken. Ich hatte, wie wir nachträglich feststellten, das Gummimundstück glatt durchbissen. Normalerweise ist das unmöglich.

Als ich wieder zu mir kam, lag ich unter sämtlichen verfügbaren Decken und wurde trotzdem am ganzen Körper von Kälte geschüttelt. Jedes Glied vollführte einen Tanz, ohne daß ich das geringste dagegen tun konnte. Die später entwickelten Neopren-Anzüge stellten einen wichtigen Beitrag für das Schwimmtauchen dar. Selbst in den Tropen ist ihre Verwendung zweckmäßig. Obwohl das Wasser dort warm ist, entzieht es doch ständig dem Körper Wärme.

An der Zoologischen Station in Neapel konnte ich meine Arbeit über die Wachstumsgesetze der Reteporiden fortsetzen und beenden. Die

Kaiser-Wilhelm-Gesellschaft stellte mir ihren dortigen Arbeitsplatz zur Verfügung, ich war der letzte dort noch tätige Zoologe. In der blauen Grotte von Capri fand ich – wie erwartet – dieselben Arten wie in den griechischen Grotten. Ehe die Amerikaner in Süditalien landeten, war es mir vergönnt, hier noch den mathematischen Zusammenhängen dieser ästhetisch so ansprechenden Wuchsform nachgehen zu dürfen. Ich verpflanzte einige Kolonien, führte Experimente aus, arbeitete mit Vergrößerungsglas und Skalpell unter Wasser… wie es heute an fast allen meeresbiologischen Stationen der Welt zur Selbstverständlichkeit geworden ist.

Auch meine Promotion verlief eher ungewöhnlich. Ich hatte erst in Wien studiert, dann mein Studium an der Friedrich-Wilhelm-Universität in Berlin fortgesetzt. An dem Tag, da ich mein Doktordiplom abholen sollte, hatte es in der Nacht einen schweren Bombenangriff gegeben. Als ich am Morgen bei der S-Bahnstation »Unter den Linden« über die Treppe emporkam, mußte ich feststellen, daß diese Universität nicht mehr existierte. Sie war in dieser Nacht total ausgebombt worden. Nur die rauchenden Mauern standen noch.

Ich ging näher heran. Zwischen den Ruinen schleppte ein älterer Mann recht mühevoll einen schweren Kasten. Ich half ihm, und als wir den Kasten abstellten, erkannte ich, daß es seine Spektabilität, der Herr Dekan war – Professor Bieberbach.

Wir schleppten noch weitere Möbelstücke in einen Schuppen, wo sie vor dem gleichmäßig herabrieselnden Regen geschützt waren. Als wir uns zwischendurch ausruhten, sah Herr Bieberbach mich schmunzelnd an.

»Sie sind wohl um Ihre Arbeit besorgt?«

Ich nickte. Das war ich allerdings.

»Nun, ich kann Sie beruhigen, sie ist gerettet

worden. Und wir können gleich nachsehen, ob wir an sie gelangen.«

Er drückte mir eine Schaufel in die Hand, und wir gingen gemeinsam über die mit Trümmern übersäte einstige Grasfläche des Hinterhofes der Universität. Wenn meine Arbeit noch existierte, so erklärte er mir, dann verdankte ich dies der Geistesgegenwart einer Assistentin. Der Panzerschrank des Dekanats war so schwer, daß ihn nur acht Mann transportieren konnten. Als die Universität brannte, und die Löschmannschaften anrückten, war die erste Frage, was dieses Ungetüm enthalte. Darauf hatte sie prompt erklärt, es seien 100 000 Mark in Banknoten darin.

»Hätte sie gesagt, es sind Doktorarbeiten darin, dann hätten die Männer wohl gesagt: Gut, die sollen die jungen Leutchen eben nochmals schreiben!«

So aber schleppten sie das riesige Ding bis zum Fenster und stürzten es hinaus. Aus dem zweiten Stock flog der Panzerschrank hinunter auf die Grasfläche und bohrte sich dort ein. Wir legten die Türe gemeinsam frei, dann zog Seine Spektabilität einen großen Schlüsselbund aus der Tasche – und tatsächlich öffnete sich die Türe sofort. Obenauf lag meine Arbeit und mein Diplom.

»Ich gratuliere Ihnen, Herr Doktor!« sagte Professor Bieberbach und schüttelte mir die Hand.

Meine Arbeit war sogar mit *summa cum laude* qualifiziert worden, ein Prädikat, das von dieser Universität seit acht Jahren keinem Zoologen mehr zuerkannt worden war.

Dann fegten die Kriegsereignisse alle weiteren Bestrebungen und Möglichkeiten hinweg, und ich konnte meine Tätigkeit erst fünf Jahre später wieder aufnehmen.

Die an schattigen Plätzen wachsenden Reteporiden werden »Neptunsmanschetten« genannt. Unzählige winzige Tiere, die Kalk abscheiden, bauen diese netzartigen Strukturen auf. Wie sie das zustandebringen, wurde das Thema meiner Doktorarbeit. Es gelang mir, dieses Wachstum bis auf mathematisch erfaßbare Gesetzmäßigkeiten zurückzuführen.

Im Roten Meer

Meine erste Expedition ins Rote Meer war sicher die schönste in meinem Leben. Es war ein neuer Anfang. Dazu kam: Ich unternahm diese Expedition allein. Ich hatte somit keinerlei Verantwortung für andere zu tragen.

Der Krieg hatte mich in meinen Plänen stark zurückgeworfen. Das Forschungsschiff, das ich mir mit so viel Mühe erarbeitet und ausgerüstet hatte, war verloren gegangen. Die Russen hatten es von Stralsund als Beutegut abtransportiert, und wir konnten nie herausfinden, was damit geschehen ist. Auch das meiste der Ausrüstung war verloren gegangen, und mein Bankguthaben war entwertet. Ich habe diese furchtbare Kriegszeit und auch die Nachkriegszeit immer nur als eine halbe Realität empfunden. Die eigentliche Realität für mich waren die weiten Meere und meine Sehnsucht, sie kennenzulernen. Vor allem die tropischen Meere wollte ich näher erforschen.

Immerhin, ein Tauchgerät war mir verblieben, auch zwei Unterwasserkameras und Flossen. Eines Tages war es wieder so weit, daß ich aktiv

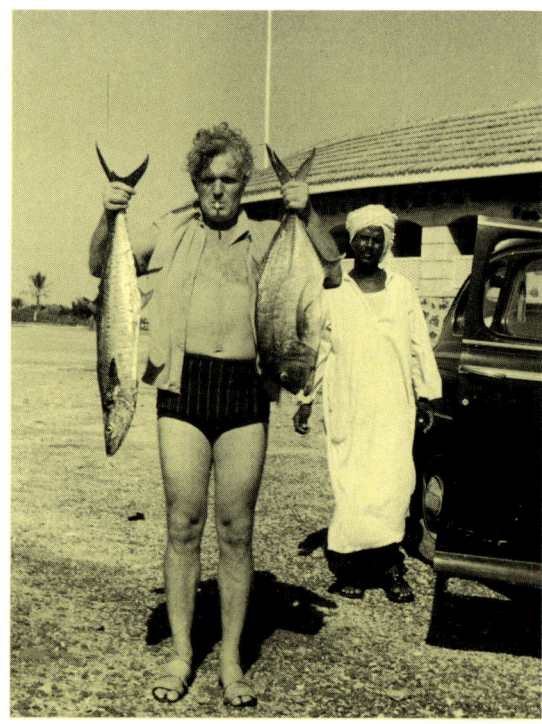

Das Gebiet um Port Sudan ist eine der heißesten Gegenden der Welt. Im Sommer steigt hier die Meerestemperatur bis auf 40 Grad. – Rechts: Bill Clark, der englische Kommissionar dieser Gegend. Er lud mich ein, bei ihm zu wohnen, hielt es jedoch für unwahrscheinlich, daß ich in diesen Gewässern überleben würde.

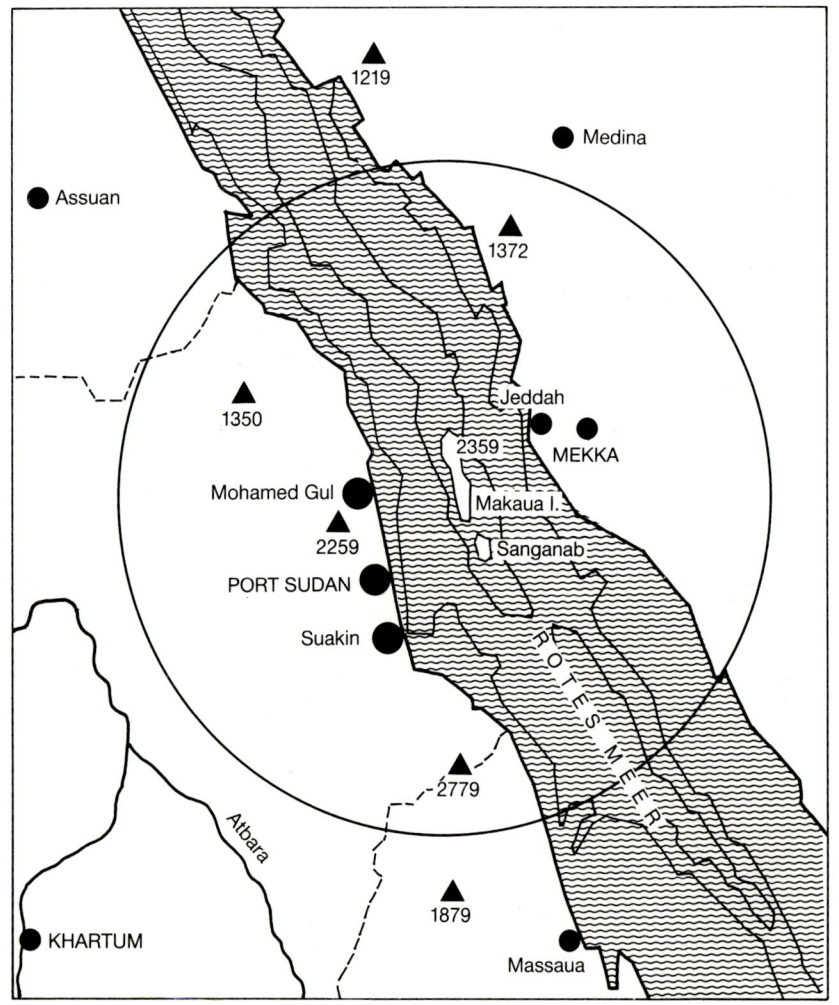

werden konnte. Ich konnte das Geld aufbringen, um den Flug nach Port Sudan am Roten Meer zu bezahlen, und schließlich bekam ich auch ein Visum. Vom British Council in Wien bekam ich sogar ein Empfehlungsschreiben an den Commissioner Bill Clark, den obersten englischen Regierungsbeamten in dieser Gegend. Also flog ich los und erinnere mich noch gut, wie ich auf dem Flug von Kairo über das Rote Meer nach Dschidda und von dort nach Port Sudan auf die vielen Korallenriffe hinunterblickte, die im Roten Meer wie kleine Pilze aus der schwarzen Tiefe emporwachsen. Ein schwer zu beschreibendes Gefühl der Erregung und Spannung erfüllte mich. Bald würde ich – als erster Mensch – bei solchen Riffen tauchen!

In Port Sudan gab es, wie zu erwarten war, Schwierigkeiten beim Zoll wegen meiner Ausrüstung. Ich ließ deshalb mein Gepäck dort, nahm mir ein Taxi und fuhr mit meinem Empfehlungsschreiben zum Haus des Commissioners. Es war Sonntag, also kein sehr geeigneter Tag. Ich ging trotzdem in den Garten und, da kein Mensch zu sehen war, durch eine offenstehende Tür in das Haus. Dort traf ich auf einen sportlich aussehenden Mann mit graumelierten Haaren in Polohemd und Shorts, der mich freundlich begrüßte. Ich zeigte ihm mein Empfehlungsschreiben. Ich hatte außerdem meine Bücher und viele Fotos mitgebracht. Der Commissioner rief seinen Diener, ein zweites Gedeck für das Frühstück aufzutragen, betrachtete die Bilder mit

Die Korallenriffe des Roten Meeres sehen vom Flugzeug wie winzige Pilze aus. Hier und auch im Indischen Ozean und in der Südsee – im gesamten indo-pazifischen Raum – bilden andere Korallenarten die Riffe als im Karibischen Meer.

großem Interesse und sagte dann: »Allerdings, eines muß ich Ihnen sagen. Wie sich die Haie im Karibischen Meer verhalten, das mag sein wie es will, aber die Haie hier kenne ich gut. Ich bin jetzt zwanzig Jahre hier, und ich glaube nicht, daß Sie mit heiler Haut davonkommen werden, wenn Sie in unsere Gewässer hinuntertauchen. Aber wenn Sie es durchaus wollen – übrigens bin ich Junggeselle. Wollen Sie nicht bei mir wohnen?«

Er wollte am Nachmittag zum Fischen ausfahren und lud mich ein, gleich mitzukommen. Nach dem Frühstück war er so nett und begleitete mich zum Zoll. Mit seiner Hilfe konnte ich meine Ausrüstung ohne weiteres freibekommen. Ich benützte die Zeit bis zum Mittagessen dazu, alles auszupacken und meine Unterwasserkamera schußbereit zu machen. Ein Problem war allerdings, daß ich nur den eisernen Schaft meiner Harpune mitgenommen hatte, den Stock wollte ich mir erst hier besorgen. Nun brauchte ich natürlich eine Waffe, die Einladung war etwas plötzlich gekommen. Ich rief den Diener des Hauses, Achmed, einen kohlrabenschwarzen

Machmoud mit dem Koffer, den er täglich zum Hafen trug. Dieser enthielt meine Ausrüstung: Tauchgerät, Unterwasserkameras, Maske, Flossen usw.

Sudanesen, und erklärte ihm mein Problem. Er nickte und kam nach einer Weile mit dem Besen des Hauses und einer längeren Latte zurück, die offenbar die Kante eines großen Bilderrahmens gewesen war. Da ich das Haus nicht seines Inventars berauben wollte, entschied ich mich für diese Latte aus Hartholz. Sie war etwa eineinhalb Meter lang, und mit einiger Mühe montierte ich darauf den Harpunenschaft, machte die Leine mit der Spitze daran fest. So war ich also bereit. Gegen drei Uhr fuhren wir dann in seinem prächtigen, mit den englischen Standarten gezierten Auto hinunter zum Hafen, wo uns die Staatsbarkasse erwartete. Bill hatte zahlreiche Angeln mitgebracht – und wir fuhren hinaus aufs Meer – weit schneller, als ich gedacht hatte.

Das Wetter war nicht sehr günstig. Kaum hatten wir den Hafen verlassen, kamen wir in hohen Wellengang. Das azurblaue, sehr warme Meer spritzte und schäumte. Nach halbstündiger Fahrt sahen wir in der Ferne Gischtfontänen, auf die wir lossteuerten. Dort brachen sich die Wellen an Korallenriffen. In deren Nähe ließ Bill die Fahrt verlangsamen und sagte zu mir: »Wenn Sie also wollen, steigen Sie bitte hier ins Wasser. Ich muß Ihnen sagen, ich würde mich wundern, wenn ich Sie wiedersehe, aber – good luck.«

Ich wollte etwas näher heranfahren, das Riff war noch über hundert Meter weit entfernt.

Er schüttelte den Kopf: »Das ist nicht möglich. Ich kann dieses Schiff nicht gefährden. Also entweder Sie wollen oder Sie wollen nicht –.«

Mir blieb nichts übrig, als nun im offenen Meer ins Wasser zu springen – keine sehr erfreuliche Situation. Das Schiff dampfte davon, und ich schwamm, so schnell ich konnte, auf das Riff zu. Ich blickte dauernd um mich, dachte natürlich an Haie. Ich sah nichts, nur endloses weites Blau. Dann allmählich dämmerte es vor mir auf, das Korallenriff – und ich war plötzlich wieder zu Hause.

Diese Riffe sahen anders aus als jene im Karibischen Meer, trotzdem waren sie ähnlich: eine ungeheure bunte Vielfalt von Korallen und Fischen, die rings um sie schwammen. Ich tummelte mich dort, vergaß die Zeit. Später bemerkte ich dann, daß das Boot schon auf mich wartete. Ich schwamm hinaus, und Bill war sehr erfreut, als er mich lebend wiedersah.

Er veranlaßte nun, daß ich eine passende Feluke mieten konnte. Das sind schmale Segelboote, welche die Araber zum Fischfang verwenden. Außerdem organisierte er, daß mich der beste Fischer des Ortes bei meinen Fahrten begleitete. Er hieß Machmoud. Der Anfang war getan.

Machmoud holte mich täglich morgens ab und trug meine Ausrüstung hinunter zum Hafen, wo unsere Feluke lag.

Im Karibischen Meer bestimmen weiche Hornkorallen das Bild des Meeresgrundes entlang der Küsten. Im Roten Meer, im Indischen Ozean und in der Südsee sind tischartige Akroporen vorherrschend. Sie sind weit zierlicher gestaltet als die Elchhornkorallen in der Karibik. Hirschhornkorallen, die auf flachen Meeresböden in endlosen Hecken den Grund überdecken, fand ich hier wie dort. Ebenso die merkwürdigen Hirnkorallen, die über 2 Meter hoch werden und wie ein riesiges menschliches Gehirn aussehen. Neu für mich waren die Saumriffe entlang der Küste, die in senkrechter Wand bis zwanzig und dreißig Meter tief abstürzen. Besonders frühmorgens und vor Einbruch der Dämmerung versammelten sich hier ungeheuer viele Fische.

Die ersten Haie, die herankamen, um mich zu beäugen, erwiesen sich auch hier als scheu. Sowohl im Aussehen als auch im Verhalten konnte ich keinen wesentlichen Unterschied zu jenen des Karibischen Meeres feststellen. Da ich nur für dreißig Abstiege Atemkalk mitgenommen hatte, erkundete ich auch freitauchend weite Strecken. Ich machte viele hundert Aufnahmen. Schon in den ersten Tagen begegnete ich im seichten Wasser über einer Riffplatte zwei Pantherrochen, die direkt auf mich zuschwammen. Von einem dieser prächtigen Tiere, die etwa eineinhalb Meter lang waren, konnte ich sogar eine Nahaufnahme machen.

Mein Lebensrhythmus in diesen Wochen war eher ungewöhnlich. Tagsüber fuhr ich mit der Feluke hinaus aufs Meer, tauchte an immer neuen Plätzen – und abends gab es fast täglich Cocktailparties, zu denen mich Bill mitnahm. Wenn ich nach Hause kam, hatte Achmed bereits den Smoking für mich zurechtgelegt, meine Schuhe waren mit Liebe geputzt, die Hemden mit großer Sorgfalt gewaschen und gebügelt. Da sich diese Festlichkeiten, denen ich mich schwer entziehen konnte, meist lange ausdehnten, war ich todmüde und konnte die Augen kaum offenhalten. Doch für Bill und die englische Gemeinschaft in Port Sudan war ich eine überaus willkommene Abwechslung, mußte von meinen Erlebnissen erzählen und endlos Fragen beantworten.

Machmoud war stolz, daß er mich führen durfte. Andererseits war er auch besorgt, mich bald wieder zu verlieren. Was ich da tat, hielt er für blanken Unsinn, und er glaubte, daß ich bestimmt von den Haien aufgefressen werden würde.

54

Mit dieser schnittigen Feluke
segelte ich mit einem Bootsmann und Machmoud zu
den Riffen hinaus. Wenn ich
ins Meer stieg, legten sie sich
schlafen. Kam ich zurück,
dann waren sie erfreut und
erstaunt.

Machmoud und des Bootsmanns O Sheik mußten diese Haie riesig groß sein. Machmoud versuchte mir außerdem noch etwas von einem
langen Stachel und von Teufelshörnern zu erklären, aber da sprach wohl seine blütenreiche
Phantasie aus ihm. Vielleicht befanden sich diese Tiere in einer Liebeszeremonie. Jedenfalls
wollte ich unbedingt sehen, was da geschah.
Ich ließ mich über den Bootsrand gleiten und
schwamm in die betreffende Richtung. Leider
war das Wasser ziemlich trübe, und die Sonne
hatte sich hinter Wolken versteckt. Vorsichtig
schwamm ich näher. Jetzt waren die Flossen
wieder verschwunden.
Plötzlich fühlte ich, daß sich von links eine große
Bewegung näherte. Dann dämmerte ein Umriß
auf, der eher einer riesigen Decke glich als einem
Wesen. Gespannt starrte ich diesem Monstrum,
das langsam näherrückte, entgegen. In der Mitte
des ungeheuerlichen Leibes klaffte bewegungslos ein viereckiges riesengroßes Maul. Endlich
ging mir das Licht auf! Die zwei Flossen, die wir
sahen, die immer fünf Meter Abstand hielten,
gehörten nicht zwei Haien, sondern zu einem
einzigen monströsen Wesen, das in diesem
undurchsichtigen Wasser überhaupt kein Ende
zu nehmen schien.
Gerade jetzt, im schlechtesten Augenblick,
mußte ich unbedingt Luft holen. Ich tauchte kurz
auf, war aber sofort wieder unten und starrte
voraus. Was ich jetzt sah, konnte ich beinahe
selbst nicht glauben. Das Ungeheuer war noch
näher gekommen, hatte sich etwas gedreht,
und ich sah ein Auge und darüber zwei vorste-
hende Teufelshörner!
Nur für den Bruchteil einer Sekunde sah ich es.
Dann verwandelte sich das Wasser vor mir in
eine mächtig schäumende Bewegung. Ein breiter, schwingender Flügel drückte mich zur Seite;
ich wurde von Wirbeln erfaßt und in einem Bla-
senschwall herumgedreht. Ein dünnes schwarzes Ding glitt an mir vorbei – und die Erscheinung
war verschwunden.
Erst eine Woche später konnte ich ein eben-
solches Tier bei klarem Wasser sehen. Es war
ein Riesenrochen, ein Manta, ein Tier, das noch
nie unter Wasser fotografiert worden war. Ich
hatte nicht gewußt, daß diese Ungeheuer im
Roten Meer vorkommen. Sie sind die größten
Rochen überhaupt und erreichen bis neun Meter
Spannweite und ein Gewicht von dreitausend
Kilogramm.
Die beiden Flossen, die wir an der Oberfläche
beobachtet hatten, waren die Flügelspitzen des
dicht unter der Oberfläche schwimmenden Tieres. Mantas sehen wie riesige Vögel aus und

Eines Tages, als es bewölkt und das Meer nicht
sehr klar war, sahen wir in einiger Entfernung
von unserem Boot zwei spitze Flossen, die etwa
fünf Meter weit voneinander entfernt waren. Sie
waren merkwürdig weich und biegsam und hielten immer den gleichen Abstand. Offenbar spielten dort zwei Haie dicht unter der Oberfläche.
Je länger ich hinsah, um so merkwürdiger kam
mir die Sache vor. Einmal verschwand die eine
Flosse, dann wieder die andere. Doch immer
hielten sie den gleichen Abstand von etwa 5
Metern.
Ich befahl den Anker hochzuholen und ließ vorsichtig näherrudern. Nach den Gesten von

Ein prächtig gemusterter
Pantherrochen, der im seichten Wasser gemächlich über
das Riff promenierte.

56

Der größte Rochen der Welt, erstmals unter Wasser fotografiert. Der Manta, auch Teufelsrochen genannt, erreicht eine Spannweite von acht Metern und wird über zwei Tonnen schwer. Wie ein Riesenvogel brauste das Monstrum dicht unter der Oberfläche auf mich zu. In seinem Maul beobachtete ich Pilotenfische, wie sie die weite Höhlung von Parasiten säuberten. – Unter dem Bauch des Riesen schwammen Schiffshalter.

sind durchaus harmlos; sie ernähren sich gleich vielen Walen von kleinen Schwebetierchen des Meeres. Mit weitaufgerissenem Maul pflügt das Tier meist nahe der Oberfläche durchs Wasser. Rechts und links des Maules befinden sich zwei lappenartige Bildungen, mit dem der Rochen das Plankton ins Maul hineinschaufeln kann, und die er normalerweise vorstreckt. Deshalb wird er auch »Teufelsrochen« genannt.

Wenn der Manta trotzdem – wie ich später erfuhr – bei den Fischern gehaßt und gefürchtet ist, dann liegt dem ein Mißverständnis zugrunde. An der Innenseite der Lappen setzen sich Parasiten fest: kleine Krebse, die ihn jucken. Um dieser lästigen Plage Herr zu werden, kratzt sich der Manta auf seine Weise. Wenn er an einem Fischkutter vorbeikommt, der an einer Kette vor Anker liegt, nimmt er diese willkommene Kette zwischen die Hörner und saust an ihr entlang, um die lästigen Schmarotzer zu zerquetschen und abzustreifen. Bei einem Tier, das über eine

Tonne schwer ist, kann es dann vorkommen, daß der Anker vom Boden losgerissen wird, sich an seinem Kopf verhängt, worauf er in Angst und Schrecken ins Meer hinausjagt und dabei die ganze Barke hinter sich nachzieht. Mehr als

ein Fischer soll auf diese Weise in arge Bedrängnis gekommen sein; kein Wunder, wenn der Manta nicht nur wegen seiner Hörner als »Der Teufel« bezeichnet wird.

Ich kam an ein ganzes Rudel solcher Mantas heran. Bei einigen beobachtete ich, daß vor dem großen offenen Maul kleine Pilotenfische schwammen und sich ins Maul zurückzogen, wenn ich näherkam, um sie zu fotografieren. Es waren, wie ich an den Querstreifen leicht erkannte, Pilotenfische, die gleichen, von denen behauptet wird, daß sie den Hai zu seiner Beute hinführen. Um sie zu beobachten, folgte ich einem der Riesen eine Weile und versuchte, ihn an mich zu gewöhnen, damit er mich näher an sein aufgerissenes Maul heranließ. Zwei Mal erschrak er, wälzte sich herum, schlug mit seinem riesigen Flügel aufs Wasser. Ich konnte mich jedesmal rechtzeitig schützen, indem ich mich in einen Ball verwandelte, in dessen Mitte meine Kamera und mein Kopf waren.

Ich kam zu der Schlußfolgerung, daß hier eine Symbiose vorlag. Die Pilotenfische lebten im Maul des Mantas als Kostgänger; sie waren dort gegen jede Gefahr prächtig geschützt und litten bestimmt nicht Mangel an Nahrung. Daß der Manta sie duldete, lag offenbar daran, daß sie ihm das Maul säuberten, besonders die untere Zahnreihe, wo sich wahrscheinlich auch parasitäre Krebse festsetzten. Sie putzten dem Manta das Maul und die Zähne; das war die Miete, die sie für ihr komfortables Dasein zu zahlen hatten.

Leider war es völlig unmöglich, mit der Kamera nahe genug an diese Fische heranzukommen. Einerseits ließen es die Mantas nicht zu, ande-

rerseits zogen sich die Pilotenfische sofort tiefer in den Schatten des Rachens zurück. Außerdem standen rechts und links die breiten Lappen im Wege, die den Einblick verdeckten. Ich versuchte es von unten, aber das machte die Mantas unruhig und sie schwammen so schnell, daß ich nicht mehr nachkommen konnte.

Da entdeckte ich einen Manta, den die Natur in einer für mich günstigen Weise mißgestaltet hatte. Es fehlte ihm der rechte Kopflappen, so daß von dieser Seite der Einblick in den Rachen frei war. Ich pirschte mich von der Seite an, und es gelang mir, unbemerkt die Fische im Maul zu fotografieren. Kurz darauf, als er in fünf Meter Tiefe schwamm, schob ich mich zwischen den schwingenden Flügeln über seinen Rücken vor und kam mit der Kamera bis über die Kante des Maules. Auch in diesem Fall bemerkten mich die Pilotenfische erst, als ich sie schon geknipst hatte. Aber auch der Manta bemerkte mich... Ich rollte mich zusammen und ließ das Donnerwetter über mich hinweggehen.

Im Golf von Kalifornien gibt es heute einen Manta, der es zuläßt, daß Taucher sich an der Oberkante seines Maules festhalten, und der sie dann über weite Strecken durchs Meer trägt. Er schwimmt mit Vorliebe um ein bestimmtes Riff, so daß die Taucher an einem bestimmten Punkt auf ihn warten und sich dort auf ihr Reitpferd schwingen. Bei einem anderen, der oft fotografiert wurde, haben zwei große Schildfische rechts und links oberhalb des Maules ihren Stammplatz. Bei ihm halten sich die Taucher an den Schwänzen der Schildfische fest, die sich mit ihrer Saugplatte an der Haut des Mantas so fest ansaugen, daß sie die Taucher trotz des erheblichen Wasserwiderstandes nachziehen.

Bei einer der abendlichen Cocktailparties hörte ich vom Wrack der »Umbrea«, eines großen italienischen Schiffes, das etwa eine Meile von Port Sudan entfernt auf Grund lag. Die Spitze des einen Mastes ragte noch aus dem Wasser. Es war jedoch streng verboten, sich dem Wrack zu nähern.

»Ist denn so viel Gold darin?« fragte ich.

»Gold nicht, aber Dynamit«, war die Antwort. »Nicht weniger als 18000 Tonnen Munition und Explosivstoffe.«

Die »Umbrea« war ein italienisches Munitionsschiff, das sich beim Eintritt Italiens in den Krieg selbst versenkt hatte. Ihre Ladung war für Eritrea bestimmt; das Schiff wurde von den Engländern beschlagnahmt, doch gelang es den Italienern, die Schotten zu sprengen. Jetzt lag es auf 40 Meter tiefem Grund, und da manche Zünder nach einiger Zeit durchrosten, bestand die Ge-

Der Mast des italienischen Munitionsschiffes »Umbrea«, das sich bei Kriegsausbruch vor Port Sudan selbst versenkt hatte, ragte bei meinem ersten Aufenthalt noch über Wasser. Das über 20000 Tonnen große Schiff liegt seitlich geneigt auf dem 40 Meter tiefen Grund.

Das Deck der »Umbrea« ist heute ein Tummelplatz für Sporttaucher. Damals war es streng verboten, sich dem Wrack zu nähern, da Explosionsgefahr bestand. – Die Unterseite des Schiffsrumpfes ist von Meeresorganismen dick überkrustet. Die Glieder der einstigen Ankerkette sind kaum noch zu erkennen.

Versunkene Schiffe bieten für Korallen eine vorzügliche Unterlage, auf der sich ihre Larven ansiedeln können. Fische finden hier gute Verstecke. Für Meeresbiologen sind Wracks von besonderem Interesse, weil sich rings um sie und in den Innenräumen besonders vielseitige Lebensgemeinschaften bilden. Rechts: Ein blauer Papageienfisch. Darunter: Ein Pärchen von Halfterfischen, das in dem bunten Bewuchs nach Kleinlebewesen sucht.

fahr einer Selbstentzündung. Man hatte berechnet, daß in einem solchen Fall die durch die Explosion verursachte Welle halb Port Sudan überschwemmen würde.

Einige Tage später, als wir kreuz und quer durch die Riffe fuhren, kam ich zufällig in die Nähe dieses Platzes. Aus einiger Entfernung sah ich die Spitze des Mastes schräg aus dem Wasser ragen. Da weit und breit kein Schiff zu sehen war, konnte ich der Versuchung nicht widerstehen. Auf die Verschwiegenheit meiner beiden Männer konnte ich mich verlassen. Wir segelten hin und machten an dem Mast fest.

Ich glaube, es gibt für einen Taucher nichts Aufregenderes als zu einem Wrack hinabzutauchen. Ein versunkenes Schiff ist ein großer Fremdkörper auf dem Meeresgrund, der sofort

von Fischen aller Art besiedelt wird, da sie dort ideale Schlupfwinkel finden. Auf den Wrackteilen können sich die verschiedensten Korallen und sonstige festsitzende Organismen ansiedeln. Man findet hier Arten, die man nirgends ringsum in den Riffen sieht.

Mit klopfendem Herzen gürtete ich mein Tauchgerät um, glitt unter Wasser und sah dieses Monstrum von einem Schiff unter mir liegen. Ich blickte auf das steil absinkende Deck des Dampfers, dessen eine Seite verhältnismäßig hoch emporkam, während sich die andere im unsichtbaren Abgrund verlor. Schräg seitlich aufragend, erhob sich der mächtige runde Schornstein, umgeben von allerlei Aufbauten und vielen abenteuerlich gekrümmten Dampfpfeifen und Lüftungsrohren. An den alten Eisenteilen und sogar an den gespannten Drahtseilen hatten sich überall Korallen festgesetzt und zu blütenhaftem Wuchs entwickelt.

In zwanzig Meter Tiefe setzte ich wie ein Vogel schwerelos auf einer Dampfpfeife auf und verharrte hier einige Minuten, den Eindruck in seiner ganzen Größe in mich aufnehmend. Ich konnte mir gut vorstellen, wie es in fünfzig oder hundert Jahren hier aussehen würde. Dann hatten die Korallen wie Kletterpflanzen den ganzen Schiffskörper überdeckt und die meisten offenstehenden Türen und Luken verschlossen. Und in 200 Jahren würde das Schiff nichts anderes mehr sein als ein merkwürdig geformtes Korallenriff, in dem allerdings genug Dynamit verborgen lag, um eine ganze Stadt in die Luft zu sprengen.

Hunderte von Fischen umkreisten mich neugierig. Es waren hauptsächlich blaue Seebader, Schmetterlingsfische, mannigfache Seepapageien und schwarzgelbe Engelsfische. Neben mir, um das Rund der benachbarten Dampfpfeifen, bildeten winzige rote Fische jeweils einen Kranz. Da die Planken des Decks zum Teil weggefault waren, konnte ich quer durch die Eisentraversen auf das darunterliegende Deck sehen. Die Reling war mit buschigen Griffelkorallen behangen, die sich in den zehn Jahren, die das Schiff unter Wasser lag, zu erstaunlicher Größe entwickelt hatten. Andere, kugelige Korallen hatten dagegen nur die Größe einer Kinderfaust erreicht.

Die Ausdehnungen dieses Dampfers waren enorm. Ich schwamm über die oberen und über die tiefer gelegenen Decks, spähte durch Luken und Türen in die Innenräume und gelangte zu einer offenen Ladeluke, durch die ich tief unten im Schiffsbauch die mächtigen Haufen der Munitionskisten sah. Während ich fotografierte, machte ich eine interessante Beobachtung: Ge-

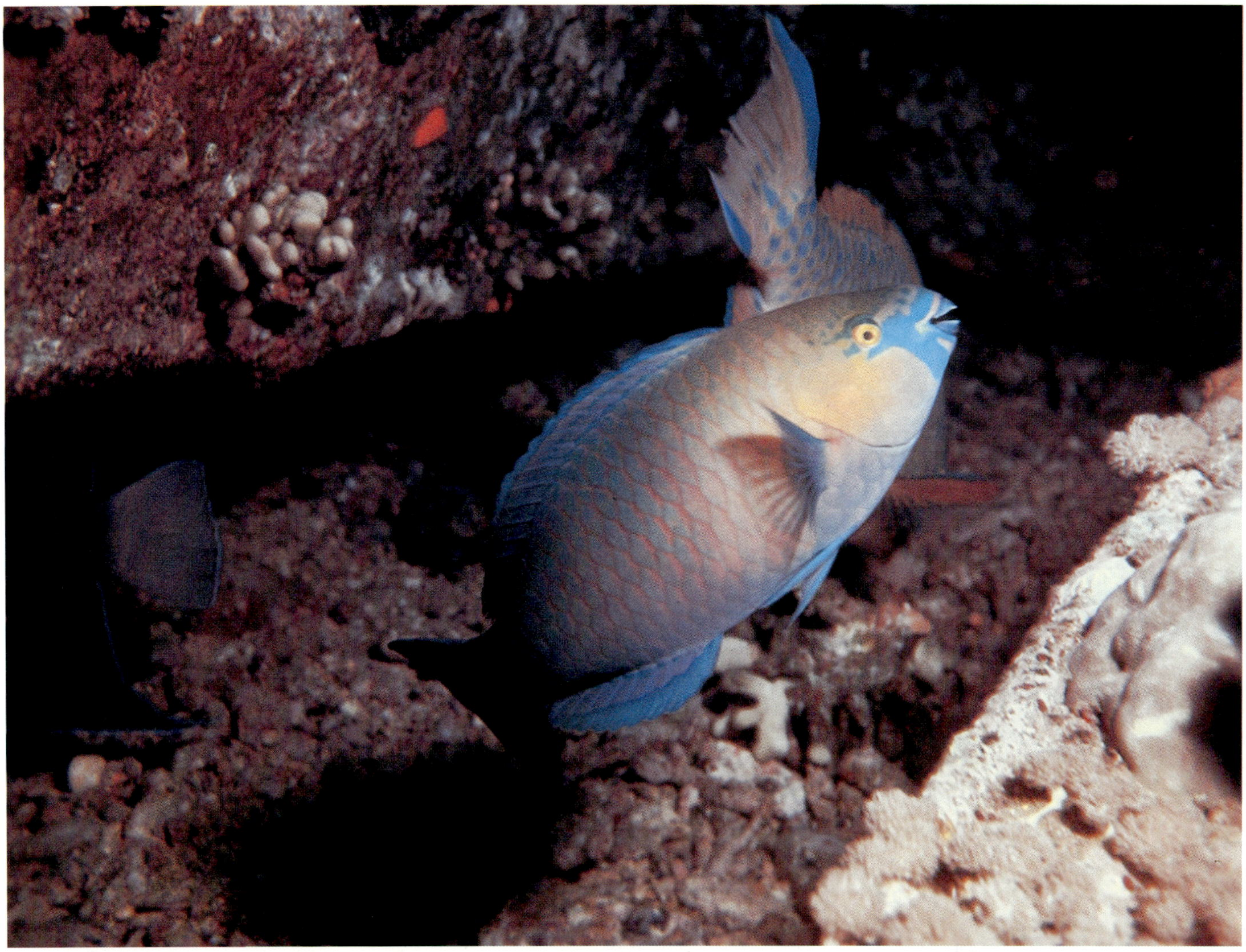

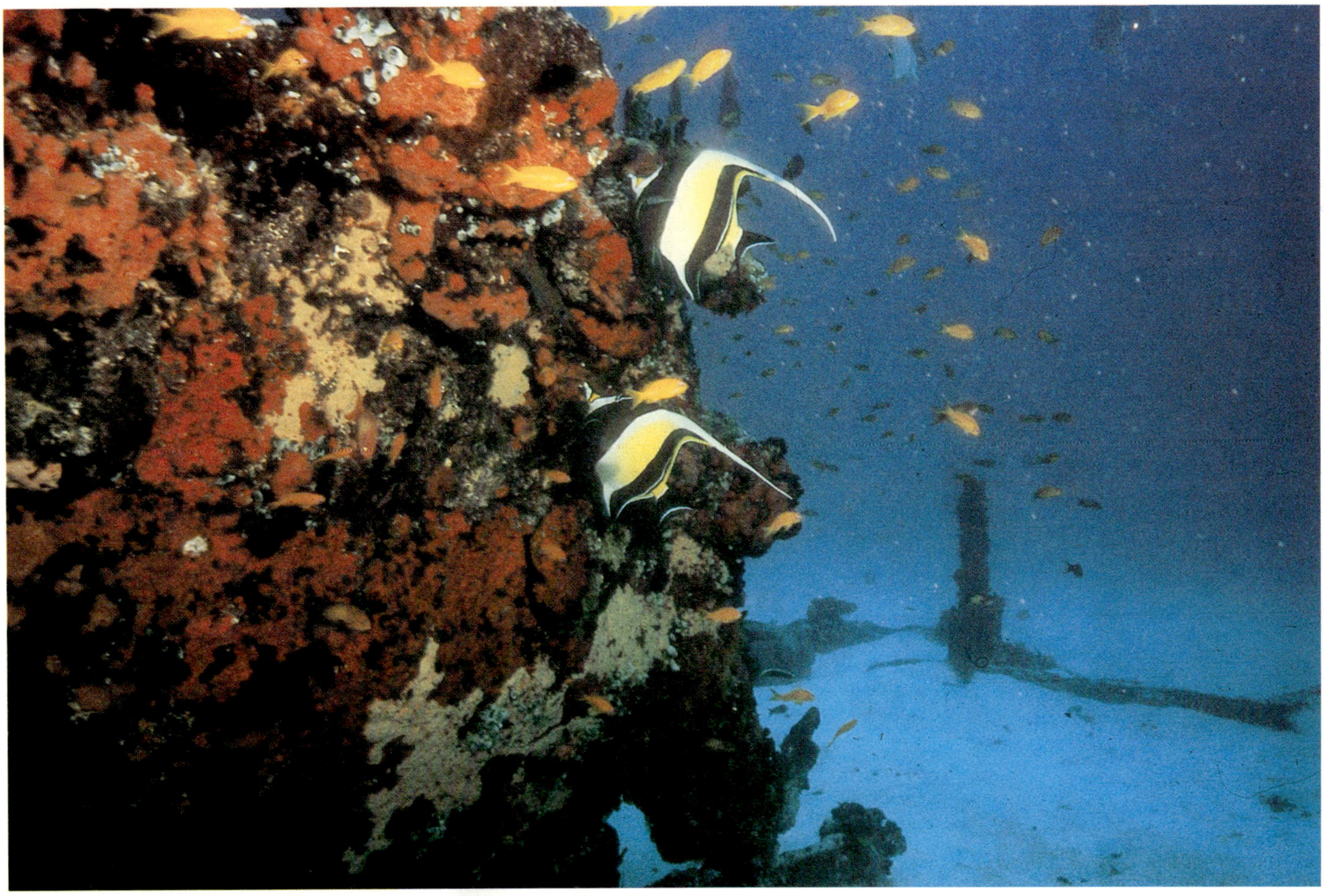

Unten: Bei meinem ersten Aufenthalt hatten sich an diesem Lüftungsrohr nur drei kleine Korallen angesiedelt, während sich auf den darunterliegenden Eisenteilen bereits größere Stöcke entwickelt hatten. 30 Jahre später versuchte ich mit dieser Fotografie – in wasserdichter Beschichtung – die Stelle wiederzufinden. Da inzwischen viele Aufbauten zusammengebrochen waren, konnte ich mich nur schwer orientieren. Doch schließlich fand ich es wieder.

nauso wie im Korallenriff hatten auch hier die einzelnen Fischarten ihren bestimmten Stammplatz. Überall, wo ich zu größeren Seilwinden kam, standen gelb-schwarz gestreifte Pomacentriden in einem Schwarm darüber. Was ihnen an den Seilwinden so besonders gefiel war rätselhaft. Vielleicht waren es die vielen Spalten zwischen den Maschinenteilen, in denen sie sich bei Gefahr schnell verstecken konnten. Zackenbarsche zogen – wie nicht anders zu erwarten – offene Türen und Luken vor, wo sie genauso dickschädelig mit schwingenden Brustflossen und neugierigen Glotzaugen Posten standen wie vor ihren Höhlen im Korallenriff. Daß die kleinen roten Fische, die besonders an steilen Abstürzen dicht an die Felsen gepreßt standen, hier die Rundungen der Dampfpfeifen und Venti-

lationsrohre bevorzugten, war ein Kuriosum. Gewisse Papageienfische schienen die Reling und die Stiegenabgänge vorzuziehen. Unten, über den Dynamitkisten, standen zwei große, prächtig gefärbte Kaiserfische, die ich auch bei späteren Besuchen dort wiedersah, und die mich so mißtrauisch von links und rechts beobachteten, als wüßten sie um die Gefährlichkeit der Kisten, über denen sie Wache hielten.

Ich wagte mich auch in die Innenräume des Schiffes vor. Durch eine offenstehende Tür gelangte ich in einen dunklen Innenraum und von dort aus in einen Gang, wo sich schräg aufwärts eine Tür abzeichnete. Sie führte in einen engen Raum, der durch ein Bullauge nur wenig erhellt war. Vor mir befand sich ein großes weißes Objekt – es dauerte eine ganze Weile, ehe ich begriff, daß dies eine Badewanne war. Dieser Raum war ein Badezimmer mit einem blindgewordenen Spiegel, in dem ich mich undeutlich sah. Mir kam diese Situation so grotesk komisch vor, daß ich laut in meinem Atemschlauch lachte und mich in diese schrägstehende Wanne hineinlegte. Am Plafond über mir hingen zwei plattenartige Bildungen. Ich betastete sie – es waren Perlenmuscheln. Ich brach eine ab, zog mein Messer und schnitt sie auf, natürlich in der Hoffnung eine große Perle zu finden. Leider war keine darin. Auch in der zweiten nicht. Aber ich dachte damals, wenn ich wieder zurückkomme nach Wien und meinen Freunden davon erzähle, dann wird mir bestimmt niemand glauben!

30 Jahre später kam ich nochmals nach Port Sudan, um die »Umbrea« wieder zu besuchen. Inzwischen waren viele Sporttaucher zu diesem Wrack hinuntergetaucht und hatten sich manche Souvenirs mitgenommen. Das Tauchen ist dort jetzt erlaubt, die Gefahr der Selbstentzündung ist nicht mehr gegeben. In einem Film verglich ich an Hand der beim ersten Besuch gemachten Aufnahmen, wie sich der Korallenwuchs in den drei Jahrzehnten weiterentwickelt hatte.

Viele der damals fotografierten Objekte – wie etwa ein großer an Deck befindlicher Scheinwerfer – waren inzwischen abgebrochen und in die Tiefe gerollt. Bei einigen Lüftungsrohren gelang es mir mit Hilfe der Fotos, die ich unter Wasser mitnahm, die genaue Position wiederzufinden und exakte Vergleichsaufnahmen zu machen. Man konnte hier gut sehen, wie sich immer weitere Korallenarten festgesetzt hatten und, ebenso wie in den Riffen, um den verfügbaren Raum kämpften. So entstanden neue Lebensgemeinschaften.

Diesmal tauchte ich auch zur Unterseite des

Schiffsrumpfes, wo sich Tausende von Jungfischen zwischen herunterhängenden Trossen und herabgefallenen Schiffsteilen versteckten. Das Licht meiner Unterwasserlampe enthüllte hier die Farbenpracht der an schattigen Teilen wuchernden Muscheln und Schwämme. Die herabhängende einstige Ankerkette war jetzt total überwachsen und mit Kalk überkrustet. Die einzelnen Glieder waren kaum mehr zu erkennen.

Die Sudanesen in Port Sudan nannten mich Abu Grusch, den großen Hai. Machmoud trug sehr

dazu bei, daß meine Ergebnisse sich herumsprachen; die Leute glaubten, daß ich über irgendeinen geheimnisvollen Zauber verfüge, die Haie von mir fernzuhalten.

Nachdem ich diese Gegend sehr genau erforscht hatte, fuhr ich an der Küste in nördlicher Richtung weiter nach Mohamed Ghul, wo zwei Inseln liegen, die mich interessierten. Hier gab es auch eines jener fern von der Küste pilzartig aus der Tiefe hochwachsenden kleinen Riffe, die ich vom Flugzeug aus gesehen hatte und die ich unbedingt untersuchen wollte. Das Riff hieß Om Grush, was auf Haie hinwies. Machmoud versuchte durch geschickte Manöver zu verhindern, daß ich dort hinkam und tauchte – wie sich zeigen sollte, nicht ohne Grund.

Es war eine Insel von höchstens 30 Meter Durchmesser, ein halbrunder Geröllhaufen mit einer kleinen Steinpyramide in der Mitte und einer äußerst starken Brandung ringsum. Nur nach schwierigen Manövern konnten wir an der dem Wind abgelegenen Seite der Riffplatte festmachen. Unter Wasser bot sich mir ein erstaunlicher Anblick. Über die vorspringenden Korallen sah ich ins Bodenlose hinab. Von einer darunterliegenden Riffmauer war nichts zu sehen. Es sah aus, als schwimme diese Insel frei im Meer, da sich auch unter ihr grenzenloses blaues Wasser auftat.

In Wahrheit verhielt es sich so, daß die in der Brandungszone vorwuchernden Korallen einen Überhang von mehreren Metern bildeten, unter den ich tauchen mußte, um die darunterliegende lotrechte Wand zu sehen. Die kleine Insel glich auf dieser Seite einem Turm, der wie der Stamm eines Pilzes aus der Tiefe emporstieg. Es war denkbar, daß von einer auf dem Meeresgrund gelegenen Erhebung ganz von selbst ein solches Bauwerk entstand. Wenn es nicht die Form einer Pyramide annahm, sondern mit lotrechten Mauern hochstieg, dann konnte das daran liegen, daß die Korallen am Rand am besten gediehen und deshalb in einem Überhang vorwuchsen. Wurden sie überwuchert und starben sie ab, dann bröckelte dieser Überhang ab, und es blieb – eine senkrechte Mauer.

Plötzlich sagte mir ein unbestimmtes Gefühl ich sollte mich umdrehen. Hinter mir war ein Koloß von einem Hai aufgetaucht, sicher vier Meter lang. Er schwebte wie ein glänzendes Geschoß durch das Wasser und blickte lauernd in meine Richtung. Ich machte zwei Aufnahmen, da drehte er und schwamm direkt auf mich los. Ich schrie, es riß ihn herum, er sauste davon, dann drehte er und kam wieder auf mich zu. Mit äußerster Kraftanstrengung durchschnellte ich

Auf der Suche nach verborgener Schönheit. Überall findet man in einem Wrack prächtige Fotomotive.

Das Heck des vor 70 Jahren gesunkenen russischen Schiffes, bei dem wir Szenen für den Film »Abenteuer im Roten Meer« drehten. Dieses Wrack, das ich bereits bei meinem ersten Aufenthalt erkundete, hatte sich bereits in ein merkwürdig geformtes Korallenriff verwandelt.

die wenigen Meter bis zum Boot und warf mich mit einem halben Sprung über die Bordwand. Machmoud packte meine zappelnden Beine und zog sie herein. Da rauschte es an der Oberfläche, und der Hai stieß ans Boot.

Ich war damals der Ansicht, daß dies ein echter Angriff war. Aber schon einige Monate später, bei meiner zweiten Expedition ins Rote Meer, stellten wir dann fest, daß solche Angriffe keine echte Beutefanghandlung sind. Dieser Hai wollte mich nicht fressen, sondern nur verscheuchen. Haie haben bestimmte Territorien, und wenn Menschen sich erstmals dort blicken lassen, kann es vorkommen, daß sie in plötzlichem Ansturm auf einen zuschwimmen. Verharrt man ruhig am Ort, dann beißen sie nicht, sondern sausen an einem vorbei. Wenn Haie wirklich angreifen, dann gehen sie weit vorsichtiger ans Werk; das weiß man von abgeschossenen Fliegern, die stundenlang von Haien umkreist worden sind, ehe dann einer sich endlich entschloß, einen Bissen zu nehmen. Nur in Gegenden, wo es Robben gibt, greifen Weiße Haie in Freßabsicht so plötzlich an; das haben an der Küste von Kalifornien einige Taucher am eigenen Leib erlebt. Diese großen Haie des offenen Meeres haben es auf Robben abgesehen, und es kann vorkommen, daß sie Taucher in ihren schwarzen Neopren-Anzügen mit Robben verwechseln.

Ein weiteres Erlebnis hatte ich ganz in der Nähe bei Dongonab, wo es Perlenbänke gibt. Das Wasser war ziemlich trüb, ich tauchte mit dem Gerät auf den 25 Meter tiefen Grund, der flach und sandig war und über den sich kleine Korallenstöcke erhoben. Auf diesen Stöcken wuchsen unzählige Perlenmuscheln. Mich erfaßte das Fieber, eine Perle zu finden; ich schnitt mit meinem Messer eine Muschel nach der anderen auf, wühlte mit den Fingern im Fleisch, warf sie dann wieder weg. So wütete ich eine Weile, da sah ich, daß ein großer Hai mir ruhig nachfolgte. Er war offenbar durch den Blutgeruch angelockt worden. Er war hellgrau, mit spitzer Nase, ziemlich dick und sicher über drei Meter lang. Unter seinem Bauch schwammen zwei große Saugfische. Ich erschrak wie ein Junge, der beim Stehlen in der Speisekammer überrascht wird. Und darüber erschrak wieder der Hai. Es riß ihn herum, und im nächsten Augenblick war er wie ein Phantom wieder verschwunden.

Das merkwürdigste Erlebnis hatte ich noch am Tag vor meiner Abreise. Durch Zufall hatte ich von einem weiteren Wrack gehört, das schon vor 70 Jahren gesunken war. Es war, wie man mir sagte, ein kleineres Schiff russischen Ursprungs. Machmoud kannte den Platz und wollte mich hinführen.

Bei der Party, als wir darüber sprachen, bat

mich eine junge Geografin, sie mitzunehmen. Da ich sie besonders nett fand, willigte ich ein. Dann brachte sie jedoch ihren Freund mit, einen Botanikprofessor, und das Meer war sehr unruhig. Es herrschte starker Wind, wir mußten in einer Feluke ziemlich weit hinaussegeln. Schon nach fünf Minuten wurde der Botanikprofessor bleich und kämpfte tapfer, aber aussichtslos, gegen Seekrankheit.

Nach eineinhalbstündiger Fahrt erreichten wir den Platz. Es ragte dort eine Eisenspitze von einem Korallenriff empor; Machmoud machte das Boot daran fest. Wie ich unter Wasser feststellte, war dies der Bug des Schiffes, so ziemlich das einzige Stück Eisen, dessen nähere Bedeutung noch zu erkennen war. Denn im übrigen hatten die Stürme das Wrack total zerbrochen. Es war in sich zusammengefallen, und die Korallen hatten sich darüber ausgebreitet; so war ein Korallenriff daraus geworden, aus dem nur noch hier und dort Traversen und Eisenplatten hervorragten.

Da Wolken die Sonne verdeckten, war die Sicht unter Wasser nicht sehr gut. Über dem Horizont stieg eine dunkle Wand auf, die näherkam. Der Botanikprofessor, dem es ziemlich schlecht ging, bat mich, wir sollten doch möglichst schnell wieder zurückfahren. Aber gleichzeitig sagte mir eine innere Stimme, daß dies unmöglich der Abschluß meiner Tätigkeit sein konnte. Irgend etwas, das fühlte ich, stand noch bevor. Ich entschuldigte mich deshalb, versicherte, daß es nicht lange dauern würde, schlüpfte ins Tauchgerät und glitt unter Wasser. Quer über das düstere Trümmerfeld, das einmal ein Schiff gewesen war, schwamm ich abwärts.

Mit zunehmender Tiefe wurden die Trümmer immer mächtiger. Plötzlich öffnete sich vor mir der Blick, und ich sah auf das noch völlig erhaltene Hinterschiff, das sich hinter dem Schleier des sonnenlosen Wassers wie eine ungewisse Zeichnung schräg abwärts in die Tiefe senkte.

Was ich sah, war das einstige Deck. Der Mast war gebrochen, alle Holzteile waren längst weggefault. Verblieben waren die Eisentraversen, die längs- und querlaufend über dem Schiffsrumpf lagen; sie waren bis zu einem Meter Dicke mit üppigem Korallenwuchs bedeckt. Über der Mitte des einstigen Decks hatten Kronenkorallen mehrere kreisrunde Tische von über zwei Meter Durchmesser gebildet. Teilweise noch erhalten, lief eine Reling ringsum. Das ganze Eisengebilde sah wie von Millionen kleinen Blüten überwuchert aus. Noch nirgends hatte ich so viele verschiedene Korallenarten auf so engem Raum beisammengesehen. Ich hob die Kamera ... sie

blockierte. Es war Wasser eingedrungen! So schnell ich konnte, eilte ich zum Boot empor. Inzwischen war es noch düsterer geworden, die schwarze Wand war merklich nähergerückt. Herr Brooks – so war der Name des Botanikprofessors – erklärte, es sei höchste Zeit, Machmoud habe ihm gesagt, wir bekämen Sturm. Ohne viel zu antworten, öffnete ich das wasserdichte Gehäuse der Kamera. Es war nur wenig Wasser eingedrungen, der Film war noch nicht verdorben. Was ich unten gesehen hatte, würde ich noch fotografieren, das stand fest. So lange würde sich der Sturm schon noch gedulden.

Ich bat die Geografin um ihr großes Handtuch und ließ dieses, um Spritzer zu vermeiden, über mich ausbreiten. Darunter zerlegte ich die Kamera und versuchte den Mechanismus mit dem Zipfel meines Taschentuchs zu trocknen. Aber der Ablauf hatte nach wie vor eine Hemmung. Nun ging ich weiter und zerlegte das Werk. Es war mir jetzt schon alles gleichgültig, ab morgen brauchte ich die Kamera sowieso nicht mehr. Draußen, außerhalb des Handtuches, an dem der Wind zerrte, war es totenstill. Nur gelegentlich hörte ich die Geografin und den Botanikprofessor flüstern; wahrscheinlich hielten mich die beiden für verrückt.

Das Boot schwankte jetzt ziemlich stark. Ich trocknete alle Räder und Federn, setzte mit verbissener Ruhe das Werk wieder zusammen. Der Verschluß funktionierte noch immer nicht. Ich ließ ihn fünfzig- bis hundertmal abschnurren, dann war ich so weit, daß ich das Unsinnige in meinem Verhalten einsah. Ich gab es auf, versuchte es noch ein letztes Mal – da glitt der Schieber zum ersten Mal durch.

Ich ließ ihn noch hundertmal abschnurren, dann funktionierte es bereits fast immer. Schnell legte ich einen hochempfindlichen Film ein und baute die Kamera wieder in die Hülle. Während ich das Tauchgerät umgürtete, versprach ich, daß wir in zehn Minuten abfahren würden. Und wieder glitt ich unter Wasser.

Ich schwamm geradewegs zum Deck, wo ich alle gewünschten Aufnahmen machte und kam bis hinter das freistehende Schiffsende, dessen Eisenwand mit faustgroßen Muscheln überkrustet war. Um den Schiffsnamen lesen zu können, hätte ich hier Hammer und Meißel verwenden müssen. Dann biß ich die Zähne zusammen und schwamm zwischen zwei Traversen in den Innenraum, wo mich ein großer Zackenbarsch empfing und durch den zweistöckigen Schiffsbauch geleitete. Ich verabschiedete mich von ihm – das war der richtige Abschied von diesem wunderbaren Meer, zu dem ich bald zurückkommen wollte.

Filmproduktion mit Hindernissen

Als ich nach Wien zurückkam, war mir klar, daß ich bald wieder zum Roten Meer zurückkehren würde. Ich sah jetzt eine echte Chance, das Geld für ein neues Forschungsschiff aufzubringen. Wenn ich über diese noch völlig unbekannte Meereswelt einen Dokumentarfilm drehte, und dieser erfolgreich war, konnte es gelingen. Durch Bill hatte ich ja alle Hilfe, und alle Voraussetzungen waren günstig.

Meine Fotos gingen durch die Illustrierten in aller Welt. Besonders die Aufnahmen von den riesigen Mantas und den kleinen Pilotenfischen erregten großes Interesse. Ein Wiener Filmverleih war bereit, einen Vertrag mit mir abzuschließen, und auch vom Unterrichtsministerium bekam ich einen Zuschuß. Ich suchte fünf geeignete Mitarbeiter aus und nahm diesmal auch eine Frau mit, was ursprünglich keineswegs meine Absicht gewesen war. Es war Lotte Baierl, die damals in meinem kleinen Wiener Institut als Assistentin und Sekretärin tätig war und insgeheim immer schon den Plan verfolgt hatte, an einer Expedition teilzunehmen.

Ich war zunächst radikal gegen eine solche Idee. Nach meiner Meinung konnte eine Frau auf einer solchen Expedition nur Unheil stiften. Aber sie stellte es sehr schlau an. Sie borgte sich heimlich meine Unterwasser-Fotokamera und machte damit in einem Seitenarm der Donau bei Wien in dem sehr kalten und darum klaren Wasser wunderschöne Aufnahmen von Tangwäldern und darin versteckten Hechten, Schleien und sonstigen Fischen. Diese wirklich sehr gelungenen Bilder wurden von einer österreichischen Illustrierten groß herausgebracht, unter dem Titel »Expedition ins Wiener Eismeer«. Ja, man brachte sogar ein Titelblatt von Lotte.

Schon im April fuhren wir wieder los nach Port Sudan, hatten aber am Anfang beträchtliche Schwierigkeiten. Wie sich zeigte, vertrug der von mir engagierte Berufskameramann die Hitze nicht. Bei Tauchversuchen im Schwimmbad von Port Sudan wurde er bewußtlos und zeigte anschließend geistige Störungen. Nur mit Schwierigkeiten gelang es uns, eine Fluglinie zu bewegen, ihn als Passagier aufzunehmen und nach Wien zurückzubringen.

Das bedeutete, daß ich nun selbst diesen Film drehen mußte. Mit der großen Berufskamera mußte ich mich erst vertraut machen, ebenso mit der Tontechnik, da wir ja auch Dialoge aufnehmen wollten. Zu allem Überdruß stellte ich nun fest, daß dieser Mann ein so hochempfindliches Filmmaterial gewählt hatte, daß ich bei Aufnahmen in der Wüste ein doppeltes Graufilter vor das Objektiv schrauben mußte. Aber endlich war es so weit, und wir begannen draußen in den Riffen, die ich ja gut kannte, zu filmen.

Zu Lotte hatte ich bei Ankunft in Port Sudan gesagt: »Ab heute sind Sie ein Mann.« Sie verstand, was ich meinte, ordnete sich in unserem Team ein und zeigte sich erstaunlich couragiert. Ich erklärte ihr, wie man sich Haien gegenüber verhalten muß, und sie befolgte das genau. Es war an sich nicht vorgesehen, daß sie mit dem Atemgerät tauchte, doch da nun dasjenige des Kameramanns freigeworden war, gab ich ihrem Drängen nach.

Schon bei einem der ersten Abstiege kam, als sie in 13 Meter Tiefe auf einem Korallenstock

Lotte Baierl war die erste Frau, die an einer meiner Expeditionen teilnahm. Als wir in Port Sudan ankamen, sagte ich zu ihr: »Ab heute sind Sie ein Mann!« Zum Glück nahm sie das nicht allzu wörtlich, sonst wäre unser Film nicht so erfolgreich geworden.

saß, ein drei Meter langer Hai direkt auf sie zu. Ohne irgendwelche Furcht blieb sie ruhig sitzen, streckte nur einen Arm gegen ihn aus. Er drehte ab. Es war einer jener territorialen Angriffe, wie ich ihn schon bei Om Grush erlebt hatte. Wir erlebten sie nun öfters.

Für den Film war Lotte eine große Bereicherung. Es ergab ein wunderschönes Bild, wie sie durch die Riffe schwamm, Fische fotografierte, Muscheln sammelte. Mit ihren graziösen Bewegungen paßte sie harmonisch in diese so unreale Märchenwelt. Wenn unser Film später bei der Biennale in Venedig den ersten Preis gewonnen hat und praktisch in allen Ländern der Welt gezeigt wurde, dann hatte Lottes Teilnahme an dieser Expedition einen entscheidenden Anteil daran.

Ein recht kurioses Erlebnis hatten wir mit Barrakudas. Diese bis zwei Meter langen Pfeilhechte werden in den tropischen Meeren von den Eingeborenen fast ebenso gefürchtet wie die Haie. Sie können zwar weder einen Arm noch ein Bein glatt abbeißen, doch reißen sie dem Opfer Fleisch in Stücken aus dem Körper. Es gibt Beweise für solche Angriffe – wir haben allerdings nie etwas Derartiges erlebt. In Westindien folgten uns oft große Barrakudas über weite Strecken, betrachteten uns bösartig mit ihren starren Augen, rissen manchmal sogar drohend den spitzen Rachen auf. Doch wenn wir uns ihnen zuwandten und auf sie zuschwammen, um sie zu fotografieren, drehten sie sofort ab und empfahlen sich.

Bei der ersten Expedition ins Rote Meer kam einmal ein ganzer Schwarm mittelgroßer Barra-kudas zu mir, als ich im Tauchgerät zwischen den Korallen saß. Wie eine drohende Phalanx rückte dieser Schwarm näher und paradierte vor mir auf und ab. In diesem Fall hatte ich wirklich das Gefühl, daß mich die Tiere angreifen würden, wenn ich Angst zeigte. Ich verhielt mich jedoch möglichst gelassen, fotografierte sie, drehte in aller Ruhe den Film weiter. Schließlich spürte ich, wie diese gegen mich gerichtete Spannung nachließ. Der gleichsam einheitliche Wille zerbrach, sie drehten ab und schwammen weg. Daraus schloß ich, daß Barrakudas im Schwarm vielleicht doch eher angreifen, als einzelne größere Exemplare.

Filmaufnahmen bei 40 Grad Celsius. Da der vorgesehene Berufskameramann die Hitze nicht ertrug, mußte ich nun selbst die Tonfilmkamera bedienen.

Unser Tontechniker an Bord des Perlenfischer-Kutters »El Chadra«. Mit einem Unterwassermikrophon versuchten wir die von harpunierten Fischen ausgesandten Schwingungen aufzunehmen, um durch deren Abstrahlung über einen Unterwasser-Lautsprecher Haie anzulocken.

Einem ähnlichen Schwarm von etwa 50 Tieren begegnete ich wieder in den Riffen. Sie kamen neugierig heran, umkreisten mich, entfernten sich dann wieder. Sie waren offensichtlich nicht in aggressiver Stimmung, und ich sah hier die Möglichkeit zu einer wirkungsvollen Filmszene. Ich schwamm schnell zum Boot, das in der Nähe verankert war und sagte dort zu Lotte: »Schnell, ziehen Sie ein Tauchgerät an, hier sind Barrakudas. Ich führe Sie zu der Stelle, es ist nicht weit. Wir schwimmen an der Oberfläche, dann bringe ich Sie hinunter. Sie setzen sich auf einen Korallenstock, dort bleiben Sie sitzen. Die Barrakudas kommen dann ganz von selbst und umkreisen Sie. Das will ich filmen. Aber bitte zeigen Sie ein bißchen Furcht, damit man nicht glaubt, das sind harmlose Sardinen.«
Lotte zog eifrig ihr Gerät an, sprang ins Wasser und folgte mir. Ich führte sie zu einem wunderschönen Korallenstock in etwa acht Meter Tiefe, und sie setzte sich darauf. Dann entfernte ich mich schnell, um den für die Aufnahme nötigen Abstand zu gewinnen und prüfte nochmals die Einstellungen an der Kamera.

Ein Barrakudaschwarm paradiert drohend auf und ab. Gelegentlich greifen Barrakudas Menschen an. Ich zeigte keine Angst, fotografierte sie in aller Ruhe – und sie drehten ab.

Da kamen bereits die Barrakudas, ganz nach Regie, um sich Lotte genauer anzusehen. Während ich filmte, bemerkte ich, daß sie mit plötzlichem Entschluß eilig, ja erschreckt, zur Oberfläche schwamm. Ich eilte ihr nach, hielt sie am Bein fest, zog sie wieder hinunter auf ihren Platz und versuchte, ihr klarzumachen, daß sie übertrieben hatte. Sie sollte wohl etwas Furcht zeigen, eine gewisse Reaktion der Angst, aber das war viel zu sehr überspielt. Ich erinnere mich noch an ihre in der Maske groß aufgerissenen Augen: Sie wollte mir irgend etwas sagen – aber dazu war jetzt keine Zeit. Denn der Barrakudaschwarm kam im Bogen zurück. Also drückte ich sie auf den Felsen, schwamm schnell wieder auf Distanz. Auch diesmal kamen die Barrakudas drehbuchgemäß auf sie zu – und wieder sauste Lotte fast in panischem Schrecken hoch. Ich konnte sie nicht mehr einholen. An der Oberfläche schwamm sie geradewegs zum Boot und dort stellte sich dann heraus, daß sie fast ertrunken wäre. Der Atemschlauch ihres Gerätes war defekt, es war Wasser eingedrungen.

Früher verwendete man zur Absorbierung des beim Atmen anfallenden Kohlendioxyds Ätznatron, doch war dies bei Wassereinbruch für Taucher gefährlich. Wir verwendeten einen Spezial-Atemkalk, der völlig harmlos war, doch immer noch sehr bitter schmeckte. Lottes Atemsack war halb voll Wasser. Sie spuckte und schüttelte sich.

»Pfui, schmeckt das grauslich!« rief sie. »Es begann schon, als ich hinunterschwamm, aber ich wollte die Aufnahme nicht stören, und so schluckte ich eben das Wasser. Aber dann bekam ich eine bittere Soße in den Mund! Und als Sie mich dann wieder hinunterzogen, bin ich mit dem Schlucken gar nicht mehr nachgekommen.«

Lotte legte ein anderes Tauchgerät an, und als sie sich einigermaßen erholt hatte, versuchten wir die Aufnahme nochmals. Aber jetzt hatte sich der Schwarm bereits an uns gewöhnt und kam nicht mehr so nahe heran.

In Westindien hatten wir festgestellt, daß Haie durch das Gezappel harpunierter Fische angelockt werden, und damals kam mir die Idee, die von einem harpunierten Fisch verursachten

Arbeit mit dem Unterwassermikrophon. Unsere Schwie-
rigkeit bestand darin, daß der
arabische Kapitän der »El
Chadra« nicht bei den Riffen,
wo wir große Fische harpunieren konnten, ankern wollte. – Rechts: Der reiche
Sudanese Abdul Wahab
Tachlowe, von dem wir das
Schiff mieteten. Versehentlich
lich bot ich ihm statt Limonade bitteren Filmentwickler an.
Als er hörte, das sei ein
österreichisches Nationalgetränk, fand er es vorzüglich – wollte aber unter keinen Umständen einen zwei-
ten Schluck.

 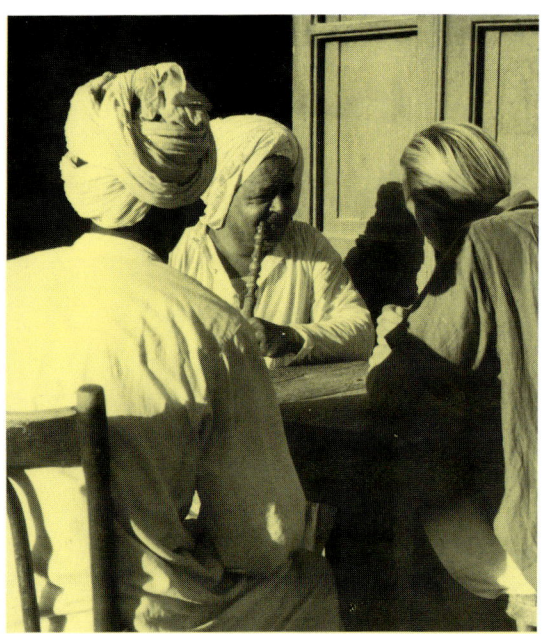

Schwingungen mit einem Unterwassermikrophon aufzunehmen, um dann durch Abstrahlung solcher Schwingungen Haie zu einem bestimmten Punkt zu locken, was den gewerblichen Haifang wesentlich erleichtern konnte. Ich
hatte dies zum Patent angemeldet und wollte
auf dieser Expedition die ersten praktischen Versuche machen. Von einer Wiener Firma hatte ich
ein Unterwassermikrophon und einen Unterwas-
serschallsender anfertigen lassen. Außerdem
hatten wir auch eine Magnetophonanlage mitgenommen, und ein Tontechniker der Firma begleitete uns. Nun brauchten wir allerdings noch
ein geeignetes Schiff, um über Plätzen zu ankern, wo wir unsere Experimente ausführen
konnten.

Wie wir feststellten, gab es jedoch in Port Sudan
keine Motorschiffe zu mieten. Es lagen hier nur
malerische hundertjährige Daus: Segelschiffe,
die zur Perlenfischerei verwendet wurden. Das
einzige, das für uns in Frage kam, gehörte einem
reichen Araber namens Abdul Wahab Tachlowe,
von dem wir hörten, daß er nicht sehr europäer-
freundlich sei. Bill war bereits in Urlaub und nach
England abgereist. Es kam also darauf an, diesen Herrn für unser Vorhaben freundlich zu
stimmen.

Wir hatten das Haus des Hafenkapitäns, der
ebenfalls in England auf Urlaub war, gemietet;
dorthin lud ich sehr formell Herrn Tachlowe zu
einem Gespräch ein.

Ich erwartete ihn im Garten. Er kam in einer
großen Limousine, und er war ein sehr beleibter
Mann in prächtigem weißen Burnus und mit
einem Turban auf dem Kopf. Er schälte sich

langsam aus dem Auto, und ein kleiner Mann
folgte ihm, es war der Dolmetscher.

Ich eilte den beiden entgegen, begrüßte sie und
führte sie in den Garten, wo ich Herrn Tachlowe
ein kühles Getränk anbot. Einer meiner Mitarbeiter brachte Limonadenessenz und eine Flasche
mit kaltem Wasser. Ich mixte dann den Drink
persönlich und prostete Herrn Tachlowe zu.
Doch als ich das Glas an die Lippen setzte,
wurde mir klar, daß etwas Furchtbares geschehen war. In unserem Eiskasten befand sich auch
die Flasche mit Entwicklerflüssigkeit, die wir für
unsere Filme verwendeten. Da sie ebenfalls
durchsichtig war, mußte mein Mitarbeiter sie
verwechselt haben. Ich überlegte einen Augenblick, ob ich meinen Gast am Trinken hindern
sollte, doch dann hätte ich mein Gesicht und
damit vielleicht auch die Chance auf dieses
Schiff verloren. Allzu giftig würde es schon nicht
sein. Also ließ ich mir nichts anmerken, nahm
einen kleinen Schluck und sagte:
»Ein österreichisches Nationalgetränk!« Dann
nahm ich noch einen kräftigen Schluck.

Auch Herr Tachlowe machte einen kräftigen
Schluck; die Augen traten ihm vor Schreck aus
dem Kopf hervor. Wir verhandelten anschließend über das Schiff und später fragte ich, ob
ich ihm noch so einen Drink anbieten dürfe. Als
der Dolmetscher ihm das weiterleitete, schüttelte er erschreckt den Kopf. Der Dolmetscher
sagte: »Mein Herr hat selten etwas so Schmack-
haftes getrunken, aber leider verbietet uns unsere Religion ein zweites Getränk an diesem Tag.«
Immerhin, Herr Tachlowe vermietete uns das
Schiff, dessen Name »El Chadra« war – »Die
Grüne«.

Das Leben auf diesem malerischen großen Segelschiff war sehr primitiv. Das Schiff hatte eine Besatzung von zehn Arabern, die auf dem Vorderdeck lebten; auf dem etwas erhöhten rückwärtigen Deck, das vier mal fünf Meter groß war, installierten wir uns. Zwischen den Decks lag der große hohle Schiffsbauch, in dem sonst die Perlenmuscheln gelagert wurden. Herr Tachlowe ließ das Schiff für uns besonders reinigen, trotzdem stank es erbärmlich, und es gab jede Menge von Ungeziefer. Da wir für unsere Magnetophonanlage elektrischen Strom benötigten, hatte ich von einem Griechen in Port Sudan eine Lichtmaschine gemietet, die wir in den Schiffsbauch hievten. Lotte erhielt den etwas erhöhten Ehrenplatz in der Mitte unseres Decks, wo wir für sie ein Feldbett aufstellten. Es war hier etwas luftiger, doch schwebte darüber der Großbaum, auf dem die Kakerlaken gegen Abend ihre Promenade abhielten. Wenn uns gelegentlich ein Schrei aus unseren Träumen riß, dann hatte sich einer auf Lotte herabfallen lassen.

Als Ziel unserer Fahrt wählte ich Mohamed Ghul, weil es dort Riffe mit besonders vielen Haien gab. Aber schon auf halbem Weg kam es zu einem Zwischenfall. Plötzlich sah ich, wie sich über die Bretter, welche die beiden Decks miteinander verbanden, eine Menschenlawine auf mich zu bewegte. In der Mitte der schreienden Leute befand sich O Sheik, ein junger, recht netter Mann, der Lotte beim Einkaufen des Proviants in Port Sudan begleitet und für uns gedolmetscht hatte. Er hatte Schaum vor dem Mund und schwang ein Messer; die anderen hielten ihn fest und überwältigten ihn. Wir erfuhren, daß er Haschisch genommen hatte und mich aus irgend einem Grund umbringen wollte. Er wurde gefesselt, und nach dem herrschenden Gesetz mußten wir ihn nach Port Sudan zurückbringen. Da dies nur mit unserem Außenbordmotor möglich war, verloren wir für die folgenden Tage unser Beiboot. Es wurde vereinbart, daß es uns nach Ablieferung von O Sheik folgen und bei der Insel Maytib treffen sollte.

Dort ergab sich eine weitere große Schwierigkeit. Der Kapitän weigerte sich, an den steil abfallenden Riffen, wo es Haie gab, zu ankern. Und dort, wo es für uns geeigneten Ankergrund gab, gab es keine Haie.

Nach langem Hin und Her ankerten wir schließlich doch an einer für uns geeigneten Stelle. Während der Tontechniker die Geräte an Deck bediente, brachten wir das Mikrophon und den Lautsprecher auf den Grund. Ein Taucher sollte einen Fisch schießen; ich wollte gleichzeitig ver-

Machmoud und zwei Bootsleute hören zum ersten Mal ihre eigenen Stimmen. Über den Unterwasserlautsprecher spielten wir für die Fische Musik: Ein Schwarm großer Makrelen wurde angelockt und umkreiste ihn wie in einem Reigen. – Darunter: Die über 100 Jahre alte »El Chadra«, auf der es von Ungeziefer wimmelte. Fünf Mann und Lotte lebten auf dem kleinen Achterdeck.

suchen, das Mikrophon vor das Tier zu halten; ein anderer Mitarbeiter trug die Filmkamera, um den Vorgang für unseren Film festzuhalten, Lotte die Fotokamera, um zu fotografieren. Wir ließen den Lautsprecher in der Nähe des Schiffes auf dem zwölf Meter tiefen Grund und schwammen durch ein mäßig absinkendes Tal, in dem es an größeren Fischen nicht fehlte.

Leider wollte sich keiner davon für die Wissenschaft harpunieren lassen. Unsere Prozession erweckte bei ihnen deutliches Mißtrauen. Besonders das lange, im Bogen aufwärts führende Kabel des Mikrophons schien die Fische zu erschrecken. Wir haben ähnliches erlebt, wenn wir mit einer Harpune schwammen, von der ein Seil zum Boot führte. Von gewissen Südseeinsulanern wird behauptet, daß sie beim Schwimmen ein aufgerolltes Band mit sich tragen und es im Wasser auslassen, wenn Haie in der Nähe sind. Die Haie sollen dann davonschwimmen, weil sie glauben, das fremde Tier hätte einen so langen Schwanz, sei also besonders groß. Ganz unmöglich ist das nicht, weil die Instinktsteuerungen der Tiere vielfach auf sehr primitive Reizkombinationen ansprechen. Fische jedenfalls zeigen eine derartige Reaktion.

Als wir sahen, daß wir nicht zum Ziel kamen, versteckten wir das Kabel zwischen den Korallen, und ich postierte mich an einem etwa einen Meter hohen Wall, hinter dem das Riff in einem steilen Hang abstürzte. Vor der Aufnahme sollte ich mit dem Nagel am Mikrophon kratzen – dann schaltete oben der Tontechniker das Mikrophon ein. Nach der Aufnahme sollte ich hineinrufen – dann schaltete er wieder ab. So warteten wir, jeder an seinem Posten zwischen den Korallen. Über der Schwelle herrschte reger Fischverkehr, nur wurde leider auch weiterhin das Mikrophon gemieden. Ich gab ein Zeichen, und mein Mitarbeiter schwamm über die Barriere ins Tiefe, um dort einen Fisch zu schießen. Für unsere Aufnahme genügte das freilich nicht, denn das Tier mußte unmittelbar vor dem Mikrophon harpuniert werden. Ich hoffte aber, daß ein zappelnder Fisch andere herbeirufen würde, die weniger scheu waren.

Wir hörten es klirren und sahen es zappeln – sechs Sekunden später bemerkten wir den ersten Hai. Ein zweiter folgte ihm. Unser Taucher schwamm eilig zurück und löste die geschossene Makrele vom Pfeil. Von der anderen Seite kamen noch zwei Haie. Nach knapp vierzig Sekunden schwammen insgesamt sechs Haie hinter der Barriere auf und ab. Das war gewiß eine schöne Bestätigung meiner Theorie, brachte uns aber dem Ziel unserer Bemühungen nicht näher.

Direkt unter dem Stock, auf dem ich saß, schlängelte sich aus einem Loch eine große Muräne hervor und holte sich die weggeworfene Makrele. Sie war so ziemlich der einzige Fisch, den wir für unsere Zwecke nicht gebrauchen konnten, denn da sie keine Flossen hat, konnte sie kaum wirkungsvolle Schwingungen aussenden. Sie wurde fotografiert und gefilmt, dann gingen wir wieder alle auf unsere Posten. Aber es war uns kein Glück beschieden. Alle größeren Fische, die in unsere Nähe kamen, mieden die schußbereite Harpune.

Plötzlich erklang zu unserer Überraschung Musik im Wasser. Das ganze Meer war davon erfüllt. Dem Tontechniker war das Warten zu langweilig geworden, und er testete unseren Unterwasserlautsprecher mit einer modernen Konzertplatte. Wer glaubt, daß Musik unter Wasser verzerrt klingt, der täuscht sich. Die Töne kamen völlig rein und störungsfrei. Da sich Schall unter Wasser noch besser fortpflanzt als in der Luft, kamen diese Klänge mit besonderer Intensität. Wir waren gleichsam von allen Seiten in Musik eingehüllt und fühlten sie am ganzen Körper. Es war ein unglaubliches Erlebnis, die rhythmisch schwingende Unterwasserwelt zur Begleitung einer rhythmischen Musik zu betrachten.

Da wir sowieso ziemlich am Ende unserer Luft waren, gab ich Zeichen wieder zurückzuschwimmen, und als ich zum Lautsprecher kam, an dem einige kleinere Fische knabberten, legte man oben einen Wienerwalzer auf. Das Ergebnis war erstaunlich. Ob es nun Zufall war oder diese Klänge wirklich die Fische anlockten, jedenfalls kam ein riesiger Schwarm silberglänzender Carangiden – sicher an die 300 Stück – herangeschwommen und begann im weiten Bogen mich und den Lautsprecher zu umkreisen. Wir waren geistesgegenwärtig genug, dies im Film festzuhalten. Es war ein unglaublicher Anblick. Im Abstand von einigen Metern schwammen diese prächtigen Fische in perfekter Ordnung mehrmals im Kreis. Zu den Klängen des Walzers »Rosen aus dem Süden« von Johann Strauß vollführten sie hier auf dem Meeresgrund einen gespenstischen Reigen.

Ich habe diese Szenen später in meinem Film genauso wiedergegeben, wie wir sie erlebten. Die Weltrechte an unserem Film wurden dann von der großen amerikanischen Verleihfirma RKO erworben, mit der Auflage, daß Sol Lesser, ein Hollywoodproduzent, die Gestaltung der amerikanischen Version übernahm. Da Sol Losser auch den »Kon Tiki«-Film von Thor Heyerdahl bearbeitet hatte, erklärte ich mich einverstanden. Außerdem war im Vertrag vorgesehen,

Obwohl es nicht vorgesehen war, daß Lotte mit einem Tauchgerät unter Wasser ging, setzte sie doch ihren Willen durch und wurde zu einer hervorragenden Taucherin. Später setzte ich meinen Willen durch – und wir heirateten.

daß man mir die neue Version noch zur Begutachtung vorlegen würde. Dazu kam es jedoch nicht. Wir sahen sie erst bei der festlichen Premiere in New York – und ich erschauerte in meinem Sitz. Dem amerikanischen Schnittmeister hatte dieser Reigen besonders gefallen, unsere Schwingungsexperimente interessierten ihn dagegen nicht. Im Kommentar des Filmes erfuhr der Zuschauer, daß ich auf dieser Expedition die Wirkung von Musik auf Fische ausprobieren wollte. Man sah, wie der Tontechniker die Tonbänder auflegte – und wie unter Wasser aus dem Lautsprecher die absonderlichsten Töne erklangen: Autohupen, Schüsse, Kindergeschrei und ähnliches. Dazu wurden von mir aufgenommene Fische gezeigt, die normal schwammen. Wissenschaftliche Erkenntnis: Sie reagierten somit nicht. Dann wurde der Walzer aufgelegt. Nun zeigte diese Version alle Aufnahmen, die ich von

Fischpärchen im Liebesspiel gedreht hatte, wie sie einander folgen und umkreisen. Die Musik war so angelegt, daß es wirklich so aussah, als schwämmen die Fische zu den Klängen des Walzers im Takt. Und dann kam – als Höhepunkt – der große Fischreigen. Das Publikum war entzückt. Nach dem Film wurde mir von vielen Leuten zu dieser wissenschaftlichen Großleistung gratuliert. Einige ältere Damen hatten Tränen in den Augen und versicherten mir, sie hätten immer schon geahnt, daß Fische musikalisch sein müßten. Zu ändern gab es jetzt nichts mehr, ich konnte bloß in Interviews auf den Irrtum hinweisen. Meine Fachkollegen dachten sich das ihre.

Eines Morgens, als das Meer völlig still lag, sahen wir in der Ferne ein großes schwarzes Dreieck über der Oberfläche. Für die Finne eines Haies war dieses Ding viel zu groß, schien sich

Erste Aufnahme eines Wal-
haies, des größten Haies der
Welt. Er wird bis achtzehn
Meter lang und ist ebenso
harmlos wie die Mantas.
Auch er ernährt sich von
Plankton. Man kann an ihn
heranschwimmen und ihn
berühren.

jedoch langsam fortzubewegen. Ich konnte mir
nicht vorstellen, was das war.

Machmoud rollte aufgeregt mit den Augen und
bedeutete uns, daß wir keinesfalls näher heranfahren sollten. Wir fuhren trotzdem mit dem
Boot vorsichtig näher, und in 100 Meter Entfernung ließ ich den Motor abstellen, um dieses
Etwas, was immer es auch sein mochte, nicht
zu verscheuchen. Mit meiner Harpune und der
Unterwasserkamera um den Hals stieg ich über
Bord und schwamm in Richtung auf dieses Dreieck. Ich muß zugeben, daß ich gehörige Angst
hatte. Es war im offenen Meer, rings um mich
war blaues Nichts, vor mir, über Wasser, war das
Dreieck schon ganz nahe, und unter Wasser sah
ich noch immer nichts. Endlich sah ich eine
riesengroße Gestalt, die fast bewegungslos unter der Oberfläche schwebte: ein gewaltiger Hai
mit unzähligen weißen Tupfen.

Ich erkannte das Tier sofort. Es war ein Walhai,
der größte Hai, den es gibt. Er wird bis 18 Meter
lang. Bisher waren nur vereinzelte Exemplare

dieser Art von Schiffen aus dicht unter der Oberfläche schwimmend gesichtet worden. Der Walhai ist harmlos, ernährt sich von den kleinen
Schwebetierchen im Wasser – ebenso wie die
Mantas. Ich konnte zu diesem Hai, der etwa 8
Meter lang war, ohne weiteres hinschwimmen,
konnte seine rauhe Haut berühren.

Ich rief das Boot herbei, die anderen kamen
auch ins Wasser, und wir konnten sehr wirkungsvolle Aufnahmen machen.

Das Auge war klein und sehr beweglich. Es
erinnerte mich an das Auge eines Elefanten. Hier
wie dort handelt es sich um eine riesige Flei-
schmasse mit dicker Haut, und darin befindet
sich ein kleines Guckloch, aus dem das Ich des
Tieres in die Welt sieht. Sein Ausdruck war intelli-
gent und verständig. Während ich mit der Kamera näherschwamm, sah es mir interessiert zu.
Ich ließ den Hai an mir vorbeischwimmen. Dabei
konnte ich sehen, wie sein Auge weiter auf die
Kamera geheftet blieb und sich bis weit nach
hinten verdrehte. Es sah aus, als gehöre dieses

Walhaien macht es nichts aus, wenn man sich an Ihrer Rückenfinne festhält und sich ziehen läßt. Man kann auch auf ihren Rücken klettern und auf ihnen reiten. Nur wenn man sich an der Schwanzflosse festhält, werden sie unwillig – beschleunigen ihr Tempo und tauchen in die Tiefe ab.

Auge dem Fahrgast eines U-Bootes, der aus einer Luke blickte und mir neugierig nachsah.

Mit dem halbgeöffneten Rachen nahm das Tier winzige, im Wasser treibende Flügelschnecken auf, die es in den zu einem Filterapparat umgestalteten Kiemenspalten ausfilterte und verschluckte. Vor dem Maul schwammen, ebenso wie bei den Mantas, kleine Pilotenfische, die sich bei Annäherung in den Rachen zurückzogen. Auch hier handelte es sich offensichtlich um die gleiche Symbiose, auch sie wurden hier geduldet, ohne verschluckt zu werden, weil sie den Rachen und die nur winzig ausgebildeten Zähne säuberten.

Unter dem Bauch des Riesen schwammen zwei große Schiffshalter. Während ich sie beobachtete, machte ich eine interessante Entdeckung. Sie waren mit ihrer auf dem Rücken ausgebildeten Saugscheibe – eine umgestaltete Rückenflosse – nicht fest an der Haut angeheftet, sondern schwammen eifrig schwänzelnd dicht am Körper. Ich konnte sehen, wie der eine seitlich wegschoß und einen kleinen Fisch aufschnappte. Dann kam er wieder in seine Position zurück. Das erklärte, warum diese Fische mit Haien aber auch mit anderen größeren Meerestieren, etwa Schildkröten, mitschwimmen. Dicht an ihrem Körper sind sie vor Angriffen geschützt, können sich festsaugen und gratis transportieren lassen – vor allem aber kommen sie so in die Nähe kleiner Fische, die vor den Riesen zwar zur Seite weichen, jedoch instinktiv wissen, daß diese ihnen nichts anhaben. Aus ihrem Versteck können sie diese mühelos aufschnappen.

Der Walhai schwamm direkt unter unser Boot, begann sich daran zu scheuern. Das erklärte wahrscheinlich die Angst von Machmoud. Um lästige Hautschmarotzer loszuwerden, scheuerten sich die Walhaie an Fischerbooten. Bei einem großen Exemplar konnte es dann vorkommen, daß der Hai das Fischerboot hochhob und es umkippte. Thor Heyerdahl erzählte mir einmal, daß er ähnliche Bedenken hatte, als im Pazifik ein großer Walhai unter das Kon-Tiki-Floß schwamm und sich am Steuerruder den Rücken schabte. Ein ähnlich peinliches Mißverständnis wie bei den Mantas, wenn sie eine Ankerkette zwischen ihre Kopflappen nehmen und an dieser entlangsausen.

Ich konnte der Versuchung nicht widerstehen und hielt mich an der großen, langsam hin und her schwingenden Schwanzflosse fest. In einer großen Schlangenlinie ging es erst drei Meter nach rechts, dann drei Meter nach links. Aber die Bewegung wurde sichtlich mißmutig und schneller, also ließ ich wieder los. Acht Jahre später begegneten wir im Indischen Ozean zum zweiten Mal einem solchen Tier, das noch wesentlich größer war, etwa 12 Meter lang. Es ist bemerkenswert, daß die größten Meerestiere die harmlosesten sind; das gilt für die Wale und ebenso für die Rochen und die Haie. Da die oberen Meeresschichten besonders reich an Plankton sind, ziehen die Walhaie meist in geringer Tiefe ihres Weges.

Eine hawaiische Sage erzählt, daß ein Schiffbrüchiger sich einmal an der Rückenflosse eines riesigen Haies festhielt und von diesem bis in die Nähe einer Insel gezogen wurde, auf die er sich retten konnte. Das könnte stimmen. Wie wir feststellten, stört es Walhaie nicht, wenn man sich an ihrer Rückenflosse festhält. Auch einige Sporttaucher, die inzwischen mit Walhaien in Berührung kamen, haben ähnliches beobachtet. Der weitere Verlauf dieser Expedition gestaltete sich sehr schwierig. Bei Suakin wurde ich von einem Hai, den ich harpunierte, in den rechten Arm gebissen. Da meine Harpunenspitze nicht gut steckte, packte ich das Tier am Schwanz – normalerweise der sicherste Platz. Denn Haie sind so dick, daß sie sich nicht mit der Schnauze bis zum Schwanz herumdrehen können. Dieser Hai war jedoch sehr schlank, er bekam mich zu fassen und biß mich am Handgelenk bis auf den Knochen. Zu meinem Glück wurde die Hauptschlagader nicht durchtrennt, wir banden den Arm ab, und ich wurde nach Port Sudan ins Spital gebracht und dort genäht. Praktisch bedeutete dies jedoch, daß ich nun mehrere Wochen lang nicht tauchen konnte und sich dadurch unser Zeitplan veränderte. Wir kamen nun in die heißeste Zeit des Jahres zwischen August und Oktober, in der es in dieser Gegend so heiß wird, daß selbst bei Nacht die Lufttemperatur die Bluttemperatur übersteigt.

Besondere Schwierigkeiten bereitete mir die Gestaltung des Filmes. Wir hatten viele Einzelszenen gefilmt, doch mußte ich diese zu einer dramaturgischen Einheit zusammenfassen. Wenn ein abendfüllender Film ein Publikum fesseln soll, muß er zumindest andeutungsweise einen Handlungsfaden haben. Wir filmten deshalb Dialoge, und ich versuchte, unsere Erlebnisse zu einer Handlung zu verbinden. Dabei kommt es automatisch zum Konflikt, ob der Zuschauer das Gebotene noch als Tatsachenbericht oder bereits als gestelltes Spielprodukt empfindet. Ich rang recht verzweifelt darum, hier den richtigen Mittelweg zu finden.

Die gefährlichste Begegnung in dieser Zeit hatte ich bei Sanganeb, einem kleinen Atoll, das zehn Kilometer weit von Port Sudan entfernt liegt.

Dort steht auf den Riffen ein Leuchtturm, von dem ein Landungssteg bis zur senkrecht abfallenden Riffmauer reicht. Wir hatten dort große Fische zerstückelt und die Brocken ins Meer geworfen, um Haie anzulocken. Als sich der erste zeigte, ging ich mit dem Tauchgerät und der Filmkamera allein hinunter, während Lotte mit zwei Tauchern an der Riffkante schwamm und mich von oben beobachtete.

In vierzehn Meter Tiefe setzte ich mich auf eine vorspringende Koralle. Der etwa drei Meter lange Hai erwies sich als perfekter Filmstar. Genau wie ich es gehofft hatte, kam er neugierig bis dicht an mich heran, drehte dann ab, schwamm einen Bogen – was mir Zeit gab, das Federwerk der Kamera wieder aufzukurbeln, – und kam dann erneut zu mir her.

Ich war sehr zufrieden und ganz in diese Aufnahmen vertieft, als ich plötzlich das Gefühl hatte,

daß irgend etwas neben mir war. Ich drehte mich um. Da sah ich einen vier Meter langen Hai – ich erkannte sofort, daß es ein Weißer Hai war – der dicht an der Wand zu mir heranschwamm und mir bereits auf eineinhalb Meter Entfernung nahe war. Ich hatte meinen Speer an der Schulter hängen, aber der war eineinhalb Meter lang, es hatte überhaupt keinen Sinn, ihn herunterzuholen. Ich schrie, so gut ich es mit Mundstück konnte, – doch dieser Hai reagierte überhaupt nicht. Er schwamm nicht schnell, sondern ganz langsam auf mich zu, doch mit der offensichtlichen Absicht, ein Stück von mir wegzubeißen. Was ich erlebte, nennt der Engländer »the moment of trouth« – den Augenblick der Wahrheit. In Hunderten von Vorträgen hatte ich erzählt, wie schön und wie ungefährlich Haie sind, und da stand ich nun diesem großen Kopf gegenüber. Was sollte ich tun? Ich hatte nur die bloßen

Der gefährlichste aller Haie: der Weiße Hai. Er greift ohne zu zögern Menschen an – wie ich es an mir selbst erlebte. Allerdings sind diese bis acht Meter langen Hochseehaie überaus selten und kommen nur unter besonderen Umständen zur Küste.

79

Hände, um ihn von mir wegzuhalten. Gegen die Nase konnte ich ihn nicht schlagen, denn da hätte er bloß das Maul aufgemacht, und ich wäre mit der Hand daringewesen. Ich ließ ihn so nahe an mich herankommen, daß ich ihm mit der Faust hinter das Maul gegen die Kiemen schlagen konnte. Das hat ihn natürlich nicht verletzt, aber es erschreckte ihn. Er drehte, zog einen Bogen – das gab mir Zeit, die über mir schwebende Harpune herunterzuholen. Als er zurückkam, stieß ich ihn mit der Spitze gegen den Kopf, und er drehte erneut ab.

Das Interessanteste an diesem Erlebnis war, was nun als nächstes geschah. Der kleinere Hai, den ich zuerst gefilmt hatte und der nur neugierig, aber durchaus ungefährlich war, griff mich nun von der anderen Seite ebenfalls an. Es war Futterneid! Da er sah, daß der Große mich angriff, wollte er ebenfalls einen Happen haben. Nun ist es äußerst schwierig, eine eineinhalb Meter lange Stange gegen den Wasserwiderstand herumzudrehen. Ich kam noch zurecht, auch ihn gegen den Kopf zu stoßen, – aber da kam der große Hai von der anderen Seite.

Jetzt gab es nur noch eines, das Allergefährlichste, die Flucht. Denn zeigt man einem Raubtier gegenüber Angst, dann weckt dies umsomehr seine Angriffsstimmung. So schnell ich konnte, jagte ich also an dieser senkrechten Riffwand nach oben, hielt mit der Harpune die mir nach-

folgenden Köpfe, so gut ich konnte, von mir ab. Mit der Schulter und dem Rücken stieß ich gegen Korallen, kam jedoch oben heil an – direkt neben Lotte und den anderen, die den Vorgang mitangesehen hatten.

So schnell wir konnten, warfen wir uns ins seichte Wasser. Zu unserem Glück war tiefe Ebbe, und über der Riffplatte war das Wasser nur etwa einen halben Meter tief. In diese seichte Zone flüchteten wir. Die beiden Haie kamen direkt hinter mir zur Oberfläche, schwammen aufgeregt an der Kante auf und ab, blickten zu uns her, konnten uns aber in das seichte Wasser nicht folgen. Sie beruhigten sich dann wieder und schwammen davon. Mir hat dieses Erlebnis allerdings einen erheblichen Schock versetzt. Ich konnte diesen Augenblick, da mir klar wurde, daß ich zu meiner Verteidigung nur noch die bloßen Hände zur Verfügung hatte, lange nicht vergessen.

Noch eine weitere, überaus gefährliche Situation erlebten wir bei dieser Filmarbeit. Mit der El Chadra ankerten wir oberhalb des russischen Wracks, das ich bei meinem ersten Aufenthalt besucht hatte. Lotte hatte hier beinahe einen Unfall – und dies baute ich ebenfalls in unsere Filmhandlung ein. Bei Nacht kam ein plötzlicher Sturm – und wir waren hier zwischen den Riffen festgenagelt. Der Kapitän hatte sich strikt geweigert, hier zu ankern, doch ich hatte ihn schließlich doch überredet. Jetzt warfen die Matrosen vier Anker, um uns am Platz festzuhalten. Zu beiden Seiten lagen Riffe, gerieten wir auf diese, dann zerschellte das Schiff und für uns gab es keine Rettung.

Es war kohlrabenschwarze Nacht, und ein orkanartiger Regen prasselte auf uns nieder. Hintereinander rissen drei der Anker. Inzwischen hatten die Leute noch ein weiteres, vorsintflutliches Gebilde an Deck geschleppt, einen spinnenartigen Riesenanker, den sie unter größter Aufregung ins Meer warfen und an dem nunmehr unser Leben hing. Die gesamte Mannschaft hing an dem Seil, um die Bewegungen auszugleichen, damit es nicht ebenfalls abriß. Ich hatte Lotte und mich mit einem Seil am Mastbaum festgemacht, und da saßen wir die ganze Nacht, während Sturm und Regen über uns hinwegpfiffen. Allmählich wurde es dann etwas ruhiger, und ein bleicher Morgen dämmerte herauf. Beim Rückflug verlobten wir uns in Kairo und haben bald darauf geheiratet. Unsere Hochzeitsreise mußte allerdings ein halbes Jahr warten. Denn zuerst mußten wir den Film zeitgerecht für die Biennale in Venedig fertigbekommen.

Unten: Angriff eines Haies, der von rückwärts dicht über meine Schulter hinwegbrauste. Er betrachtete mich nicht als Beute – sondern wollte den fremden Rivalen aus seinem Jagdgebiet vertreiben. – Rechts: Unser Film gewann 1951 bei der Biennale in Venedig den ersten Preis. Er ging um die Welt und mein sehnlichster Wunsch erfüllte sich. Mit den Einspielergebnissen konnte ich den Dreimastschoner »Xarifa« erwerben, den wir zum Forschungsschiff ausbauten.

Am Großen Barriereriff

Das Große Barriereriff von Australien ist das größte Korallenriff der Erde. Es verläuft entlang der Ostküste von Australien, ist nicht weniger als 2000 Kilometer lang und stürzt an der Außenkante zwei Kilometer steil in die Tiefe. Gegenüber diesem größten von Lebewesen auf unserem Planeten errichteten Bauwerk sind die Chinesische Mauer oder die Stadt New York nur Gebilde von Zwergenhand.

Man stellt sich die Bildung dieses gigantischen Walles so vor, daß die Ostseite des australischen Kontinents allmählich absank, während das ursprüngliche Saumriff ebensoschnell höherwuchs. So entstand eine Mauer, die immer höher wurde und sich immer weiter von der Küste entfernte. In der dazwischen entstehenden, immer breiteren Lagune entstanden unzählige weitere Riffe, die bis heute kartographisch nur zum Teil erfaßt sind. An manchen Stellen liegt die Außenkante des Barriereriffs bis zu 150 Kilometer weit von der Küste entfernt. Die durchschnittliche Tiefe der Lagune beträgt 40 bis 60 Meter.

In diesem ungeheuren Gebiet hatten damals – 1950 – schon einige Australier getaucht. Durch meine Bücher angeregt, hatten sie im Labyrinth der Innenriffe unter Wasser gejagt und fotografiert, doch zur Außenwand war bisher noch niemand vorgedrungen. Wie es dort aussah, wollte ich unbedingt herausfinden.

Nach der Rückkehr vom Roten Meer hatten Lotte und ich nach unserer Hochzeit den Film fertiggestellt, und dieser hatte unter dem Titel »Abenteuer im Roten Meer« bei der Biennale in Venedig für Österreich den ersten Preis gewonnen. Mit dem Geld, das ich für den Verkauf der Weltrechte erhielt, hatte ich meinen Plan, ein eigenes Forschungsschiff auszurüsten, zum zweiten Mal verwirklichen können. Diesmal war es ein noch wesentlich größeres Schiff: ein Dreimastschoner von 45 Meter Länge und 8 Meter Breite. Ursprünglich war es eine Rennyacht gewesen, die sich der amerikanische Nähmaschinenkönig Singer auf einer englischen Werft hatte erbauen lassen. Sie war dann durch mehrere Hände gegangen – was ich tatsächlich kaufte, war eigentlich nur der perfekt erhaltene Stahlrumpf. Die Masten, der Bleikiel und die Innenausstattung waren nicht mehr vorhanden. Man hatte zuletzt mit dem Schiff Kohlen transportiert. Aber für unsere Zwecke hatte es gerade die richtige Größe. Auf einer Werft in Glückstadt bei Hamburg ließ ich das Schiff nach den alten Plänen wieder neu ausbauen und als Forschungsschiff einrichten. Nachdem alle Einzelheiten festgelegt waren, konnten Lotte und ich die von uns geplante Hochzeitsreise zum Großen Barriereriff antreten.

Als wir mit dem Flugzeug in Sydney ankamen,

Ziel unserer Hochzeitsreise nach Australien war der Vorstoß zur äußeren Mauer des großen Barriereriffs, wo vor uns noch niemand getaucht hatte. Es branden dort gewaltige Wellen. – Rechts: Das große Barriereriff ist das größte Korallenriff der Welt. Es ist 2000 km lang und stürzt außen zwei Kilometer steil in die Tiefe.

Hier erprobten wir mehrere
von mir konstruierte Unter-
wasser-Kameras – darunter
(links) die dann besonders
erfolgreiche »Rolleimarin«. –
Rechts: Lotte war die erste
Frau, die in Korallenriffen
tauchte und an Haie heranschwamm. Heute gibt es bereits mehrere 100.000 weibli-
che Sporttaucherinnen, welche
die Meeresabgründe
durchstreifen.

standen zahlreiche Journalisten mit Blitzlicht-
kameras an der Gangway, und wir waren über
diesen Empfang angenehm erstaunt. Aber er
galt nicht uns, sondern einer australischen
Schönheitskönigin, die gleichzeitig das Flugzeug
verließ. Die Journalisten folgten ihr, scharten sich
um sie. Uns begrüßte sehr nett eine Abordnung
australischer Taucher, die auch einen Journalisten mitgebracht hatten. Als dieser hörte, daß
wir an der Außenwand des Barriereriffs tauchen
wollten und an Haien besonders interessiert
waren, lief er zu seinen Kollegen hinüber, und die
Gruppe um die Schönheitskönigin lichtete sich
zusehends. Alles scharte sich um uns.
Wir erfuhren jetzt, daß Haie in Australien ein
echtes Nationalproblem waren.
Nach der damaligen Statistik gab es nirgends
auf der Welt mehr Unfälle durch Haie als an den
australischen Küsten. Jedes Jahr ereigneten
sich mehrere Angriffe auf Badende, und meist
verliefen sie tödlich. Die Regierung hatte eine
eigene Abteilung zur Haifischbekämpfung eingesetzt. Man hatte an den Badestränden Wach-
türme errichtet; die Haie wurden sogar von Flug-

zeugen aus mit Wasserbomben bekämpft. Daß
man von diesen Tieren freundlich sprechen
konnte – daß wir keine Angst vor ihnen hatten
und behaupteten, daß man sie verscheuchen
könnte, indem man auf sie losschwimmt – ja,
daß man sie durch Anschreien erschrecken
kann – all das war eine Sensation. Am nächsten
Morgen brachten alle größeren Zeitungen auf
der Titelseite Berichte über dieses merkwürdige
österreichische Ehepaar, das sich in den Kopf
gesetzt hatte, möglichst vielen Haifischen zu
begegnen.
Im Daily Telegraph schrieb der bekannte austral-
ische Naturforscher T. C. Roughley, er könne sich
nicht vorstellen, daß er je auf die Idee käme,
einen Hai als schönes Tier zu bezeichnen. Eine
Zeitung in Brisbane warf die Frage auf, eine wie
lange Lebensdauer man uns zugestehen dürfe,
und tippte selbst auf zwei Wochen. Die Courir
Mail brachte halbseitig eine Zeichnung, auf der
ich unter Wasser mit einem großen Hai zu sehen
war und ihn gerade anschrie. Auf dem Hai stand
»Einkommensteuer« und unter dem Bild stand:
»Aber den kannst du so nicht verscheuchen!«

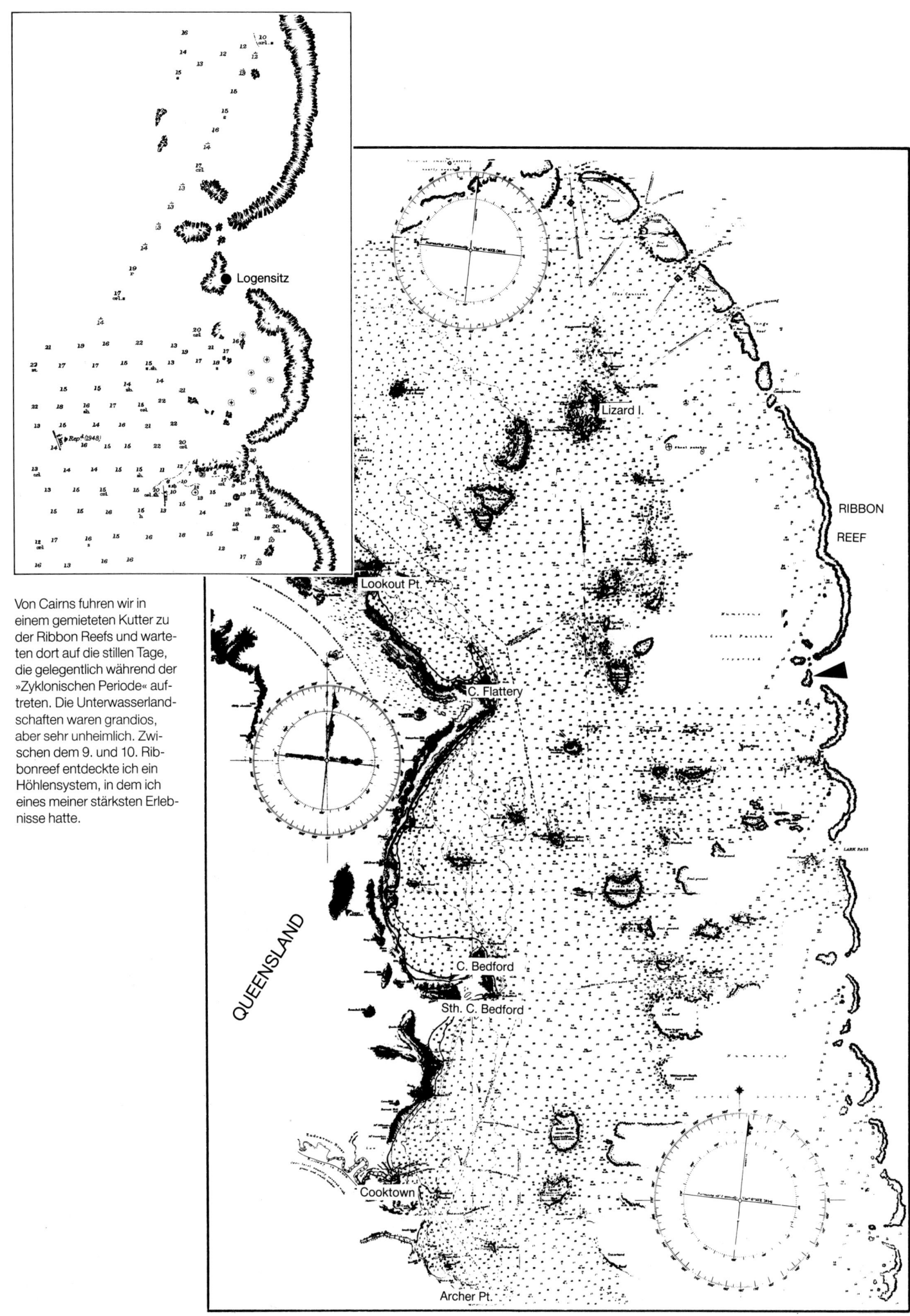

Von Cairns fuhren wir in einem gemieteten Kutter zu der Ribbon Reefs und warteten dort auf die stillen Tage, die gelegentlich während der »Zyklonischen Periode« auftreten. Die Unterwasserlandschaften waren grandios, aber sehr unheimlich. Zwischen dem 9. und 10. Ribbonreef entdeckte ich ein Höhlensystem, in dem ich eines meiner stärksten Erlebnisse hatte.

Logensitz

Lizard I.

RIBBON REEF

Lookout Pt.

C. Flattery

QUEENSLAND

C. Bedford

Sth. C. Bedford

Cooktown

Archer Pt.

Unsere Bootsleute verfolgten den ganzen Tag am Radio den Weg der Wirbelstürme, die über das Festland zogen. Kam einer in unsere Richtung, dann hatten wir hier draußen keine Chance.

Wir bekamen zahlreiche Zuschriften und Anrufe, die uns wohlmeinend warnten, und der für Haiunfälle zuständige Fachmann, der Chirurg Dr. Coppleson bestand darauf, Lotte alle seine furchtbaren Klinikaufnahmen von Menschen mit abgebissenen Gliedmaßen zu zeigen. Es waren zumeist Leichen, an denen zum Teil sehr große, halbmondförmige Stücke fehlten. Die Bißspuren waren so säuberlich, als wären sie mit einem Rasiermesser gezogen.

Aus Dr. Copplesons statistischen Zusammenstellungen ging hervor, daß sich Unglücksfälle bei gutem wie auch bei schlechtem Wetter zugetragen hatten, im seichten Wasser ebenso wie im tiefen, bei klarem Meer ebenso wie bei trübem. Die meisten Angriffe erfolgten in den Monaten Dezember bis April – also gerade in der Zeit, da wir kamen, – und hauptsächlich nach halb vier Uhr nachmittags. Abseits schwimmende Personen wurden bevorzugt, und wenn der Hai einmal angegriffen hatte, kam er in der Regel noch mehrmals zu seinem Opfer zurück. Der erste Biß traf die Beine oder das Gesäß, die weiteren richteten sich gegen die Arme, mit denen sich der Angegriffene zur Wehr setzte. Mutig herzueilende Helfer – und es hatte deren genug gegeben – waren in keinem Fall verletzt worden; der Hai biß immer nur den schon Verwundeten. Unter den Opfern befanden sich sowohl Weiße als auch Schwarze.

»Es wird Sie vielleicht interessieren«, sagte Dr. Coppleson zu Lotte, »daß nach der Meinung vieler Leute der Menschengenuß dem Haifisch direkt schadet. Vor ein paar Jahren wurde für das Aquarium in Coogee ein drei Meter langer Tigerhai gefangen, der gleich nach der Einlieferung einen menschlichen Arm erbrach und bald darauf einging. Obwohl der Arm schon mehrere Tage in seinem Magen gelegen haben mußte, war er von den Verdauungssäften kaum angegriffen. Wie die Polizei dann feststellte, war es der Arm eines Vermißten, der wahrscheinlich ermordet und ins Wasser geworfen worden war.«

Mit recht gemischten Gefühlen beendeten wir unseren Aufenthalt in Sydney und flogen zu dem kleinen Ort Cairns an der Küste von Queensland, von wo aus wir unsere Ausfahrten unternehmen wollten. Die äußere Mauer des Barriereriffs liegt dort nur etwa 50 Kilometer von der Küste entfernt. In dem altmodischen Strandhotel des sehr netten kleinen Städtchens erfuhren wir, daß stets zum Wochenende ein Touristenschiff nach Green Island fuhr, einer kleinen Insel, die innerhalb der Lagune des Barriereriffes lag. Das war eine günstige Gelegenheit, noch ehe wir ein

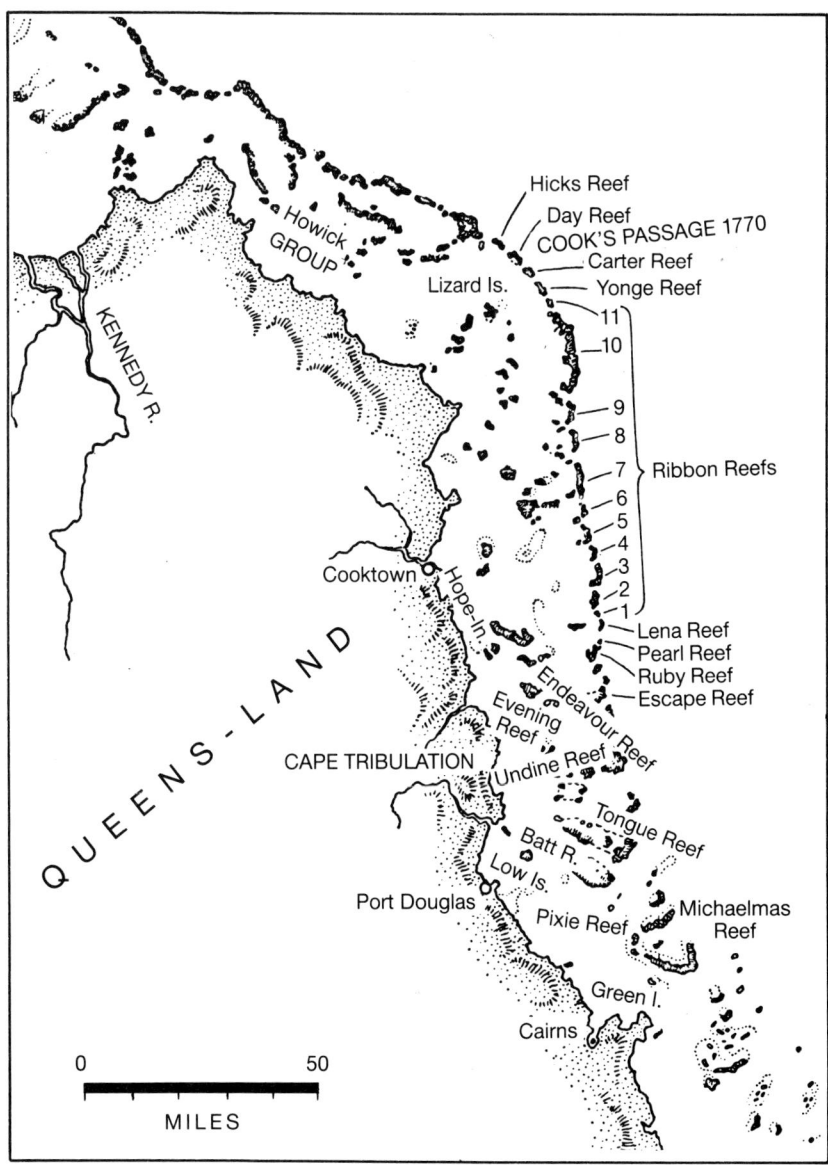

Wir fotografierten zum ersten Mal mit Unterwasser-Blitzlicht, womit eine neue Periode in der Unterwasser-Fotografie einsetzte. Durch die blaue Färbung des Wassers werden schon in sechs bis zehn Meter Tiefe die gelben und roten Strahlen des Sonnenlichtes absorbiert, so daß unter Wasser alles blau und grün erscheint. Erst durch künstliches Licht werden die echten, sonst verborgenen Farben sichtbar. – Rechts: Ein Zackenbarsch, der in der Tiefe unansehnlich grau erscheint, enthüllt sein prächtiges Kleid. Darunter: Der Kopf eines Hammerhaies – von der Seite – mit dem auf dem vorragenden Stiel befindlichen Auge.

eigenes Boot mieteten, hier einen ersten Blick unter Wasser zu tun. Wir hatten über ein Jahr lang nicht getaucht und mußten uns erst wieder an Sonne und Wasser gewöhnen. Außerdem hatte ich zwei neue Unterwasserkameras, mit denen ich Probeaufnahmen machen wollte.

Mit einem fröhlichen Pfiff legte das Schiff ab, und es erklang Tanzmusik. Einige der mitfahrenden Leute sahen neugierig zu uns herüber. Auch das Lokalblättchen, die »Cairns Post«, hatte von dem österreichischen Ehepaar berichtet, das keinen größeren Wunsch hatte, als möglichst bald Haifischen zu begegnen.

Die Insel kam nach einer Stunde in Sicht. Sie war flach, hatte hohen Baumwuchs und einen schneeweißen Korallenstrand ringsherum. Die Landungsbrücke, an der wir festmachten, war auffallend lang und hoch. Wie uns der Steuermann erklärte, betrug der Unterschied zwischen Ebbe und Flut hier vier und manchmal auch sechs Meter.

Wir gingen an Land, und ich konnte dort ein kleines Boot mieten. Darin verstauten wir unsere Ausrüstung. Wir ruderten ein Stück weit von der Landungsbrücke weg und ankerten bei einem kleinen Riff, wo der Grund etwa acht Meter tief lag. Während Lotte im Boot blieb und meine Einstellungen notierte, erprobte ich den ersten Prototyp der Rolleimarin, die dann später zur Standardkamera der professionellen Unterwasserfotografen wurde. Wir waren gerade in bester Arbeit, als plötzlich ein Mann von der Landungs-

brücke zu uns herüberrief: »Hallo, Dr. Hass. Hier ist ein Hai!«

Ich rief zurück: »Was für ein Hai?«

»Ein Hammerhai!«

»Wie groß?«

»Vierzehn Fuß! Er schwimmt hier direkt vor der Brücke!«

Es standen mehr als ein Dutzend Leute auf diesem hoch über das Wasser ragenden Landungssteg. Sie konnten den Hai von oben gut sehen. Der Grund war dort flach und sandig.

Lotte sagte: »Du bist doch nicht verrückt. Du wirst dich doch nicht gleich am ersten Tag einer Gefahr aussetzen. Wir wollen doch vorsichtig anfangen!«

Dr. Coppleson hatte den Hammerhai unter den fünf Haiarten genannt, von denen erwiesen war, daß sie gelegentlich Menschen angriffen. Andererseits war ich bereits mehrmals Hammerhaien begegnet, und es war mir nie gelungen, ein gutes Foto zustandezubringen. Entweder war ich ohne Kamera oder der Film war gerade zu Ende. Dazu kam, daß diese Leute mir sichtlich einen Gefallen tun wollten. Also entschloß ich mich hinzuschwimmen.

Während Lotte mir im Boot folgte – mit bereitliegender Harpune, entschlossen den frischgewonnenen Gatten gegen jede Gefahr zu verteidigen –, wurde ich von oben her dirigiert

Die Leute riefen: »Etwas mehr nach links!« »Jetzt etwas mehr nach rechts!«

Die Sicht war nicht besonders gut, denn im

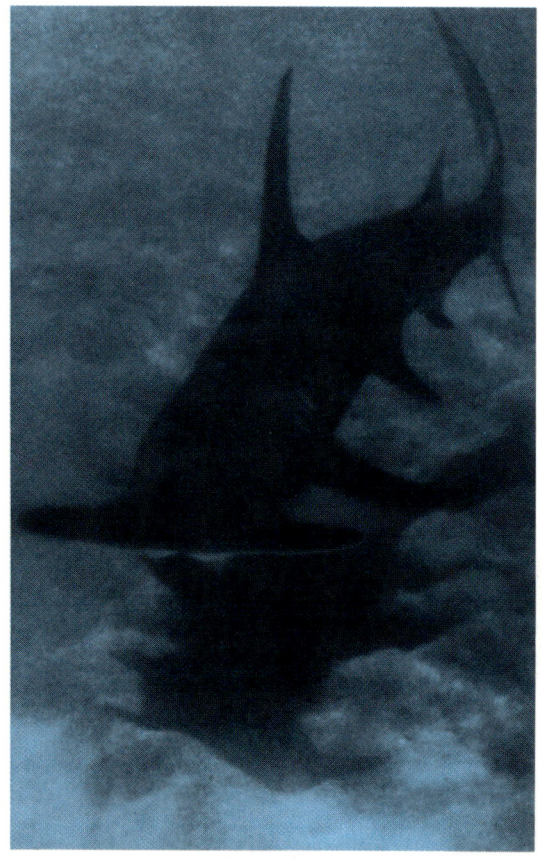

Der vier Meter lange Hammerhai, den ich bei Cairns fotografierte. Wie wir später erfuhren, hatten Sportfischer ihre Beute zerstückelt und ins Meer geworfen. Der Hai suchte erregt nach diesen Fleischbrocken.

Wasser waren viele kleine Sandteilchen aufgewirbelt, die das Sonnenlicht nach allen Seiten reflektierten.

»Da! – Da kommt er!« schrie eine Frau. »Achtung, er macht einen Bogen!«

Jetzt sah ich das Tier. Die Leute hatten nicht schlecht geschätzt. Vier Meter lang war er bestimmt. Er war sehr dick und massig. Die bei Hammerhaien auffallend hohe Rückenfinne stand wie ein steiles Segel von seinem Rücken in die Höhe. Das Tier schwamm an der Grenze meiner Sichtweite in seitlicher Richtung, ziemlich nahe über dem Grund. Schnell tauchte ich, stellte die Entfernung ein und fotografierte. Dann jagte ich hinauf und schwamm eilig zurück, auf die Brücke zu.

Was ich von diesem Hai gesehen hatte, genügte mir. Für seine Größe schwamm er viel zu nervös und schnell. Ich hatte den sicheren Eindruck, daß er erst kürzlich etwas gefressen und noch den Geschmack des Blutes im Maul hatte.

Aber schon nach einigen Metern ertönte wieder aufgeregtes Geschrei: »Dr. Hass! Da kommt er wieder! Passen Sie auf!«

Ich warf mich herum. Tatsächlich, der Hai hatte gewendet und kam genau in meine Richtung. Dabei hatte er mich bestimmt noch nicht bemerkt und sah mich auch jetzt noch nicht. Er schwamm mit eiligen heftigen Schlägen dicht über dem Sand, ganz so, als suche er dort nach irgendetwas.

Während meine erste Aufnahme ziemlich wertlos war, da man von der Seite die hammerartigen Kopfauswüchse nicht sieht, konnte ich jetzt das Bild zustandebringen, das mir immer vorgeschwebt hatte. Vom hellen sandigen Untergrund hob sich der Hammer vorzüglich ab. Ich biß die Zähne aufeinander, stellte die Entfernung auf zweieinhalb Meter, tauchte und schwamm dem Hai entgegen. Im Sucher der Kamera sah ich, wie das Tier immer größer wurde. Ich wartete, bis es den Rahmen fast ausfüllte, dann drückte ich ab. Der Hai kam so knapp unter mir durch, daß ich die neben mir vorbeigleitende Rückenfinne mit der Hand hätte berühren können.

Erst als das Tier schon vorbei war, bemerkte es mich. Mit einer katzenhaften Wendigkeit, die man einem so großen, massigen Körper nie zutrauen würde, schwang der Hammerhai auf der Stelle herum und drehte mir die eine Seite seines monströsen Kopfes zu. Noch heute sehe ich den flachen, stromlinienförmigen Querschnitt des Hammers vor mir, auf dem, wie auf einem Stiel, das runde glanzlose Auge saß. Es blickte mich erstaunt an. Ohne es zu wollen, zuckte ich am ganzen Körper vor Schreck zusammen. Die Wirkung war erstaunlich. Der Hai erschrak ebenso über mich wie ich über ihn. Durch seinen Körper ging ein ebensolcher Ruck, er drehte und jagte wie ein aufgescheuchter Hase davon. Seine Flossenschläge waren so heftig, daß ich sie als dumpfe Schläge im Wasser hörte. Groß und mächtig verschwand er in der Ferne.

Auf der Brücke wurde ich wie ein erfolgreicher Gladiator empfangen. Wir waren die Helden des Tages. Normalerweise verschwindet man als Taucher für eine Stunde im Meer und kann dann von erstaunlichen Begebenheiten und Heldentaten berichten, die schwer zu kontrollieren sind. In diesem Fall hatten 20 Leute den Vorgang von der Bootsbrücke aus mitangesehen. Schon am nächsten Tag brachten in ganz Australien die Zeitungen den Vorfall in großer Breite, und wir bekamen zahlreiche Telegramme und Einladungen. Von einem australischen Berufstaucher, der bei der Wahlfischschlächterei in der Moreton Bay arbeitete, bekam ich ein Telegramm: Erst, wenn wir dort, im blutigen Wasser, unter die Haie gingen, wollte er uns für wirklich mutig halten. Ich ahnte nicht, daß wir knapp acht Monate später – allerdings in einem anderen Teil der Welt – tatsächlich zwischen verblutenden Walen umherschießende Haie filmen würden.

Unter den zahlreichen Geschichten, die man uns

Das klarste Wasser fanden wir beim Pixie Reef, wo Kronenkorallen das Aussehen der Unterwasserlandschaft bestimmen. Unten links: Lotte bei einer ungewöhnlich groß entwickelten Steinkoralle. Rechts: Eine weiche Lederkoralle, deren sternhaft entfaltete Polypen man mit freiem Auge sehen kann.

erzählte, war die ungewöhnlichste jene des Herrn Treckle, einem Eingeborenen, der in der Torresstraße auf einem Fischkutter arbeitete. Er sprang von dem Kutter aus ins Wasser – und landete mit dem Kopf im aufgerissenen Maul eines Hammerhais. Der biß zu, konnte aber den Kopf des Herrn Treckle nicht abbeißen. In dieser recht ungewöhnlichen Situation bewahrte der Mann seine Geistesgegenwart, tastete nach den Augen des Hais und drückte sie ein. Der Hai spuckte ihn daraufhin wieder aus. Treckle wurde blutüberströmt an Bord gezogen – und der Vorfall hatte für ihn sehr günstige Auswirkungen. Er ließ sich mit seinen unglaublichen Narben auf Jahrmärkten und Ausstellungen sehen und wurde zu einem wohlhabenden Mann.

Wir hatten die große Schwierigkeit, ein für unser Vorhaben geeignetes Schiff zu finden. Da während der neun Monate langen Schönwetterperiode der Südostpassat riesige Wellen gegen die Außenkante des Barriereriffs wirft, hatte ich für unsere Reise die kurze Übergangsperiode zur Regenzeit – zwischen Mitte Dezember und Anfang Januar – gewählt. Wie ich aus Büchern entnahm, gab es dann, vor Einsetzen der Regengüsse, auch ganz stille Tage, in denen das Meer völlig glatt daliegt. Das war die Chance, die wir wahrnehmen wollten. Übersehen hatte ich jedoch, daß in eben dieser Zeit – zyklonische Periode genannt – Wirbelstürme nicht nur über dem Festland wüten, sondern auch zur Küste kommen. Die Fischer stellten darum ihre Fahrten ein, denn wer in einen solchen Zyklon kommt, hat zwischen Korallenriffen keine Chance. Selbst wenn das Schiff gut verankert ist, drückt die Kraft des Orkans es an der Ankerkette unter Wasser. 1899, so erfuhren wir, ereilte eine ganze Flotte von Perlenfischer-Kuttern dieses Schicksal. Sämtliche 73 Schiffe sanken, und mehr als 300 Männer fanden den Tod. 1911 geriet der 1800-Tonnen-Dampfer »Yongala« in einen Zyklon und verschwand spurlos. Das Wrack wurde später von einem Flugzeug, in dreißig Meter Tiefe auf dem Meeresgrund gesichtet. Es war in zwei Teile auseinandergebrochen.

Trotzdem fanden wir schließlich einen Bootsbesitzer, der sich für gutes Geld zu dem Wagnis bereit erklärte. Herr McDonald betrieb seit zwanzig Jahren im Gebiet des Barriereriffs gewerbliche Fischerei und machte uns einen sehr zuverlässigen Eindruck.

Knapp vor unserer ersten Ausfahrt wurden wir noch mit einem weiteren Problem bekanntgemacht, das das Vergnügen unserer Reise nicht eben steigerte. Von Dr. Flecker, einem Arzt in Cairns, erfuhren wir nähere Einzelheiten über ein in dieser Gegend im Meer lebendes Tier, das schon zahlreiche Todesfälle verursacht hatte. Es war so klein, daß man es bisher noch nicht hatte identifizieren können. Wer damit in Berührung kam, empfand einen Stich wie von einer Wespe und war innerhalb von zehn Minuten tot. Man nannte es »Seewespe«. Niemand, der gestochen worden war, hatte irgend etwas gesehen. Ein neunzehnjähriger Junge, der südlich von Cairns im brusttiefen Wasser badete, schleppte sich nach dem Stich an Land, brach dort zusammen und war nach sieben Minuten tot. Ein Soldat der australischen Armee, dem gleiches widerfuhr, lebte dann nur noch vier Minuten. Sämtliche Unglücksfälle hatten sich zwischen dem 13. Dezember und dem 10. April ereignet. Nach Dr. Fleckers Vermutung war es eine winzige Qualle, die erst auf dem Grund lebte und dann im reifen Stadium zur Oberfläche kam.

Viele Jahre später wurde das Tier, das auch in der Torresstraße vorkommt, identifiziert, und es wurde auch ein Serum entwickelt, das man allerdings sofort injizieren muß. Wie Dr. Flecker richtig vermutete, ist es eine, mit freiem Auge kaum wahrnehmbare Qualle, deren Giftwirkung jene der bekannten Giftschlangen bei weitem in den Schatten stellt.

Da es damals noch keine Schwimmanzüge gab, tauchten Lotte und ich im Badeanzug; dazu trugen wir kurzärmelige Leibchen. Bei den ersten Riffen zu denen wir fuhren, war das Wasser ziemlich trüb. Durch den starken Wechsel des Wasserstandes bei den Gezeiten gibt es in dem gesamten Gebiet des Großen Barriereriffs starke Strömungen, durch die in der Lagune Schlamm und Sand aufgewirbelt wird. Die Korallenbildungen waren sehr eindrucksvoll, und wir sahen hier viele Fische, die wir noch nicht kannten. Doch war der Eindruck dieser düsteren Landschaften sehr unheimlich. Es trieben im Wasser auch viele kleine Quallen, die uns stachen. Sie erwiesen sich als ungefährlich, verursachten nur Schwellungen. Doch jedesmal, wenn wir gestochen wurden, fragten wir uns, ob das nicht etwa eine »Seewespe« gewesen war.

Was uns am meisten überraschte, war die Größe der hier vorkommenden Meeresbewohner. Nicht nur Korallen und Muscheln entwickeln sich am Barriereriff zu besonderer Größe, sondern auch alle anderen Tiergruppen bringen hier besonders mächtige Exemplare hervor. Wir stießen auf Seegurken, die wie Kürbisse aussahen, und auf prächtig gefärbte Seesterne, die vierzig bis fünfzig Zentimeter im Durchmesser hatten. Als wir uns einer Korallenwand näherten, erblickten wir dort einen häßlichen schwarzen

Der Mako-Hai. Eine der gefährlichsten Haifisch-Arten dieser Gewässer, der für viele Unfälle verantwortlich gemacht wird. Er ist äußerst schnell und hat ein sehr wirksames Gebiß. – Unten: Lotte neben einer vier Meter hohen kugeligen Koralle, die trotz ihrer gewaltigen Ausdehnung noch an keinem Punkt abgestorben ist.

Klumpen. Lotte berührte ihn mit der Fingerspitze. Da zog sich die schwarze Haut beiderseits zurück und das zarteste, weißeste Porzellan kam zum Vorschein! Es war eine faustgroße, weiße Kaurischnecke.

Als wir am Grund liegende, abgestorbene Korallenklumpen umdrehten, fanden wir darunter getigerte Kauris. Plötzlich nahm mich Lotte am Arm und zeigte auf eine mißgebildete Distelkoralle. Sie zog mich näher heran und berührte ein knollenartiges Gebilde. Richtig, wir hatten erst gestern darüber gelesen und davon gesprochen! Die Knolle war nichts anderes als die merkwürdige Behausung einer kleinen Gallenkrabbe, bei der die Weibchen sich auf eine bisher noch unerklärliche Weise von den Ästen der Koralle umwachsen lassen. Die Koralle läßt dabei Zwischenräume frei, die groß genug sind, um die wesentlich kleineren Männchen einzulassen. Auch die Jungen schlüpfen dann durch diese Öffnungen aus. Ich nahm mein Messer und brach eine dieser Gallen vorsichtig auf. Der kleine Krebs hockte ganz erschrocken auf dem Grund und machte keinerlei Anstalten, davonzueilen. Sein Lebenszweck war zerstört! Welch ungewöhnlicher Fall: Ein weibliches Wesen, das sich seinen eigenen Käfig erbaut, aus dem es dann nie wieder herauskann!

Die ersten Haie, die wir sahen, tauchten nur kurz aus dem trüben Wasser auf, beäugten uns und waren dann sehr schnell wieder verschwunden. Dann entdeckten wir die erste Riesenmuschel:

Die »Mördermuschel« ist die größte Muschel der Welt. Es wird behauptet, daß mancher Taucher den Tod fand, wenn er unversehens mit den Beinen zwischen die geöffneten Schalen geriet. Sie klappten dann wie eine Falle zu.

die sagenumwobene Tridacna gigas. Sie lag frei und massig auf dem Grund, maß über einen Meter im Durchmesser. Zwischen den halbgeöffneten gewellten Schalen stülpte sie ihre bunten Mantelränder wie massige Blütenblätter hervor.

Andächtig betrachteten wir dieses Ungetüm aus der Nähe. Die fleischigen Mantellappen sind bei diesen Tieren gleichsam ein Gemüsegarten. Sie züchten innerhalb ihrer Gewebe winzige Algen, ganz ähnliche, wie sie auch als Plankton frei im Wasser schweben. Hier sitzen sie in der Haut und in den Geweben und bieten der Muschel einen doppelten Vorteil. Wie jede Pflanze scheiden auch sie Sauerstoff ab und nehmen Kohlendioxyd auf, so wird der Muschel die Atmung und die Abscheidung des beim Stoffwechsel anfallenden Kohlendioxyds erleichtert. Außerdem jedoch stellen diese symbiotischen Algen für die Muschel eine zusätzliche Nahrungsquelle dar — der seltene Fall einer Nahrungsmittelproduktion innerhalb des eigenen Körpers. Fehlt es an Nah-

rung, dann verdaut die Muschel diese Algen, ohne sie erst erbeuten zu müssen. Bei der Fortpflanzung gibt die Riesenmuschel jeder ihrer Larven gleich einige hundert solcher symbiotischer Algen mit auf den Weg. Da diese zu ihrem Gedeihen Sonne brauchen, findet man die Riesenmuscheln stets im prallen Licht und mit ausgestülpten Mantellappen.

Manche dieser Riesen erreichen einen Durchmesser von über eineinhalb Metern, und ihre massigen Schalen werden mehrere hundert Kilo schwer. Das Tier wird auch »Mördermuschel« genannt, denn es wurde behauptet, daß schon mancher Perlentaucher den Tod fand, wenn er unversehens mit der Hand oder dem Bein zwischen die offenen Schalen einer solchen Muschel geriet. Sie schnappte dann wie eine Falle zu und hielt ihn fest. Meines Erachtens war das ebenso Seemannsgarn wie die gänzlich falschen Vorstellungen über Haie und Barrakudas. Um einen Gegenbeweis zu führen, wollte ich selbst ein Bein — während Lotte dies fotografie-

Wir wollten feststellen, ob das Seemannsgarn ist oder nicht. Ich stieß ein künstliches Bein zwischen die geöffneten Schalen. Sie schlossen sich so schnell und heftig, daß wir unter Wasser das Bein trotz aller Bemühungen nicht »befreien« konnten.

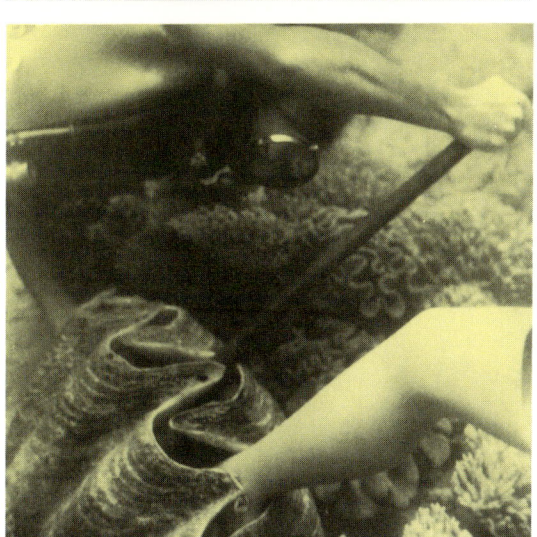

ren sollte – in eine solche Muschel hineinstoßen. Lotte war dagegen, sie sagte: »Laß es uns doch erst mit einem künstlichen Bein versuchen!«

Das war sicher keine schlechte Idee – doch wo sollten wir ein solches Bein auftreiben? Einige Tage später, als wir nach Cairns zurückkehrten, um Proviant für die Fahrt zur äußeren Mauer einzukaufen, entdeckten wir zufällig in einer Auslage, was wir suchten. Es war ein Plastikbein für Damenstrümpfe. Leider war es hohl und für unser Experiment auch deshalb nicht besonders geeignet, da es stromlinienförmig war und kaum einen Knöchel hatte. Trotzdem kauften wir es und füllten es mit Gips. Dieses Bein stieß ich dann bei der nächsten Ausfahrt zwischen die geöffneten Schalen einer solchen »Mördermuschel«, wobei Lotte den Vorgang fotografierte.

Etwa ebenso schnell wie ein Mensch, der unversehens in eine solche Muschel hineintritt, zog ich es wieder heraus – oder besser: wollte es herausziehen. Denn die Schalen der Muschel klappten so schnell zusammen, daß dies nicht möglich war. Sie hielten das Bein eisern fest. Je mehr ich zerrte und drehte und zog, um so fester preßten sich die Schalenränder gegeneinander. Auch mit der Harpune ließen sie sich nicht aufhebeln. Das Tier hatte dabei sicher keine bösen Absichten, doch wurde die Muschel durch den Fremdkörper gereizt und wollte sich abschließen.

Wir mußten sie schließlich mit einem Seil hochziehen und auf eine Sandbank bringen, wo wir dann mit einem an einem Stock befestigten Messer den Schließmuskel durchschnitten und so das Bein wieder befreiten. Dabei zeigte sich, daß die Schalenränder über einen Zentimeter tief in den harten Gips eingeschnitten hatten! Lottes Idee war also durchaus nicht schlecht gewesen. Es ist denkbar, daß Menschen so wirklich den Tod gefunden haben. Bei Ebbe mochte ein Sammler von Trochusschnecken in eine solche Falle hineingeraten sein, worauf diese ihn dann festhielt, und er bei ansteigender

Flut ertrank. Oder ein Perlentaucher griff unversehens im bunten Gewirr der Korallen zwischen solche Schalen...

In nördlicher Richtung fahrend, gelangten wir zur langen Kette der Ribbon Riffe, dem eigentlichen Ziel dieser ungewöhnlichen Hochzeitsreise. Nirgends präsentiert sich die äußere Wand so klar und geschlossen wie in diesem 350 Kilometer langen Bereich. Die äußere Mauer besteht hier aus Riffen, die zwischen fünf und hundert Kilometer lang sind, und zwischen denen sich schmale Öffnungen befinden. Durch diese strömt bei Flut und Ebbe das Meer mit ungeheurer Kraft in die Lagune hinein und aus ihr wieder hinaus. Viele Jahre später haben wir diese endlose Riffkette vom Flugzeug aus fotografiert. Nirgendwo auf der Welt wird wohl besser deutlich, was die Zusammenarbeit von Millionen winziger Polypen vermag.

Das Baumaterial, den Kalk, entziehen sie dem Meer selbst, gegen dessen Brandung sie dieses gewaltige Werk errichten. Die besonders große Menge an Sauerstoff, die sie für diese Arbeit benötigen, liefern zum guten Teil symbiotische Algen, die ebenso wie in den Mantelfalten der Riesenmuscheln auch in den Geweben der winzigen Polypen leben. Das ist wiederum der Grund dafür, daß riffbildende Korallen nur in höchstens 50 Meter Tiefe gedeihen können. Weiter unten haben die ihnen helfenden Algen nicht genügend Licht.

McDonald, unser Skipper, und der Schiffsjunge saßen den ganzen Tag lang am Radio und verfolgten die Wetterberichte und den Weg der Zyklone. Diese bewegten sich über dem Kontinent einmal in diese, dann wieder in jene Richtung und kamen zweimal auch auf uns zu. Da wir jetzt 50 Kilometer von der Küste entfernt waren, mit unzähligen Riffen zwischen uns und jeglicher Sicherheit, war die Sorge der beiden zu verstehen. Außer uns war weit und breit kein Schiff zu sehen. Aber Lotte und ich waren guten Mutes, daß dieses Wagnis kein böses Ende nehmen würde.

Die erwarteten windstillen Tage ließen allerdings auf sich warten. Nach wie vor brandeten an der Außenkante der Riffe riesige Brecher. Mehrmals zogen schwarze Wolken auf, und es gab kurze, heftige Regengüsse. Wir ankerten im Windschatten am südlichen Ende des besonders langen, zehnten Ribbon-Riffs. Hier erfand ich eine neue Methode, um in der Öffnung, das dieses Riff vom nächsten, dem neunten Ribbon-Riff abtrennte, zu tauchen. Hier schien sich besonders prächtiger Korallenwuchs entwickelt zu haben.

Die Strömung in der Öffnung war jedoch so stark, daß es völlig unmöglich war, hier unter Wasser zu sehen. Nun sind sämtliche Ribbon-Riffe mehrere hundert Meter breit und haben an der Oberseite eine von der Strömung glattgescheuerte Riffplatte. Bei tiefer Ebbe liegt sie trocken, sonst strömt das Meer mit außerordentlicher Kraft über sie hinweg. Durch Zufall fand ich heraus, daß diese Riffe keineswegs solider Felsen sind, sondern wie Emmentaler-Käse von Höhlen durchzogen, in denen das Wasser völlig ruhig ist.

Ich ließ also bei Flut das Boot gegen die vom Meer kommende Strömung über die Riffplatte fahren, suchte nach einem der Löcher, die in das Höhlensystem hinabführten, und steuerte das Schiff so, daß wir den Anker direkt in ein solches Loch werfen konnten. Faßte dort der Anker, dann hing das Schiff an der äußerst straff gespannten Kette, und ich konnte mich an ihr bis zum Höhleneingang hinunterhangeln. Und war ich erst dort, dann gelangte ich in völlig ruhiges Wasser und war von vielen zutraulichen Fischen umringt. Da das Manöver viel Kraft erforderte und nicht ungefährlich war, blieb Lotte im Boot. Es war mir klar, daß es für ihre Nerven eine ziemliche Belastung war, im reißenden Strom der Flut eine Stunde lang auf mich zu warten.

Zu meiner Freude stellte ich fest, daß dieses unterirdische Höhlensystem auch zur Außenkante des Riffes führte und dort in etwa zehn Meter Tiefe mündete. An diesem Eingang postierte ich mich, verblieb immer noch in völlig ruhigem Wasser, während dicht vor mir die Strömung in sechs bis zehn Knoten Geschwindigkeit an mir vorbeibrauste.

Ich habe unter Wasser viele aufregende und ungewöhnliche Situationen erlebt, doch dieser »Logensitz« war bestimmt einer der Höhepunkte meiner Vorstöße in die Tiefe. Tausende von Fischen wurden an mir vorbeigespült – auch Schildkröten und Haie. Doch es gab nicht wenige, die diesem reißenden Strom mühelos widerstanden und ihm entgegenschwammen. Und meine Ankunft an diesem Punkt erregte in der Unterwasserwelt allgemeines Aufsehen. Mehrere große Fische und Haie kamen interessiert zu mir, um nachzusehen, was das war.

In dieser außerordentlichen Situation hatte ich eine Art von Vision, die meine spätere Ausrichtung als Forscher nicht unwesentlich beeinflußt hat. Es kam mir plötzlich so vor, als stünde ich nicht mehr so und so vielen Fischen und Haien, so und so vielen Einzellebewesen gegenüber, sondern einer weit größeren, überindividuellen Macht, die mich mit tausend Augen betrachtete, sich mit Millionen von Flossen und Beinen fortbewegte. Diese Macht war gleich einem ungeheuer mächtigen Strom, der einst, vor etwa vier Milliarden Jahren, hier unten im Meer in ganz geringen Dimensionen seinen Anfang genommen hatte und dann immer mehr anschwoll: ein Strom, den wir als »Leben« bezeichnen. Dieser lawinenartige Vorgang setzte sich über immer neue Strukturen und Gestalten fort, wobei sich immer nur die am jeweiligen Platz Bestgeeigneten behaupten und fortpflanzen konnten. Erst vor 350 Millionen Jahren griff dann diese Entwicklung auch auf das Festland über, und auch dort setzte sich diese Lawine über immer neue, immer mehr differenzierte und besser angepaßte Strukturen fort. Eine dieser Strukturen, welche diese Machtentfaltung fortsetzte, war auch ich – der mit einem künstlich gebildeten Gerät, einem nicht aus Zellen gebildeten Organ wieder in die Unterwasserwelt vordrang und zur Stätte des Ursprungs der Lawine zurückkehrte. Hellwach geworden fragte ich mich, ob der Mensch tatsächlich etwas von dieser Entwicklung so total Getrenntes und anderes war, wie man es oben, an Land, für selbstverständlich hielt? Waren nicht auch alle Landlebewesen letztendlich Meeresbewohner, die bloß pionierhaft, auf entlegenem Posten, die gemeinsame Entfaltung fortsetzten? War mein Tauchgerät wirklich etwas von meinem Körper völlig Getrenntes und anderes, weil es nicht aus Zellen gebildet, sondern auf einem viel raffinierteren, direkteren Weg entstanden war? Sah der Mensch sich nicht am Ende völlig falsch? Müssen wir nicht, um uns richtig einzuschätzen, beim Ursprung der Entwicklung, die bis zu uns geführt hat, beginnen? Über dem Tempel von Delphi stand das so bedeutende Mahnwort ERKENNE DICH SELBST. Denker aller Zeiten hatten sich um diese zentrale, wie mir jetzt schien, entscheidende Problem bemüht. Lag nicht die Wurzel zum Verständnis unseres Körpers, unserer Werkzeuge und unseres so differenzierten Verhaltens, hier unten im Meer? War in letzter Konsequenz nicht der Mensch selbst die merkwürdigste und erstaunlichste, ja aus dieser Sicht noch am wenigsten erforschte Struktur in einer Lawine, die hier unten im Meer ihren Ursprung nahm?

Ein grauer Ammenhai holte mich recht plötzlich in die Realität zurück. Er hatte mich zunächst in direktem Anschwimmen besucht, war dann wieder entschwunden – war offenbar seitlich von mir an der Riffwand hochgeschwommen und kam nun senkrecht von oben zu mir herab. Vielleicht hatte Dr. Coppleson doch recht, und diese australischen Haie waren wirklich raffinierter und tückischer als jene, denen wir bisher begegnet waren? Durch meinen Gang kehrte ich zur straff gespannten Ankerkette zurück, hangelte an dieser wieder hinauf, begrüßte Lotte, die sehr erleichtert war. Ich sah sie – ebenso mich und die Welt – etwas anders an als zuvor. Dann aber nahm das normale Leben wieder seinen Verlauf.

In der folgenden Woche erfüllte sich dann endlich unser Wunsch. Es kamen die ersehnten Tage der völligen Windstille. Das Meer wurde ölig glatt, und wir konnten zur äußeren Wand hinausfahren und dort tauchen.

Nach allem, was wir erwartet hatten, war es eine Enttäuschung. Diese ungeheure Wand von 2000 Kilometer Länge, die zwei Kilometer steil in die Tiefe stürzt, ist nur in ihrer majestätischen Gesamtheit wirklich beeindruckend. Aus der Nähe betrachtet erwies sie sich als völlig kahl. Der ständige Süd-Ost-Passat hat im Laufe der Jahrmillionen diesen Absturz gleichsam leergescheuert. Das Wasser rings um uns war düster und nicht sehr klar. Außer einigen Zackenbarschen ziemlich weit unten sahen wir fast keine Fische. Wir tauchten mit unseren Geräten so tief wir konnten, blickten ständig unruhig nach allen Seiten. Wenn hier ein größerer Hai zu uns kam, hatten wir an dem kahlen Hang kaum ein Versteck. Aber kein Ungeheuer ließ sich blicken. Soweit es meine Aufregung zuließ, untersuchte ich die Korallen an diesem ungeheuren Hang, machte einige Aufnahmen – und wir waren beide heilfroh, als wir wieder oben im Boot waren. Wir konnten heimkehren.

In Sydney hielt ich noch einen Vortrag vor der Royal Zoological Society. Dr. Coppleson konnte seine Freude schwer verbergen, daß wir noch am Leben waren. Auch Dr. Roughley unterdrückte die Frage, ob wir Haie immer noch schön fänden und gratulierte uns zu unseren Aufnahmen. Dann flogen wir nach Deutschland zurück, wo manche neue Schwierigkeit auf uns wartete.

Pottwale und Scheinwerfer

So sah die »Xarifa« aus, als ich sie kaufte. – Rechts: Nach den alten Plänen ließ ich die 1923 für den Nähmaschinenkönig Singer erbaute Rennyacht wieder in ihren ursprünglichen Zustand zurückversetzen. – Unten: Kapitän der zwölfköpfigen Mannschaft war Johannes Diebitsch, der einige Jahre später das Kommando des Schulschiffes »Pamir« übernahm und damit in einem Wirbelsturm unterging.

Der Ausbau und die Ausrüstung der »Xarifa« stellten uns vor viele Probleme. Das Schiff benötigte einen neuen Kiel von 50 Tonnen, drei neue Stahlmasten von 30 bis 33 Meter Höhe, neue Segel, ein neues Deck samt Deckhaus mit Navigationsraum und geräumigem Salon. Es benötigte eine komplette neue Inneneinrichtung mit Kabinen für die zwölfköpfige Besatzung und für zehn mitfahrende Expeditionsteilnehmer, eine Werkstatt, einen Tauchgeräteraum und diverse Labors. Außerdem benötigten wir eine neue Maschine und ich ließ noch, gesondert von der Maschinenanlage zwei Generatoren zum Betrieb von Unterwasserscheinwerfern einbauen. Es erhielt geräumige Treibstofftanks, um uns ohne Nachbunkern einen Aktionsradius von 4000 Seemeilen zu geben, und Wassertanks, um im Notfall bei Sparration bis zu vier Monaten auszukommen. Ein neuer Anker war erforderlich, ein großes Arbeitsboot, Sonnensegel über das gesamte Deck, alle vorgeschriebenen nautischen Geräte, Waschräume, eine geräumige Kombüse… alles das und vieles andere kostete immens viel Geld. Ich staune noch heute darüber, wie es mir durch Fotoverkauf, Vorträge, Bücher, Zeitungsberichte und Filme gelang, alle diese Mittel aufzubringen. Bewarb ich mich bei einer Bank um Kredite, dann sah man mich erstaunt an. »Sie sind ein spaßiger Vogel«, hieß es. »Sie wollen von uns Geld und bieten als Sicherheit, daß Sie zwischen Haien herumschwimmen wollen!« Anderseits halfen uns viele Firmen in sehr entgegenkommender Weise, lieferten uns ihre Produkte zu verbilligtem Preis oder schenkten sie uns. Ich glaube, daß es in Hamburg nicht viele für möglich hielten, daß wir über die Runden kommen würden. Meine Stärke lag darin, daß ich mich durch nichts aus der Fassung bringen ließ. Ich sagte mir: Irgendwie muß es gehen. Und schließlich behielt ich damit recht.

Den größten Geldbetrag – 300.000 DM – bekamen wir als Vorschuß auf einen während der ersten Expedition zu drehenden Film. Allerdings mußte ich einer schwerwiegenden Bedingung zustimmen. Schon bei »Abenteuer im Roten Meer« hatte ich die Handlung durch einige Dialoge belebt, um dadurch zu erreichen, ins Abendprogramm der Kinos zu kommen.

Diesmal bestand der deutsche Filmverleiher, Herr Tischendorf, darauf, daß ich einen Film mit Spielhandlung liefern müßte. »Ohne jeden Kommentar, nur mit Dialogen!«

Das bedeutete praktisch, daß die Mannschaft und auch die teilnehmenden Wissenschaftler und Hilfskräfte als Schauspieler fungieren mußten, und daß ich ohne Drehbuchautor, ohne Regisseur und ohne die sonstigen Fachleute, die an der Herstellung von Spielfilmen beteiligt sind, ein solches Produkt liefern sollte. Aber ich war damals zu allem bereit, wenn ich nur diese Expedition auf den Weg brachte. Es ging jetzt darum, den Beweis zu erbringen, daß auch in tropischen Meeren, trotz der Haie, normale Fachwissenschaftler freischwimmend auf dem Meeresgrund Untersuchungen ausführen konnten. War das erst erwiesen, dann war ich überzeugt, daß staatliche und wissenschaftliche Stellen mir bei der Finanzierung von weiteren Expeditionen helfen, wenn nicht überhaupt das Schiff übernehmen würden. Ich besorgte mir die Kopien zweier erfolgreicher Hollywoodfilme – einer behandelte die Abenteuer des Marco Polo – analysierte sie Szene für Szene auf dem Schneidetisch und habe mich dann im dramaturgischen Aufbau und in der Gestaltung der

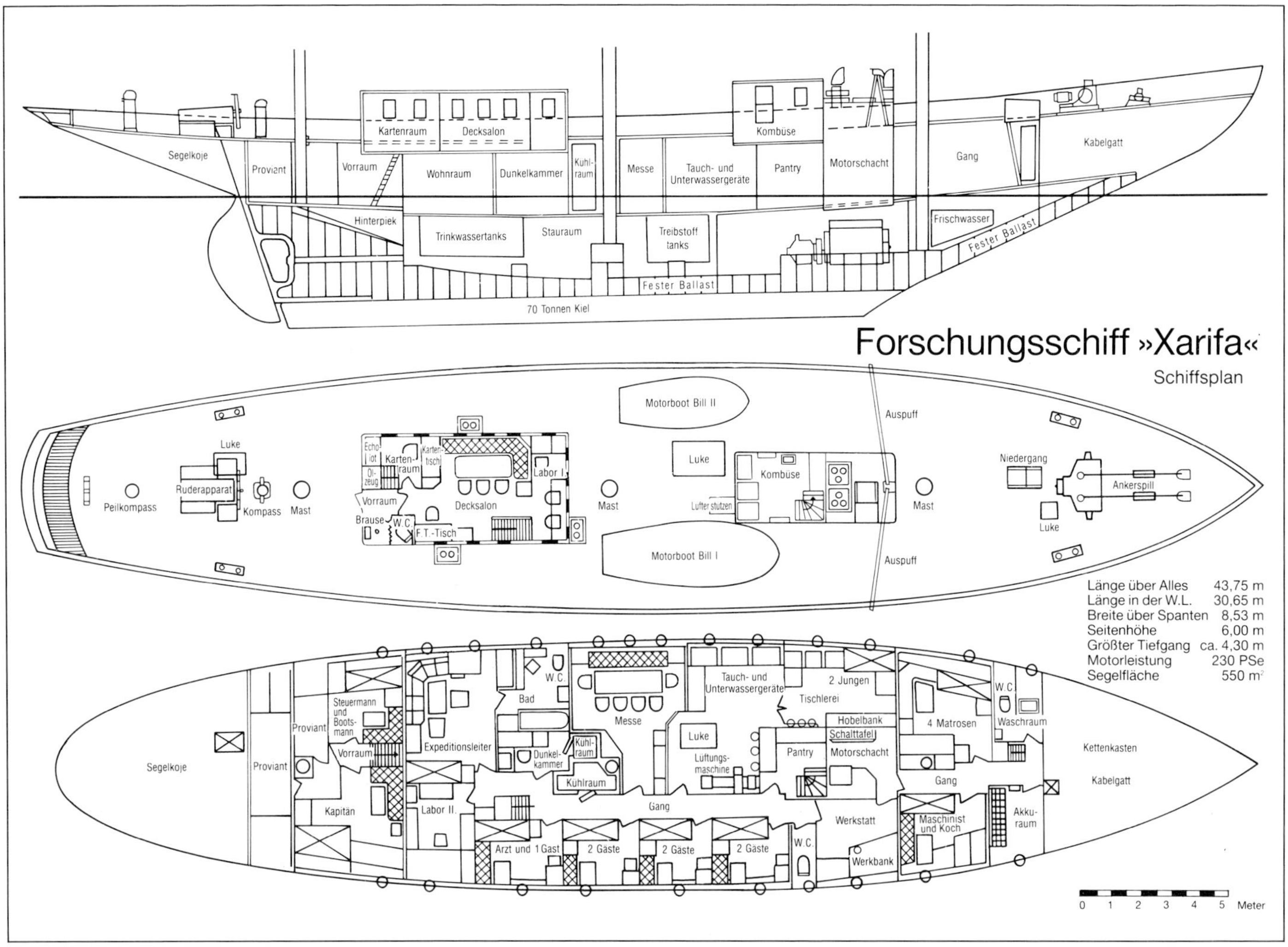

Ship diagram labels (top profile view):
Kartenraum, Decksalon, Kombüse
Segelkoje, Proviant, Vorraum, Wohnraum, Dunkelkammer, Kühlraum, Messe, Tauch- und Unterwassergeräte, Pantry, Motorschacht, Gang, Kabelgatt
Hinterpiek, Trinkwassertanks, Stauraum, Treibstofftanks, Frischwasser, Fester Ballast
Fester Ballast, 70 Tonnen Kiel

Forschungsschiff »Xarifa«
Schiffsplan

(Deck plan labels): Motorboot Bill II, Auspuff, Luke, Luke, Echolot Ölzeug, Kartenraum, Kartentisch, Labor I, Kombüse, Niedergang, Ankerspill, Peilkompass, Ruderapparat, Vorraum, Decksalon, Mast, Lüfterstutzen, Mast, Luke, Kompass, Mast, Brause, W.C., F.T-Tisch, Motorboot Bill I, Auspuff

Länge über Alles 43,75 m
Länge in der W.L. 30,65 m
Breite über Spanten 8,53 m
Seitenhöhe 6,00 m
Größter Tiefgang ca. 4,30 m
Motorleistung 230 PSe
Segelfläche 550 m²

(Lower deck plan labels): W.C., 2 Jungen, W.C., Steuermann und Bootsmann, Bad, Messe, Tauch- und Unterwassergeräte, Tischlerei, Waschraum, Proviant, Vorraum, Expeditionsleiter, Dunkelkammer, Kühlraum, Luke, Hobelbank, Schalttafel, 4 Matrosen, Segelkoje, Proviant, Kühlraum, Luftungsmaschine, Pantry, Motorschacht, Kettenkasten, Kapitän, Labor II, Gang, Werkstatt, Gang, Kabelgatt, Arzt und 1 Gast, 2 Gäste, 2 Gäste, 2 Gäste, W.C., Werkbank, Maschinist und Koch, Akkuraum

0 1 2 3 4 5 Meter

Teilnehmer der ersten »Xarifa«-Expedition: Ing. Hirschel, Lotte und ich, Prof. Ankel, Dr. Eibl-Eibesfeldt und Dr. Scheer.

Dialoge, so gut ich konnte, an das hier zutagetretende Schema gehalten. Ein Kunstwerk wurde es nicht, doch »Unternehmen Xarifa« ging dann tatsächlich im Abendprogramm durch die großen Kinos in aller Welt. In London erlebte der Film im Empire Theatre am Leicester Square, wo alle Galapremieren, an denen die Königin teilnahm, stattfanden, seine Uraufführung. Er lief dann im ganzen englischen Sprachraum – sowie in vielen weiteren Gebieten – mit großem Erfolg als Spielfilm.

Unsere erste Expedition sollte acht Monate dauern und uns ins Karibische Meer und anschließend zu den Galapagos-Inseln im Pazifik führen. Als Fachwissenschaftler hatte ich den Verhaltensforscher und persönlichen Mitarbeiter von Konrad Lorenz, Dr. Irenäus Eibl-Eibesfeldt, gewonnen, sodann Dr. Georg Scheer vom Hessischen Landesmuseum in Darmstadt, der sich mit der Systematik der Korallen und dem Aufbau der Riffe beschäftigen wollte – letzteres in Zusammenarbeit mit mir – und schließlich Prof. Dr. W.E. Ankel, Direktor des Zoologischen Instituts der Hochschule in Giessen. Er wollte Oberflächen-Plankton studieren und war an Pottwalen besonders interessiert.

Am 15. August 1953 war es endlich so weit, daß wir von Hamburg absegeln konnten. Tausende von Menschen kamen zu den Landungsbrücken, um uns eine gute Fahrt zu wünschen. Graf Luckner, der mir ständig mit Rat und Hilfe zur Seite gestanden hatte, war anwesend, und wir hatten noch 70 weitere Prominente und Journalisten eingeladen bis Cuxhaven mitzufahren. Vor Auslaufen kam unser Kapitän – Johannes Diebitsch, einer der letzten Segelschiffkapitäne, der dann später leider mit der »Pamir« unterging – zu mir und sagte:

Wir verwandelten die einstige Luxusyacht in ein seetüchtiges Forschungsschiff. Der höchste Mast war 33 Meter hoch, unsere Segelfläche betrug 550 Quadratmeter. Mit dem Hilfsmotor liefen wir acht bis neun Knoten, mit Segeln erreichten wir bis zu zwölf. Treiböl und Wasser konnten wir je 20 Tonnen mit uns führen. Das bedeutete einen Aktionsradius von viertausend Seemeilen und eine Wasserversorgung von maximal fünf Monaten.

»Wir haben leider eine Schwierigkeit. Wir haben keinen Koch.«

»Wieso –?«

»Der Mann kam nicht an Bord. Wir waren inzwischen mit der Polizei in seiner Wohnung, aber er ist einfach verschwunden.« Wie wir später erfuhren, hatte dieser Mann in der Nacht einen üblen Traum gehabt und Angst bekommen und sich deshalb verkrümelt.

Bei den vielen Gästen, die wir eingeladen hatten, und den 22 Expeditionsteilnehmern, die auch verköstigt werden mußten, war das ein schwerwiegendes Problem. Aber Lotte sprang ein und hat das grandios gelöst. Sie kochte für alle – und alle waren zufrieden. Während wir mit vollen Segeln die Elbe hinaufsegelten – überall an Land standen winkende Menschen – gab ich eine Pressekonferenz. Am meisten interessierte die Frage, welche Besonderheiten wir uns von den Galapagosinseln erwarteten. Da noch niemand dort getaucht hatte, wußte ich das natürlich nicht. Da Luckner stets erklärt hatte, wir würden dort in den Lavagrotten sicherlich Riesenpolypen, also Kraken, finden, sagte ich, daß wir uns besonders freuen würden, dies bestätigt zu finden. Bisher hatte man nur in amerikanischen Spielfilmen Kämpfe von Tauchern mit solchen Riesentieren gezeigt – doch diese waren aus Gummi und wurden künstlich bewegt. Alles schrieb eifrig mit, dann wurde viel geprostet – und erst später sah ich, was die Zeitungen am nächsten Tag veröffentlichten. Neben sehr guten und ausführlichen Berichten stand als Standardnotiz der Deutschen Presseagentur, die praktisch jedes Blatt übernahm, Ziel dieser Expedition sei, bei den Galapagosinseln Gummipolypen zu filmen. Seither weiß ich, wie wichtig es bei Pressekonferenzen ist, den Anwesenden einen sogenannten »Schmierzettel«, das heißt, eine kurze schriftliche Zusammenfassung dessen, was man sagt, in die Hand zu drücken.

In Cuxhaven fand ich ein Schiff, das uns seinen Koch bis London borgte. Dort ankerten wir in der Nähe der Towerbridge, wo wir ebenfalls eine Pressekonferenz gaben. Ich besuchte auch hier vor Anker liegende deutsche Schiffe, und der Kapitän des einen sagte: »Wir haben einen Koch, den ich Ihnen zur Verfügung stellen kann – sofern er will. Wir werden ihn gleich rufen«.

Der Mann kam, und der Kapitän erklärte ihm die Situation. »Sie haben fünf Minuten, sich zu entscheiden, ob Sie für ein Jahr an dieser Expedition teilnehmen wollen.«

Er antwortete: »Die fünf Minuten, die brauche ich gar nicht. Aber ich habe eine Bedingung. Mein Freund muß mitkommen«. Dieser war Steward.

So kam es, daß wir auf dieser Reise auch noch einen Steward zu unserer Bedienung hatten, was ursprünglich gar nicht vorgesehen war.

Der neue Koch war ausgezeichnet. Allerdings hatte er auch seine Besonderheiten. Er stammte aus einer Artistenfamilie, und das trat stets in Erscheinung, wenn er zuviel getrunken hatte. Bei Hafenbesuchen ist es üblich, daß die Seeleute an Land gehen und dann meist nicht besonders nüchtern an Bord zurückkommen. Dann kletterte dieser Mann stets auf den mittleren Mast der Xarifa, der 33 Meter hoch war und machte dort, auf der Spitze des Mastes, einen Kopfstand. Die beiden Arme streckte er dabei zur Seite weg. Wir standen unten und zitterten um diesen Mann.

So also nahm die erste Xarifa-Expedition ihren Verlauf. Die Ruhe des weiten Ozeans umfing uns, die Hektik und die Sorgen vor unserer Abfahrt fielen allmählich von uns ab. Jeder richtete sich an Bord ein. Ich begann mir über die Handlung meines Filmes den Kopf zu zerbrechen. Das erste Ziel unserer Fahrt waren die Azoren, dort wollten wir als erste Menschen versuchen, unter Wasser an Pottwale heranzukommen. Wenn dies gelang, konnte das vielleicht ein dramatisches Ende für den Film abgeben.

Die Lebensform dieser größten Raubtiere der Welt gehört zum Ungewöhnlichsten, was die Natur zu bieten hat. Im Gegensatz zu den Bartenwalen, die an der Oberfläche leben und sich von Plankton ernähren, tauchen Pottwale – sie werden zwanzig Meter lang und mehrere Tonnen schwer – senkrecht bis in 400 Meter Tiefe und jagen dort nach zehnarmigen Tintenfischen, die sie durch ausgestoßene Schreie orten. Ähnlich den Fledermäusen nehmen auch sie die reflektierten Schallwellen wahr und finden so in völliger Dunkelheit ihre Beute. Es sind warmblütige Säugetiere, die zur Oberfläche müssen, um zu atmen. Sie können bis zu einer Stunde lang den Atem anhalten – für jeden Taucher ein echtes Rätsel –, kommen dann wieder senkrecht zur Oberfläche hoch und schöpfen dort 60 bis 70 mal Atem. Das ist das sogenannte »Blasen« des Wales. Beim Heraufholen eines transatlantischen Kabels aus 1000 Meter Tiefe, fand man einen darin verstrickten toten Pottwal, ein Beweis dafür, daß diese Tiere bis in so gewaltige Tiefen vordringen. Dort unten beträgt der Druck bereits 100 Atmosphären! Mit besonderem Interesse las ich den meisterhaften Roman von Melville, »Moby Dick«, in dem diese erstaunlichen Riesen bis ins kleinste Detail beschrieben werden. Melville hatte im 19. Jahrhundert selbst

Commander Jimmy Hodges, der gemeinsam mit Lotte und mir unter Wasser an Pottwale heranschwamm, war einer der besten Taucher der englischen Navy. Es war für uns ein furchtbarer Schlag, daß er am Ende dieser Expedition bei einem relativ einfachen Einsatz den Tod fand.

Lotte neben einem harpunierten Pottwal, der um sein Leben kämpft. Wir waren die ersten, die diese größten Raubtiere der Welt unter Wasser fotografierten und filmten.

als Walfänger an zahlreichen Fahrten teilgenommen. Bei den Azoren wurden diese Tiere noch genauso wie einst gejagt: von schnellfahrenden Ruderbooten aus mit der Handharpune.

Zehn Tage nach Abfahrt von London sichteten wir die Azoren bei ruhigem Meer. Ich setzte mich gleich nach Ankunft in Porte Delgada mit den Brüdern Cymbron Borges de Sousa in Verbindung, die hier den Walfang leiteten. Die Hauptsaison war bereits vorbei, doch tauchten immer noch Wale auf – in zehn bis zwanzig Meilen Entfernung von der Insel. Sie wurden von Wachen, die auf den Bergen postiert waren, gesichtet und per Funk an den Stützpunkt der Boote im kleinen Hafen von La Capellas gemeldet. Dann zogen zwei große Motorbarkassen die schlanken Fangboote in die betreffende Gegend und blieben dort stehen, um die Wale nicht durch den Maschinenlärm zu verscheuchen, während die Ruderboote sich diesen zu nähern versuchten. In einem dieser Ruderboote sollten wir mitfahren. Unsere Chance bestand darin, daß einer der in durchschnittlicher Geschwindigkeit von sechs Knoten dicht unter der Oberfläche schwimmenden Wale in unsere Richtung kommen würde.

Erst gab es einige Fehlalarme, dann wurde ein sechzehn Meter langer Bulle gesichtet, und wir sprangen mit unserer Ausrüstung ins Boot. Wir waren zu dritt: Lotte, ich und Jimmy Hodges, einer der erfolgreichsten Froschmänner der englischen Marine, den ich als zweiten Unterwasser-Kameramann engagiert hatte. Den ersten Versuch wollte ich indes alleine machen.

Wir hatten inzwischen erfahren, wie sich diese Jagd abspielte. Wurde eines der Tiere von der

Harpune getroffen, dann tauchte es ab und zog das Fangboot, welches genug Leine ablaufen ließ, hinter sich nach. Die übrigen folgten. Kam das Tier dann wieder nach oben, um Atem zu schöpfen, dann versuchte man es durch weitere Harpunen »festzumachen«. Der Wal kam dann in immer kürzeren Abständen hoch, und man versuchte dann, mit einer besonderen Lanze seine Lunge zu treffen. Gelang dies, dann breiteten sich immense Blutwolken im Meer aus und es gelang schnell, ihn zu töten. Wie die Walfänger uns erzählten, kamen dann aus dem Abgrund des Meeres Haie empor und rissen dem Wal Stücke Fleisch aus dem Speck.

In Wind und Gischt fuhren wir hinaus aufs offene Meer. Der Himmel war wolkenlos, alle Voraussetzungen schienen günstig. Der Wal war etwa 12 Meilen von der Küste entfernt gesichtet worden; die Silhouette der Insel hinter uns wurde immer kleiner. Unser einziges Bedenken war, daß dieser Bulle, falls wir ihn vor die Kamera bekamen, uns wegen unserer Arme und Beine für einen Tiefseetintenfisch halten würde. Ein zweites Boot war schon vorausgefahren, und die bereits im Gebiet befindlichen Fangboote warteten darauf, daß er wieder auftauchte. Wir warteten ebenfalls. Die Ruderer rauchten Zigaretten und blickten interessiert auf unsere Flossen, auf meine kleine Unterwasserkamera und auf unsere kleinen Speere.

Plötzlich ertönte Geschrei. Der Bulle war aufgetaucht und kam genau in unsere Richtung. Wir sahen deutlich den Sprühstrahl, den er hochstieß und den massigen großen Rücken, der sich von Zeit zu Zeit über die Oberfläche wölbte. Es sah aus, als käme die Lokomotive eines Zuges auf uns zu.

Ich sprang über Bord. Tauchgeräte hatten wir nicht mitgenommen, weil sich ja sowieso alles nahe der Oberfläche abspielte. An der Schulter hatte ich den kleinen Speer, um den Hals hing die Fotokamera. Der Meeresboden unter mir,

Bei den Azoren werden die Pottwale noch wie in alter Zeit gejagt: aus schnellfahrenden Ruderbooten mit der Handharpune. Die bis 20 Meter langen Meeressäuger können 1000 Meter tief tauchen und über eine Stunde lang den Atem anhalten. Sie jagen in der Tiefsee nach großen zehnarmigen Tintenfischen. – Unten links: Ein sechzehn Meter langer Pottwal-Bulle schwimmt über mich hinweg.

das wußte ich, lag hier 4000 Meter tief. Rings um mich war endloses Blau, über mir die schäumenden Wellen. So schnell ich konnte, schwamm ich schräg abwärts, um in die Richtung des Tieres zu kommen. In etwa acht Meter Tiefe machte ich halt. In wenigen Sekunden mußte dieser Bulle vor mir aus der Ferne auftauchen.

Ich habe oft an diese Sekunden zurückgedacht: Sie waren einer der Höhepunkte meines Lebens. Der Mensch wird geboren und verlischt – in kosmisch unbeschreiblich kurzer Zeit. Worauf es ankommt, ist manchmal nur ein Augenblick, der zählt. Wer solche Augenblicke erlebt – in welchem Bereich auch immer – wird Bestandteil dieser erstaunlichen Entwicklung, die sich über die Jahrmillionen hinwegsetzt und einen zurückläßt. So weit sich Sinne öffnen können, öffneten sich in diesem Augenblick meine Sinne.

Da sah ich bereits diese erstaunliche Erscheinung heranbrausen. Aus dem Nichts tauchte sie auf, kam wie eine riesige Kaulquappe näher.

Während alle Fische ihre Schwanzflosse seitwärts bewegen, schwingen sämtliche Meeressäugetiere, die vom Land aus wieder das Meer eroberten, die Schwanzflosse auf und nieder. Die Form, die ich herankommen sah, war eckig und breit, aber das ganze ungeheure Ding war äußerst lebendig. Wie eine Himmelserscheinung brauste dieses Ungeheuer auf mich zu. Nirgends sah ich ein Auge. Das Leben hatte sich hier in einer Masse von ungeheurer Wesenlosigkeit materialisiert!

Ich fotografierte, drehte den Film weiter – da war der riesige Kopf bereits sechs Meter neben mir. Noch immer sah ich kein Auge – und auch kein Maul! Auf meinem Foto sahen wir dann beides: Der Unterkiefer ist nur ein Strich unterhalb des Kopfes, wird in schrägem Winkel nach unten abgeklappt. Das Auge liegt in diesem Fall vier Meter weit zurück und ist winzig klein. Da das Tier mit jedem dieser Augen ein völlig getrenntes Bild sieht, schloß Melville daraus, daß es ein zweifaches Bewußtsein haben müßte, und so-

Rechts unten: Die Portraitaufnahme eines 16 Meter langen Pottwal-Bullen, die mir beim ersten Anschwimmen gelang und überall in der Welt Beachtung fand. Das winzig kleine Auge liegt an dem sechs Meter langen Kopf vier Meter weit zurück. Unter Wasser konnte ich es nicht erkennen, doch das Bild zeigt es.

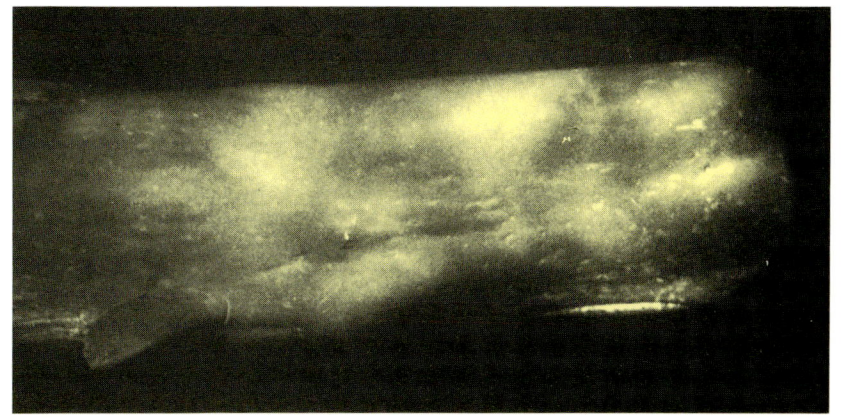

mit von dem einen auf das andere umschaltet. Ich zwang mich zur Ruhe, um diese Chance bestmöglich zu nützen. Als der sechs Meter lange Kopf dirkt neben mir war, machte ich das zweite Bild. Mit einem nie erwarteten Ergebnis: Das winzige Klickgeräusch meiner Unterwasserkamera erschreckte diesen Riesen. Der ganze massige Körper reagierte. Könnte man von einer Lokomotive sagen, daß sie zusammenzuckt, dann zuckte dieser Koloß zusammen. Er drehte mit einem gewaltigen Schwanzschlag steil abwärts – und jagte senkrecht in die Tiefe. Außer Atem gelangte ich zur Oberfläche und schnappte nach Luft.

Erst nachträglich, im Gespräch mit Lotte und Jimmy, wurde mir klar, was mich so besonders irritiert hatte. Zu einem Wesen, in dessen Körper man kein Auge sieht, hat man kein Verhältnis, keine Beziehung. Wahrscheinlich suchen wir Menschen automatisch nach dem Auge – nicht zuletzt, weil es die Steuerung jedes Angriffes einleitet. Das Fehlen eines solchen Auges – in diesem Fall war es zu klein gewesen, um es zu sehen – verwandelt ein Lebewesen in ein erschreckendes Monstrum. Und wie zart besaitet war dieses Monstrum! Von dem Klicken meiner Kamera, von diesem winzigen Geräusch, war diese belebte Masse erschrocken!

In den folgenden Tagen filmten wir zu dritt, wie diese so schreckhaften riesigen Raubtiere vom tückischen Menschen von Booten aus attackiert und überwältigt werden. Selbst im Todeskampf erwiesen sie sich uns gegenüber als scheu – wichen uns aus, wenn wir ihnen in den Weg kamen. An Seilen hängend, aus ihren Wunden

blutend, brausten sie an uns vorbei. Waren sie in die Lunge getroffen, dann zogen sie ganze Wolken von Blut hinter sich nach – in der Sprache der Walfänger, setzten sie dann »die rote Fahne auf«. Wie sie uns prophezeit hatten, dauerte es nicht lange, und die ersten Haie kamen aus dem Abgrund empor. Es waren Weißspitzen-Hochseehaie, jeder von zahlreichen Pilotenfischen begleitet. Ihr Interesse war auf die Blutquelle konzentriert, sie stürzten sich hinein, schüttelten an den Happen, die sie aus der Wunde herausrissen. Sie kamen wie aufgeregte Hunde an uns vorbei, dabei schwenkten mehrfach Pilotenfische von ihnen ab und kamen zu uns herüber. Sie schnüffelten an uns herum und eilten dann wieder in geschlossener Formation zu ihrem Hai zurück. Jetzt verstanden wir, warum die Matrosen daran glauben, daß die Pilotenfische den Hai auf Beute aufmerksam machen und zu dieser hinführen. Die Wahrheit ist: Auch hier werden die Pilotenfische von den Haien geduldet, weil sie ihren Körper von Schmarotzern befreien. Wenn sie zu uns kamen, dann geschah dies deshalb, weil sie uns für Haie oder sonstige Großfische hielten, bei denen es an Pilotenfischen fehlte. Manche dieser Weißspitzen-Hochseehaie waren von Pilotenfischen geradezu übervölkert, auch hier herrschte Konkurrenzdruck – deshalb wollten sie zu uns auswandern, beurteilten uns dann aber als nicht geeignet.

Daß ich Lotte erlaubte, bei diesen Einsätzen dabei zu sein, kann ich heute kaum verstehen. Als eine Walkuh – diese werden nur etwa halb so lange – an uns vorbeikam, glückte es ihr kurz, sich an der Schwanzflosse festzuhalten. Hodges filmte, wie ich mit der Kamera direkt unter dem Maul eines sterbenden Wales durchschwamm. Er riß es auf und stieß einen tiefen knarrenden Ton aus, den wir dann noch mehrfach hörten. Am sägeartigen Unterkiefer befanden sich zweiundvierzig große Zähne. Am Oberkiefer sind bloß Taschen, in welche diese Zähne hineinpassen.

Das Knarren erinnerte an das Geräusch eines riesigen alten Scheunentors, das sich in verrosteten Angeln dreht. Dieser Schrei, der meines Wissens von uns zum ersten Mal gehört wurden, dient den Pottwalen wahrscheinlich nicht nur als Ortung, um in der schwarzen Tiefsee die Beute zu finden, sondern auch zum Erkennen der Artgenossen. Man muß bedenken, daß diese Wale meist so weit voneinander entfernt schwimmen, daß sie sich unmöglich unter Wasser sehen können. Wie halten die Rudel zusammen? Wie finden sich die Geschlechtspartner

Lotte glückte es, den Schwanz einer vorbeischwimmenden acht Meter langen Pottwal-Kuh mit der Hand zu packen. Wir konnten die merkwürdigen Schreie der Pottwale, durch die sie sich verständigen, aufnehmen. Sie erinnern an das Knarren eines großen verrosteten Tores.

104

Sobald die Pottwale verwundet waren, breiteten sich Blutwolken im Meer aus, die Weißspitzen-Hochseehaie aus der Tiefe anlockten. Hier nähert sich Jimmy einem dieser Haie, die zu jenen Arten gehören, die gelegentlich Menschen angreifen. Die meisten werden von zahlreichen Pilotenfischen begleitet.

zur Paarung? Man hat den Vorgang beobachtet, er vollzieht sich an der Oberfläche. Die Riesen bringen ihre Körper dicht aneinander, der Penis des Männchens ist etwa eineinhalb Meter lang. Auch die Jungen – in der Regel ist es nur eines – werden nahe der Oberfläche gesäugt und von der Mutter dazu angehalten, Atem zu schöpfen. Die Mutter spritzt ihnen die Milch ins Maul. Bei der Walmehlfabrik von San Vinzent, zu der die getöteten Tiere hingezogen wurden, sahen wir, wie man sie zerlegt. Im Magen eines großen Bullen befanden sich nicht nur die Reste großer Tintenfische, sondern auch drei Haie, der größte über drei Meter lang, die der Riese in einem Stück verschluckt hatte.

Wir fuhren als nächstes zur venezolanischen Küste, zum Riffgebiet von Los Roques, das ich schon lange hatte kennenlernen wollen. Hier schulten wir die Wissenschaftler in ihre neue Tätigkeit ein, gaben ihnen den ersten Tauchunterricht. Dabei war ich überrascht, wie schnell sie zu vorzüglichen Tauchern wurden. Während normale Tauchschüler zunächst eine sehr natürliche Angst zeigen und mehr an sich selbst als an die Umwelt denken, ist es bei Wissenschaftlern gerade umgekehrt. Was sie unter Wasser sehen, interessiert sie so brennend, daß sie gar nicht Zeit haben, mehr als unbedingt nötig an sich und ihre neue Tätigkeit zu denken. Ich hatte Schwierigkeiten, Eibl und Scheer daran zu hindern, schon beim ersten Abstieg in zu große Tiefe hinabzutauchen. Sie hatten die Welt oben völlig vergessen, schwammen von einem Objekt

zum nächsten. Als der erste Hai auftauchte, erschütterte sie dies in keiner Weise, sondern sie betrachteten ihn mit Interesse. Mit großer Genugtuung stellte ich fest, daß meine Rechnung offenbar aufging. Gute Gesundheit ist wichtig, doch besondere sportliche Fähigkeiten sind durchaus nicht nötig, um Fachwissenschaftler sehr schnell in umsichtige und einsatzfreudige Taucher zu verwandeln.

Dann segelten wir zur Insel Bonaire, die ich ja von meiner ersten Expedition gut kannte, legten dort das Schiff in der sehr malerischen und für

Filmaufnahmen im Karibischen Meer. Lotte schreibt auf einer Aluminiumtafel die gedrehten Szenen mit.

unsere Zwecke bestens geeigneten Slag Bay vor Anker und führten dort mehrere Wochen lang wissenschaftliche Arbeiten aus.

Scheer und ich wollten genauer untersuchen, wie ein karibisches Saumriff aufgebaut ist. Der mit prächtigen Korallen bedeckte Boden fiel hier erst langsam, dann in einem steilen Abhang in die Tiefe. Wir legten eine Leine vom Ufer über den Hang bis auf 70 Meter Tiefe und sammelten alle Korallenarten, die sich einen Meter rechts oder links davon befanden. Auf Aluminiumplatten zeichneten wir Lageskizzen der einzelnen Stücke, außerdem fotografierten wir jede Einzelheit dieses Querschnittes. Auch versuchten wir, alle in den Korallen lebenden Tiere zu erbeuten und notierten die Fischarten, die im freien Wasser vorbeischwammen.

Bei Arbeiten in größerer Tiefe verwendeten wir Preßluft, sonst Sauerstoff. Mit Hammer, Meißel und Eimer, in die wir die Stücke hineinlegten, ging es auf und nieder. Ein großer Zackenbarsch, der dieser emsigen Tätigkeit anfangs erstaunt zusah, gewöhnte sich bald an uns und schwamm uns jeden Morgen, wie zur Begrüßung entgegen. Im offenen Wasser ließ er uns bis zu einem Meter herankommen, lag er unter einem Felsen, dann konnten wir ihn sogar mit der Hand streicheln.

Eibl machte sich selbständig und saß stundenlang auf dem immer gleichen Fleck zwischen den Korallen. So gewöhnten sich die Fische an seine Anwesenheit, und er konnte ihren normalen Tagesablauf studieren. Seine besondere Aufmerksamkeit galt kleinen wurmförmigen Fischen, bei denen ich schon früher beobachtet hatte, wie sie zu größeren Fischarten hinschwimmen und ihnen Maul und Kiemen putzen, während diese regungslos im Wasser verharren. Er stellte fest, daß diese »Maulputzer«, wie er sie benannte, in ganz bestimmten Korallenstöcken lebten, und die größeren Fische regelmäßig dorthin kamen, wenn sie geputzt werden wollten. Sahen sie, daß der Platz schon von einem anderen Fisch besetzt war, dann trieben sie sich in der Gegend umher und warteten geduldig, bis sie an die Reihe kamen. Es ging über solchen Korallenstöcken zu wie in einem Frisiersalon. Die Kunden wurden nacheinander abgefertigt.

Ein neues Forschungsergebnis war, daß die putzbedürftigen Fische eine ganz bestimmte Stellung einnahmen, die als Signal wirkte. Sie stellten sich bewegungslos über den Korallenstock, sperrten das Maul auf und spreizten die Kiemen. Daraufhin kamen die Putzer aus den Korallen hervor und machten sich emsig an die

Arbeit. Wie Eibl beobachtete, jagten sie nach kleinen Krebsen, die über den Körper der Fische flüchteten. Hatte der Fisch genug, und wollte er das Maul schließen, dann kündete er dies durch eine weitere Signalbewegung an. Er schloß es mit einem auffälligen Ruck, bis auf einen kleinen Spalt und öffnete es gleich wieder. Daraufhin verließen alle Maulputzer eilig den Rachen. Auch wenn Eibl den Fisch – meist waren es Zackenbarsche – absichtlich erschreckte, dann vergaß dieser nie, diese Signalbewegung auszuführen. Es handelte sich hier um eine offensichtlich angeborene Form der Verständigung, um genetisch fixiertes Verhalten, das die Tiere nicht erst lernen müssen. Solche Verhaltensweisen – man spricht von Instinkten – sind für die einzelnen Tierarten ebenso charakteristisch wie ihre körperlichen Merkmale, können jedoch nur im freien Leben entdeckt und in ihrer Bedeutung analysiert werden. Eibl konnte fünf Arten von Maulputzern bestimmen und stellte fest, daß alle auffällig gelbe Muster in ihrer Zeichnung trugen. Das war ebenfalls ein angeborenes Signal – und zwar für die putzbedürftigen Fische. Sie erkannten daran die »Gilde« der Maulputzer. Eibl machte so eine ganze Menge hochinteressanter neuer Beobachtungen.

Wir durften allerdings auch unsere Pflicht, einen Spielfilm zu drehen, nicht vergessen. Ich beschloß, auch die Taucher bei ihren Exkursionen unter Wasser miteinander sprechen zu lassen. Noch gab es keine technischen Geräte dafür, aber eines Tages würde es sie bestimmt geben. Die Stimmen mußten eben später, etwas verzerrt, zu den Aufnahmen angelegt werden – die Taucher jedoch mußten, damit dies realistisch wirkte, die von mir erdachten Dialoge auch tatsächlich sprechen, also die Szenen »echt spielen«. Das war alles eher als einfach. Jeder lernte diese Texte auswendig, außerdem schrieben wir sie auf Aluminiumplatten, die vor der Szene nochmals durchgelesen werden konnten. Da wir in Farbe drehten – es war der erste Technicolorfilm deutscher Produktion – mußten wir stets Sonnenschein abwarten, doch zogen in dieser Jahreszeit ständig Wolken über den Himmel. Näherte sich ein Sonnenloch, dann wurde vom Boot aus als Signal eine Sauerstoff-Flasche zu uns herabgesenkt. Dann ging alles in Position – und so bald es hell wurde, setzten sich die Taucher in vorgeplanter Weise durch die Gegend schwimmend, sich unterhaltend, diskutierend in Bewegung.

Um die Schattenpartien aufzuhellen, hatte ich zahlreiche große Spiegelscheiben mitgenommen, die Lotte oder wer in der Szene nicht

Rechts: Eibl-Eibesfeldt spezialisierte sich auf das Studium von kleinen wurmförmigen Fischen, die großen Fischen Maul und Kiemen von Parasiten säubern. Wer geputzt werden will, kommt zu dem Korallenstock (Putzerstation), öffnet das Maul und spreizt die Kiemen. Auf dieses Signal treten die »Putzerfische« in Aktion. – Darunter: Ein Schwarm im Sand nach Nahrung suchender Korallenwelse, der sich im Pulk über den Grund fortbewegt. Diese Ordnung hält den Schwarm dicht zusammen und garantiert eine optimale Ausnützung der Nahrungsquelle.

beteiligt war, betätigte. Dies führte zu einer hochinteressanten Entdeckung. Kaum sah sich der erste Fisch in einem solchen Spiegel, stürzte er schon auf das Bild los – und begann es zu bekämpfen. Auch dies war für den Tierpsychologen interessant. Man konnte daraus schließen, daß diese Fische ihr bestimmtes Revier im Riff hatten, das sie als ihr eigenes betrachteten und verteidigten. Sahen sie ihr Spiegelbild, dann hielten sie dieses für einen Artgenossen, der ihnen den Platz streitig machen wollte. Darum bissen sie wütend gegen das eigene Antlitz.

Ein großer Zackenbarsch schwamm mit so großer Wucht gegen einen Spiegel, daß dieser zerbrach. Wir ließen die Stücke auf dem Grund liegen und dachten nicht mehr daran. Als wir nach zwei Tagen wieder an die Stelle kamen – bekämpften sich die Fische noch immer. Einige waren schon ganz erschöpft und hatten abgestoßene Köpfe. Wir mußten die Scherben vom Boden wegräumen, um so den Frieden im Korallenriff wieder herzustellen.

Wir fragten uns, ob auch Haie ihr Spiegelbild bekämpfen – oder ob es sie vielleicht verscheucht? Wir malten deshalb auf einen Regenschirm die Attrappe eines aufgerissenen Hairachens mit großen Zähnen und drohenden Augen. Aber dieses Experiment führte zu keinem Ergebnis. Erstens war es äußerst schwierig, Haie so nahe heranzubekommen; zweitens dauerte es dann viel zu lange, unter Wasser den Regenschirm gegen den Wasserwiderstand aufzuspannen. Die Haie zeigten weder Schreck noch Interesse, sondern drehten in der gewohnten Weise ab.

Dreharbeiten für den Film »Unternehmen Xarifa«. Da wir auch Dialogszenen unter Wasser filmten, verfuhren wir professionell und drehten Szenennummern. Dazu verwendeten wir einen Stock mit wegstehenden Drähten, die wir in Form der gewünschten Nummer verbogen.

Läßt sich ein Hai mit einem aufgespannten Regenschirm verscheuchen? Antwort: Nein, unter Wasser geht das Aufspannen zu langsam.

Der Höhepunkt unserer Filmaufnahmen war der Einsatz unserer Unterwasser-Scheinwerfer. Die beiden an Bord zusätzlich installierten Generatoren lieferten je 30 Kilowatt. Sie speisten zwei Unterwasser-Scheinwerfer von je fünf Kilowatt und drei kleinere von je zwei Kilowatt. Unser Aktionskreis war durch ein dreihundert und ein fünfhundert Meter langes Kabel gegeben, die wir getrennt verwenden oder auch aneinander anschießen konnten. Sie hatten ein Gewicht von über 1000 Kilo, und wir befestigten alle sechs Meter eine Boje, damit sie an der Oberfläche schwammen. Ins Beiboot wurde ein gewichtiger Schaltkasten gehievt, von dem 120 Meter lange dünnere Kabel zu den Scheinwerfern hinabführten. Wir begannen an Bord mit 220 Volt und endeten – vor allem wegen des starken Widerstandes in den Kabeln selbst – mit 110 bei den Lampen.

Die Scheinwerfer waren durch weitere Bojen so austariert, daß sie nur einige Kilo schwerer waren als Wasser. Wir halfen alle zusammen, sie zu den ausgewählten Punkten zu bringen und dort zu installieren; durch Zeichen gab ich den Tauchern an, wie sie die Scheinwerfer während der Aufnahme halten und bewegen sollten.

Sobald wir die Korallen anstrahlten – besonders die schattige Unterseite von Stöcken und in Höhlen, traten die unglaublichsten Farben in Erscheinung. Das unscheinbarste Grün und Braun verwandelte sich plötzlich in ein schreiendes Rot, Gelb und Orange. Es war ein historischer Augenblick: Zum ersten Mal erstrahlten solche künstlichen Sonnen auf dem tropischen Meeresgrund! Zu der Farbensymphonie, die wir hier künstlich erweckten, komponierte Sir Arthur Benjamin später tatsächlich eine Symphonie, die diesen zehn Minuten langen Abschnitt unseres Filmes untermalte. Mit ehrfüchtigem Schauer erlebten wir hier ein Wunder der Natur – eine Märchenwelt, die alles übertraf, was wir bis dahin gesehen hatten. Bei der Erstaufführung in einem Londoner Studio war Cousteau anwesend und klatschte spontan. Ein Jahr darauf drehte er im Roten Meer seinen so hervorragenden Film »Licht unter Wasser«. Es ist bis heute ein Rätsel, warum die Natur in der Tiefe so herrliche Farben hervorbringt. Da im Meer schon ab zehn Meter Tiefe die roten und gelben Lichtstrahlen absorbiert werden, können diese Farben nicht in Erscheinung treten – auch kein Meereswesen kann sie sehen. Erst durch künstliches Licht werden sie erweckt und strahlen so intensiv, als hätten sie seit ihrer Erschaffung darauf gewartet, einmal ihre ganze Schönheit

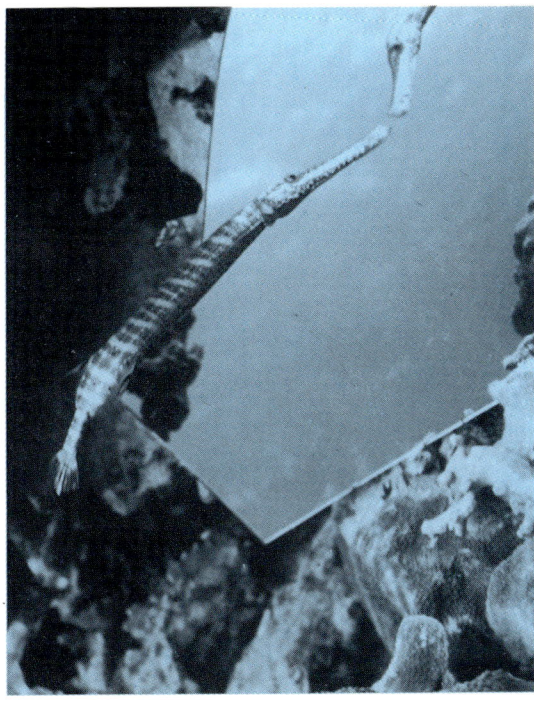

zeigen zu können. Es erschien uns beinahe als Sakrileg, dieses verschleierte Bild von Sais zu enthüllen.

Allerdings kam es auch fast zu einem bösen Unglücksfall. Während wir filmten, wurden wir plötzlich weggezogen, die Scheinwerfer setzten sich sozusagen selbst in Bewegung und zogen uns hinaus ins tiefe Wasser. Wir hatten zunächst keine Ahnung, was da passierte; die »Xarifa« lag in einiger Entfernung an dem steilen Riff verankert. Aber der Wind hatte aufgefrischt, hatte das Schiff ins offene Meer gedrückt. Der Anker war abgerutscht und die »Xarifa« trieb nun vom Land weg. An ihr hing das lange Hauptkabel, an diesem das Beiboot, an diesem die dünnen Kabel und an diesen die Scheinwerfer. Zufällig sah ich, daß Lotte, die einen der großen Scheinwerfer bediente, daran im tiefen Wasser hängend, verzweifelt strampelte und immer tiefer hinabsank. Sie war in Panik. Ich eilte zu ihr hin, löste ihre über den Bügel des Scheinwerfers verkrampften Hände, und während dieser in die Tiefe absank, brachte ich sie nach oben. Das Riff, an dem sich dies zutrug, lag unmittelbar vor dem einsamen Baum von Little Bonaire, unter dem ich damals mit Jörg und Alfred unser Zelt aufgeschlagen hatte. Nur 12 Jahre waren seither vergangen – und was hatte sich alles ereignet!

Nach Abschluß dieser Filmarbeit und der wissenschaftlichen Untersuchungen fuhren wir zunächst zu den San-Blas-Inseln und von dort nach Panama, wo wir in einem der Seen des Kanals noch einen Anker verloren. Wir tauchten danach, konnten ihn aber im trüben Wasser nicht lokalisieren, mußten einen neuen kaufen. Dann blieb das feuchtheiße Klima der Landenge hinter uns, und die weite schwingende Dünung des Pazifik nahm uns auf. Nun steuerten wir das eigentliche Ziel unserer Reise an: die Galapagos-Inseln, wo noch niemand vor uns getaucht hatte.

Um bei den Unterwasseraufnahmen Schattenpartien aufzuhellen, nahmen wir große Spiegelscheiben mit auf den Grund. So entdeckten wir durch Zufall, daß territoriale Fische ihr Spiegelbild bekämpften. Sie halten es für einen Artgenossen, der in ihr Revier eindringen will.

Zu den Galapagos-Inseln

Die Galapagos-Inseln – die »Verwunsche-nen«, wie die Spanier sie nannten, sind für jeden Naturforscher ein El Dorado. Sie liegen etwa vier Tagesreisen von Panama entfernt, einsam im Pazifik, genau am Äquator. Da der aus der Antarktis kommende, an der südamerikanischen Ostküste entlang nordwärts fließende Humboldtstrom hier auf den um acht bis zehn Grad wärmeren Äquatorialstrom trifft, findet man auf diesem einzigartigen Archipel antarktische und tropische Fauna dicht nebeneinander. Hier leben Seelöwen und Pinguine in unmittelbarer Nachbarschaft von Korallenfischen, Meeresschildkröten und tauchenden Rieseneidechsen. Da die im Meer treibenden Kleinlebewesen die starken Temperaturunterschiede meist nicht ertragen, sinken Hekatomben abgestorbener Organismen in einem ständigen Regen in die Tiefe. Von dieser Nahrungsflut ernähren sich ungeheure Schwärme von kleinen Fischen, von diesen wieder größere und von jenen die ganz großen. Bei manchen Inseln ist das Wasser eisigkalt, einige Kilometer davon entfernt ist es tropisch warm – und dies verändert sich ständig. An manchen Plätzen stießen wir auf kristallklares Wasser, an anderen war es total trübe. Wir fuhren als erstes zur Insel Hood, die William Beebe als besonders interessant geschildert hatte und besuchten dann die meisten größeren und viele der kleineren Inseln.

Für die Selbsteinschätzung des Menschen sind diese eher trostlosen, entlang den Küsten mit dürrem Gestrüpp bewachsenen Inseln ein Ort von historischer Bedeutung. Hier gewann Charles Darwin, als er 1835 auf dem Vermessungsschiff »Beagle« als Naturforscher mitfuhr, viele jener Erfahrungen, die seine später veröffentlichte, sensationelle Abstammungslehre untermauerten.

Was ihm hier besonders auffiel, war die große Anzahl verschiedener Tierarten, die beinahe in Sichtweite voneinander auf diesen recht öden Inseln lebten. Jede der größeren Inseln hatte ihre eigenen Landschildkröten und Spottdrosseln, ihre eigenen Finken und auch ihre eigenen Pflanzen. Während sonst über ganze Kontinente hinweg die gleichen Tierarten verbreitet waren, hatte sich hier »ein geradezu unerklärlicher Betrag an schöpferischer Kraft entfaltet«.

Sonderbar schien ihm die deutliche Verwandtschaft dieser Arten mit jenen des 900 Kilometer entfernten amerikanischen Festlandes. Darwin fragte sich, warum die hier zutage tretende Fauna und Flora nicht jener der Kap Verdischen Inseln gleiche, die ebenfalls vulkanisch waren und recht ähnliche Verhältnisse boten – jedoch ihrerseits eine deutliche Verwandtschaft zum afrikanischen Festland zeigte. Seit eh und je wurde angenommen, daß alle heute lebenden Tiere und Pflanzen, wie sie uns entgegentreten, geschaffen worden waren. Nahm man dagegen an, daß dies nicht stimmte, dann ließ sich die hier beobachtete Situation weit besser erklären. Dann waren eben gewisse Pflanzen und Tiere durch Wind, Treibholz und sonstige Zufälligkeiten auf die aus dem Meer steigenden Vulkankegel gelangt, hatten sich hier im Lauf der Zeit den besonderen Gegebenheiten angepaßt und neue Arten gebildet. Dann war es auch verständlich, daß auf jeder Insel eigene Formen entstanden waren. Je nach den gerade herrschenden Zufälligkeiten hatten sich die Lebewesen in diese oder jene Richtung umgeformt.

Eine Eigentümlichkeit der Galapagos-Inseln ist, daß die Landtiere eine auffallend verminderte Fluchtreaktion zeigen. Es herrschen hier geradezu paradiesische Zustände. Als wir bei Hood an Land gingen, staunten wir, daß wir an jeden Vogel auf zwei Meter und näher herankommen konnten. Warum? Weil es hier keine größeren Landraubtiere gibt. Also bildete sich die Fluchtreaktion als überflüssiger Aufwand allmählich zurück.

Unter Wasser erlebten wir eine Lebensfülle, wie wir ähnliches selten gesehen hatten. Ungeheure Fischschwärme tummelten sich zwischen den mit Algen überwachsenen Lavafelsen. An manchen Stellen war der Meeresboden mit Fischen geradezu gepflastert. Fünf und zehn Kilo schwere Zackenbarsche kamen von allen Seiten auf uns zu, als wollten sie sich freiwillig zum Mittagsmahl anbieten. Als ich zufällig in eine Lavaspalte

Unten: Unsere Fahrtroute durch das Archipel der Galapagos-Inseln. – Rechts oben: Die »Xarifa« in der Wrack-Bucht von Chatam, wo Charles Darwin durch ein Denkmal geehrt wird. Auf diesen öden Inseln machte der große englische Naturforscher die Beobachtungen, die ihn zu seiner Lehre über die Abstammung des Menschen anregten. – Darunter: Eine Seelöwenkolonie auf den schwarzen Lavaklippen.

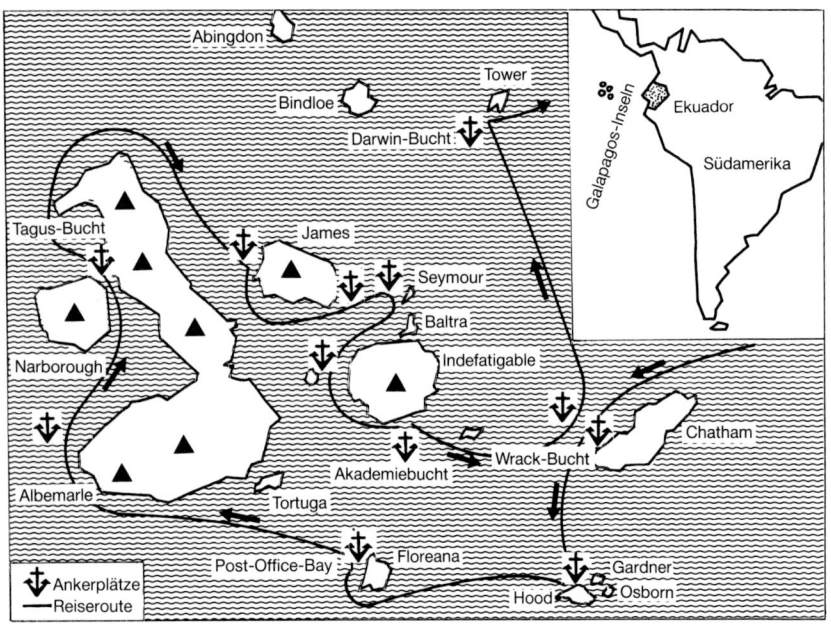

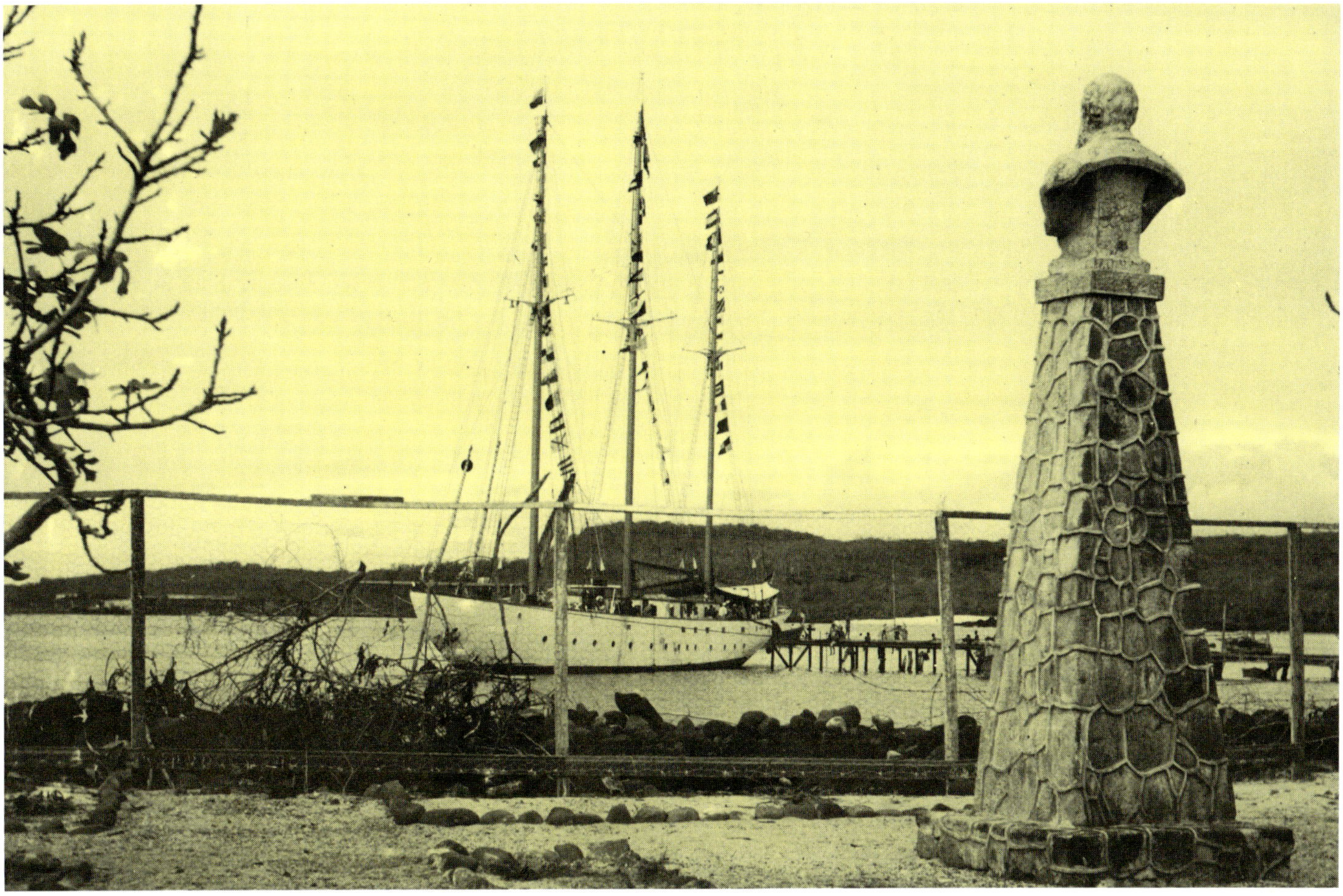

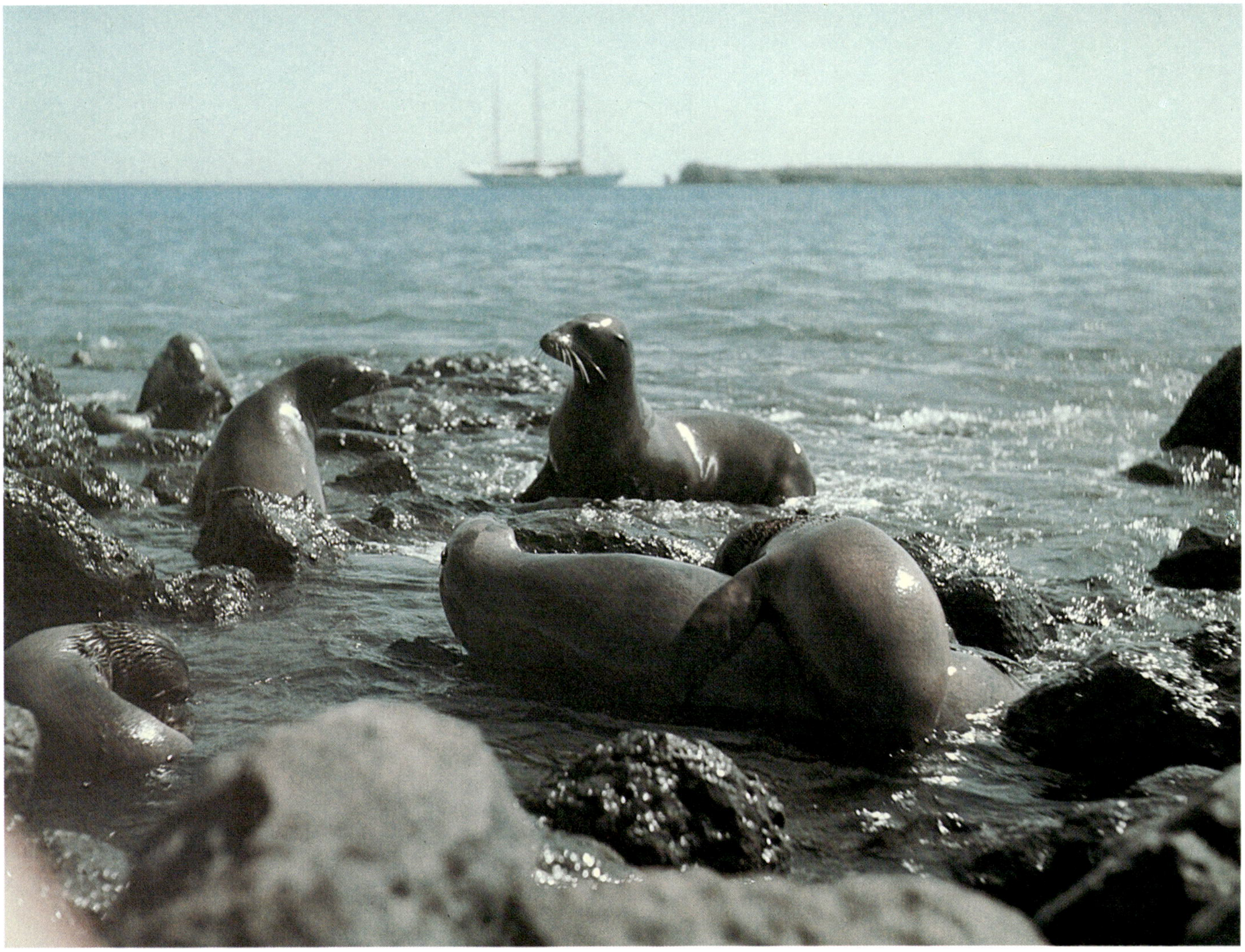

blickte, entdeckte ich dort nicht weniger als zwölf große Langusten. Wie auf Parkettsitzen saßen sie nebeneinander in Reih und Glied und streckten ihre langen Fühler heraus.

Hinter einer aus Steinquadern gebildeten Mauer entdeckte Lotte einen großen schlafenden Stachelrochen. Sie scheuchte ihn mit der Harpune auf, und er war so benommen, daß er gegen einen Stein rannte und diesen umwarf. Gleichzeitig versetzte mir Jimmy einen Stoß. Nicht weniger als sechzehn große Adlerrochen schwammen in geschlossener Formation auf uns zu! Mit der Gelassenheit des Engländers bediente Jimmy die Kamera. Die massigen Tiere flogen wie urzeitliche Flugsaurier langsam über uns hinweg. Wir sahen auch etliche Haie – einige von stattlicher Größe –, aber sie zeigten wenig Interesse an uns. Da ihr Mittagstisch stets reich gedeckt war, erschien es ihnen wohl nicht der Mühe wert, sich mit etwas Neuem zu befassen.

Bei einer kleinen Insel, die Beebe Osborn getauft hatte, sichteten wir auf einer flachen Lavazunge zahlreiche braune Flecken zwischen den schwarzen Klippen. Es waren Seelöwen! Der Wind trug ihr gelegentliches Blöken zu uns herüber.

Eibl ließ sich dort mit Schlafsack, Notizblock und Bleistift absetzen und kampierte mehrere Tage lang bei einer Kolonie. Der Bulle, oberster Herr und Gebieter, begrüßte ihn nicht eben freundlich, kehrte aber dann grollend zu seinem Harem von Weibchen und Jungen zurück. Bei Sonnenaufgang war er es, der sich als erster erhob. Er robbte ins Wasser, schwamm eine Weile auf und ab und stieß ein heiseres Gebrüll aus. Beson-

ders vernehmlich brüllte er an den Grenzen seines Reviers, wo ein junger Bulle – von der Kolonie abgesondert – seine Ruhestatt hatte. So erklärte er jedem, der es hören wollte, daß nur ihm dieser Landstrich, mit allen darauf versammelten Damen unterstand!

Dann reckten sich die Weibchen ebenfalls und bequemten sich ins Meer. Sie jagten dort ein wenig, warfen zum Vergnügen Steine in die Luft und freuten sich ihres Lebens. Wenn sie dem Bullen begegneten, schaukelten sie grüßend den Kopf und ließen sich beschnüffeln. Einige taten ein übriges und bissen ihn in den Nacken. Der Bulle war jedoch nicht zum Scherzen aufgelegt. Schwamm ein Weibchen zu weit hinaus, dann trieb er es sofort zurück.

Inzwischen erwachten auch die Jungen, spielten in den Tümpeln. Die zurückkommenden Mütter beschnupperten sie, suchten ihr Junges und säugten es. Dabei legten sie, wie Eibl beobachtete, Wert darauf, daß die Jungen manierlich durch Blöklaute und Kopfschwenken grüßten. Irrte sich eines in der Mutter, so wurde es verjagt. Dann wurde es heißer, und Weibchen und Jungtiere lagen in der Sonne und schliefen. An den sonderbarsten Stellen kratzten sie sich genießerisch. Sogar der patrouillierende Bulle vergaß jetzt seine Pflicht, schlief beim Schwimmen ein und streckte von Zeit zu Zeit mit geschlossenen Augen den Kopf aus dem Wasser, um zu atmen.

Trieb ihn eine Strömung gegen die Felsen, dann wich er, ohne zu erwachen, aus. Sobald er aufwachte, brüllte er energisch.

Bei einer anderen Seelöwenkolonie setzten wir diese Erfahrungen praktisch ein. Uns lag daran, die so graziösen Weibchen bei ihren Unterwasserausflügen und Spielen zu filmen. Aber mit dem dort herrschenden Bullen war nicht zu scherzen. Kaum näherten wir uns, kam dieser zwei Meter lange und sehr dicke Koloß laut brüllend näher und gebärdete sich weit angriffslustiger als Haie.

Wir griffen deshalb zu einer List. Wie Eibl festgestellt hatte, hielten diese Bullen ein recht kräftiges Mittagsschläfchen – das wollten wir ausnützen. Eibl hatte beobachtet, daß die abseits lebenden jungen Männchen, um auf die Seelöwendamen Eindruck zu machen, ein melancholisches: »Oa, Oa, Oa!« ausstießen. Jimmy, Lotte und ich zogen die Tauchgeräte an und schwammen eine ziemlich weite Strecke an der Oberfläche, bis wir etwa 100 Meter weit von der Kolonie entfernt waren. Vom Bullen war nichts zu sehen, er trieb wohl ruhig schlafend im Wasser bei den Felsen. An der Oberfläche nahmen

Die Unterwasserwelt bei den Galapagosinseln ist reich an Überraschungen. Hier vermischen sich die kalten antarktischen Gewässer des Humboldtstromes mit den wesentlich wärmeren des Äquatorialstroms. Das Meer ist meist trüb, doch überreich an Fischen. Unten: Wie eine Fliegerstaffel ziehen dutzende von großen Adlerrochen an uns vorbei.

Wir wollten für unseren Film das graziöse Spiel von Seelöwinnen erstmals unter Wasser filmen. Aber der große Bulle (unten) bewachte seinen Harem und ließ uns nicht in die Nähe. Als er sein Mittagsschläfchen abhielt, lockten wir die Weibchen an und konnten sie aus nächster Nähe filmen (unten).

Ganz oben: Die Jungen genießen den Schutz des Rudels. Schwimmt eines zu weit von den Felsen weg, dann fällt es dort lauernden Haien anheim.

wir unsere Mundstücke aus dem Mund und schrien erst leise und dann eindringlicher »Oa, Oa, Oa!«

Die jungen Damen sahen interessiert zu uns herüber, dann sprang eine ins Wasser und eine zweite folgte. Schnell nahmen wir die Mundstücke in den Mund, ließen uns auf den etwa zwölf Meter tiefen Grund absinken. Ich blieb bei Lotte, Jimmy entfernte sich ein Stück, um für die Aufnahme genügend Abstand zu gewinnen. Das Wasser war trüb, doch da wir ein Weitwinkelobjektiv verwendeten, waren Aufnahmen möglich. Schon kamen die Weibchen interessiert zu uns heran. Selten habe ich etwas so Geschmeidiges, so Graziöses und Liebenswertes gesehen. Die beiden umkreisten uns, kamen uns ganz nahe, drehten sich und führten Kapriolen aus. Die kleinere der beiden kam dicht an mich heran, stieß Luftblasen aus und quiekte. Sie blieb erwartungsvoll vor mir stehen. Ich quiekte ebenso, stieß ebenfalls Blasen aus. Das Ergebnis war

überraschend. Das Seelöwenmädchen kam dicht an mich heran, berührte meine Hände, blickte mit großen glänzenden Augen in meine Maske. Dann flog es in vollendetem Bogen zur Oberfläche und kam mit genußvollen Bewegungen wieder zurück. Jetzt berührte mich das graziöse Tier beinahe mit seinen Schnurrbarthaaren...

Da hörten wir ein dumpfes Grollen unter Wasser, und schon im nächsten Augenblick tauchte der Bulle auf. Er war sehr erzürnt, griff uns an. Mit der Harpune wehrte ich ihn ab, stieß ihn gegen den Kopf. Die beiden Weibchen waren blitzschnell verschwunden. Der Bulle attackierte uns

Eine Besonderheit der Galapagos-Inseln sind die großen Meerechsen, die an manchen Küsten zu Hunderten die Uferfelsen bevölkern. Sie tauchen unter Wasser, weiden die Algen ab. Eibl-Eibelfeldt studierte die Regeln der zwischen den Männchen ausgetragenen Kommentkämpfe.

in mehreren Anläufen, dann suchte er grollend und murrend das Weite.

Auf der völlig öden, hochansteigenden Kraterinsel Narborough, die wir von der Tagus Bay aus besuchten, fanden wir die Felsen von Hunderten von Meerechsen übersät. Sie klebten unbeweglich auf dem Gestein, und wenn wir uns näherten, begannen überall die Männchen mit den Köpfen zu nicken. Man konnte an sie herangehen und sie an den langen Schwänzen hochziehen. Sie waren bis eineinhalb Meter lang und sahen wie vorsintflutliche Drachen aus. Der Kopf hatte zahlreiche Höcker. Die Männchen waren wesentlich größer und hatten einen weit höheren Kamm. In der Brandungszone sahen wir sie die Algen abweiden, einige schwammen bis zu 100 Meter weit ins Meer hinaus.

Das Nicken mit dem Kopf war eine Aufforderung zum Kampf. Ähnlich wie bei den Seelöwen, hatte auch hier jedes Männchen einen Harem von Weibchen und ein ganz bestimmtes Revier, das es energisch gegen jeden Eindringling verteidigte. Näherte sich ein anderes Männchen, dann standen sich die Tiere an der Grenze nickend gegenüber. Plötzlich stürzte dann eines blitzschnell auf das andere los, und die gepanzerten Köpfe prallten gegeneinander. Jedes versuchte das andere wegzuschieben. Mit einigen Ruhepausen konnte so ein Kampf bis zu zwei Stunden dauern. Ergab sich einer der beiden, dann legte er sich in »Demutstellung« flach auf den Bauch. Das bewirkte beim Gegner eine instinktive Hemmung, ihn noch weiter anzugreifen.

Eibl machte den Versuch, Männchen – gleichsam unangemeldet – in fremde Reviere zu versetzen. Sofort kam es dann zu einem weit ernsteren Kampf, in dem die Zähne sehr wohl eingesetzt wurden.

Unser nächstes Ziel war die winzig kleine, wenig besuchte Insel Kokos, die etwa 300 Meilen nordöstlich vom Galapagos-Archipel liegt. Sie diente dem amerikanischen Schriftsteller Stevenson für seinen Roman »Die Schatzinsel« als Vorlage. Denn hier wurden – erwiesenermaßen – nicht weniger als drei Piratenschätze im Gesamtwert von 40–60 Millionen Dollar versteckt.

Die Küsten von Kokos sind steil, und das vulkanische Gestein ist mit einem fast undurchdringlichen Urwalddickicht bedeckt. Es regnet hier fast das ganze Jahr, und meist ist die Insel in dichte Regenwolken eingehüllt und schwer zu finden. Für unseren Film bot dieser romantische Ort

eine ideale Szenerie. In der von mir erdachten Spielhandlung hat Lotte Hinweise dafür, daß einer der Schätze unter Wasser in einer Grotte versteckt wurde. Sie versucht ihn zu finden, wird dann von Haien belagert und von mir schließlich gerettet. All das wollten wir hier filmen.

Als wir uns Kokos näherten, hatten wir das seltene Glück eines Sonnentages. Umgürtet mit schneeweißen Brandungswellen, stieg die leuchtend grüne Insel aus dem tiefblauen Meer. Wir standen alle an Deck und blickten auf die dreihundert Meter hohen Felswände, über die Wasserfälle ins Meer herabstürzten. Wir fuhren erst zur Chatam-Bucht, wo jedoch schwere Dünung herrschte, legten uns dann in einen winzigen Einschnitt zwischen hohen Felswänden und einer kleinen vorgelagerten Insel.

Ich hatte das Gefühl, daß hier unter Wasser einiges Leben herrschen müßte. Wir setzten das Beiboot aus, und knappe zehn Minuten später sprangen wir zu viert, mit zwei Filmkameras versehen, ins schäumende Meer. Sofort sahen wir drei große Hammerhaie. Nebeneinander zogen sie einige Meter unter der Oberfläche durchs Wasser. Sie schenkten uns keinerlei Beachtung.

Der Grund, auf dem wir gelandet waren, war mit Korallen bedeckt, die in zwei bis drei Meter hohen Kuppen emporwuchsen. Ich betrachtete sie mit Ehrfurcht, denn es waren die äußersten, östlichsten Grenzposten in dem großen Indopazifischen Korallengebiet, dessen westlichster Ausläufer der Golf von Suez ist. Während sich im Karibischen Meer eine ganz eigene Korallenfauna entwickelt hat, bildet der Korallenwuchs vom Roten Meer bis über die Südsee hinaus eine große Einheit. Da das Wasser hier für Korallen eher kühl ist, gibt es nur wenige, dafür umso stärker entwickelte Arten. Zwischen den Stökken sahen wir nur vereinzelte Fische – dafür um so mehr Haie.

Nicht weniger als sieben kleine schlanke Haie mit weißer Flossenspitze schwammen in unserem Gesichtskreis. Sie waren eineinhalb bis zwei Meter lang und umkreisten uns in vorsichtiger Entfernung.

Lotte zeigte aufgeregt hinter mich – die Hammerhaie tauchten dort wieder auf. Sie mußten in der Bucht geschlossene Kreise schwimmen, denn sie kamen aus der gleichen Richtung wie zuvor. Den einen, der eine Bißnarbe über den Kiemen hatte, erkannte ich sofort wieder. Diesmal schwamm ich schräg aufwärts direkt auf sie zu, filmte Großaufnahmen ihrer mich anstarrenden Köpfe.

Der hier so seltene Sonnenschein blieb uns für eine ganze Woche lang treu. Wir drehten hier die Szenen, wie die gesamte Mannschaft im Urwalddickicht und in Schluchten nach den Schätzen suchte. Auf dem nächtlichen Deck, von einem Scheinwerfer angestrahlt, filmten wir, wie Lotte einen der Männer in ihren Plan einweiht und ihn zum Komplizen macht.

Unten: Das Taucherteam: Unser Schiffsarzt Dr. Sommer, Hirschel, Jimmy Hodges, Lotte, ich, Eibl-Eibesfeldt und Scheer.

Unten: Jimmy mit einer der beiden Unterwasser-35-mm-Kameras, mit denen wir die Unterwasseraufnahmen für »Unternehmen Xarifa« drehten.

Rechts unten: Gemeinsam mit ihm filmte ich in den gefährlichen Gewässern an der Nordspitze von Kokos vier Meter lange, angreifende Tigerhaie.

Dr. Sommer errichtete hier die erste Amateurfunkstation in der Geschichte der Insel. Funker in aller Welt bemühten sich, mit TI9AA in Kontakt zu kommen. – Rechts oben: Haifische gab es hier in jeder Zahl. Der Korallenwuchs bestand im wesentlichen aus einer einzigen Art, die in diesem Grenzgebiet besonders florierte.

Dr. Sommer schlug an Land ein Zelt auf und errichtete hier die erste Amateurfunkstation in der Geschichte der Insel. In allen Teilen der Welt bemühten sich Amateure, die dem Verlauf unserer Expedition folgten, mit unserem Kokos-Rufzeichen DI 9AA in Kontakt zu kommen. Sie erhielten daraufhin von uns eine schriftliche Bestätigung – die einen beträchtlichen Sammlerwert hatte.

In der Nähe des Ankerplatzes entdeckten wir auf dem Grund ein Wrack und bezogen auch dieses in unsere Filmhandlung mit ein. Wir brachten die Scheinwerfer hinunter, filmten die sich im Inneren verbergenden Schwärme leuchtend roter Fische und die an den Eisenteilen festsitzenden Dornenaustern.

Jimmy und ich fuhren jeden Morgen rings um das Kap der Wafer Bucht, um zu sehen, ob sich die schwere Brandung bei der kleinen Insel Nuez gelegt hätte. Beebe hatte diesen düster aus dem Meer ragenden, prächtig bewachsenen Felskamm mit der Toteninsel von Böcklin verglichen. Die ganze Insel glitzerte von dem Tau, der überall auf den Blättern lag. Schnell und in bizarren Formen flogen dunkle Wolken über den Himmel. Ohne uns aufzuhalten, fuhren wir an der kleinen Bucht vorbei, in der die Hammerhaie wahrscheinlich ihre Kreise schwammen. An den äußersten Felsen des Kaps von Nuez peitschten und züngelten die Wellen.

Wir fuhren bis dicht an die Felsen heran, gingen mit zwei Filmkameras unter Wasser.

Jimmy zeigte abwärts. In 25 Meter Tiefe erschien ein Strom von Haien, wie wir desgleichen noch nie gesehen hatten. Es waren Weißflos-

senhaie, jeder etwa zwei Meter lang. Der Zug schien überhaupt kein Ende zu nehmen. Ich schwamm näher zu Jimmy, da tauchte rechts von uns an der Wand ein großer massiger Körper auf, der ruhig und gerade auf uns zukam. Es war ein vier Meter langer Tigerhai!

Hier bewährten sich unsere elektrisch betriebenen Kameras. Hätten wir erst ein Federwerk aufkurbeln müssen, wäre keiner von uns zu der Aufnahme bereit gewesen. Das Tier kam ruhig und gleichmäßig auf uns zu – ähnlich wie damals der Weiße Hai, als er mich attackierte. Die völlig schwarzen Augen kamen drohend näher. Wir filmten beide das Tier, bis es direkt vor uns war. Dann griff ich schnell nach dem Speer und stieß dem Hai gegen den Kopf. Er machte eine rasche schnelle Drehung – und schwamm ruhig und gerade ins offene Meer.

Da hörte ich einen warnenden Ruf. Ein zweiter Tigerhai kam herangeschwommen: genauso wie der erste, auch genauso groß. Wir filmten, wie er unter uns durchschwamm. Auch diese Tigerhaie reagierten nicht auf Schreie. Daß sie angriffslustig sind, hatte sich deutlich gezeigt.

Dann begann es zu regnen und hörte auch in den folgenden Tagen nicht auf. Wir sagten deshalb Kokos ade und gelangten in zweitägiger Fahrt wieder zum Golf von Panama. Dann, nach der Durchquerung des Kanals, nahmen wir Kurs auf Bonaire, wo wir unsere begonnenen Untersuchungen abschließen und die letzten, für den Film noch erforderlichen Szenen abdrehen wollten.

Wir hatten bereits neunzig Meilen zurückgelegt, da erschütterte ein kreischender Ton das Schiff. Der Motor blieb stehen. Bald meldete uns der Maschineningenieur, daß im Wendegetriebe ein Lager gebrochen sei und die Hauptmaschine nicht weiter verwendet werden dürfe.

Wir zogen die Segel hoch und versuchten, gegen Wind und Strömung aufzukreuzen. Obwohl sich das Wetter verschlechterte, kämpften wir drei Tage lang. Aber unsere Schläge brachten uns immer wieder auf den gleichen Punkt zurück. Schließlich mußten wir einsehen, daß es keinen Sinn hatte. Geschlagen drehten wir bei und segelten nach Panama zurück.

Im Kanalgebiet waren Reparaturen außerordentlich teuer. Wir bestellten ein Ersatzlager aus Deutschland, und als wir das Wendegetriebe ausbauten, zeigte sich, daß noch andere Lager angegriffen waren. All das stellte an die Moral unserer Leute große Anforderungen. Wir hatten acht Monate ausbleiben wollen, und es wurde allmählich klar, daß die Expedition neun, ja sogar zehn Monate dauern würde.

Schließlich konnten wir weiterfahren, doch blieb diese letzte Etappe unserer Reise unter einem schlechten Stern. In Bonaire war der Himmel ständig bewölkt, und nur hier und da brach die Sonne für einige Augenblicke durch. Frierend und mißmutig probten wir unter Wasser die noch nötigen Dialoge und filmten sie. Mir lag sehr am Herzen, die im Roten Meer begonnenen Schwingungsversuche noch auszuführen. Wir hatten nun bessere Geräte, doch hatten wir bisher nicht die nötige Zeit gehabt. Am Ostersonntag meinte Jimmy, das sei der rechte Augenblick, auch noch diese Sache zu erledigen. Hirschel bediente die Magnetophonanlage, Jimmy und ich gingen mit Schußharpune und Unterwassermikrophon unter Wasser.

Um keine störenden Geräusche zu verursachen, bedienten wir uns der Sauerstoffgeräte. Endlich

Hirschel und Scheer bedienen die Magnetophon-Anlage zur Aufnahme der von harpunierten Fischen verursachten Schwingungen. – Jimmy und ich mit Unterwassermikrophon und Harpune. Bei diesem Abstieg fand Jimmy den Tod.

gelang eine gute Aufnahme, ich hob den Daumen, und wir beendeten die Aktion. Da sich das Kabel des Mikrophons in den Korallen verwickelt hatte, dauerte es einige Zeit, ehe ich es freibekam und zur Oberfläche hochschwamm. Dort rief man mir von der 50 Meter entfernt gelegenen »Xarifa« zu, Jimmy sei kurz aufgetaucht, habe gerufen, und wäre dann wieder unter Wasser verschwunden. Ich tauchte wieder hinunter und suchte nach ihm. Ich fand ihn schließlich leblos zwischen den Korallen, das Mundstück des Atemschlauches befand sich nicht mehr in seinem Mund. Ich brachte ihn hoch, doch an Deck stellten wir fest, daß er schon tot war.

Jimmy Hodges war ein so hervorragender Taucher, daß ich ihm nie Vorschriften gemacht hatte. Um beim Filmen einen möglichst konstanten Auftrieb zu haben, hatte er bei Verwendung des Sauerstoffgerätes nur die Hälfte der vorgesehenen Gewichte verwendet und mit sehr geringem Luftvolumen getaucht. Vor dem Abstieg waren Gäste an Bord gewesen, er hatte ihnen das Gerät erklärt und dann wahrscheinlich vergessen, den Sack leerzusaugen. Es war für uns ein furchtbarer Schlag, daß Hodges nach all den gefährlichen Einsätzen bei einer so simplen Arbeit den Tod finden mußte.

Die Expedition, die ich so viele Jahre angestrebt hatte, war zu Ende. Sie war sehr erfolgreich verlaufen, ließ uns aber trotzdem niedergeschlagen zurück. Das Schiff fuhr nach Genua, von wo aus die Expeditionsteilnehmer heimfuhren, und die Mannschaft abmusterte. Lotte und ich beendeten noch einige letzte, unbedingt notwendige Aufnahmen, dann flogen auch wir zurück.

In den Indischen Ozean

Die zweite »Xarifa«-Expedition führte in den Indischen Ozean, zu dem besonders interessanten Atollgebiet der Malediven und zu den einsamen, völlig anders strukturierten Nikobaren. Wir starteten am 15. Oktober 1957 von Cannes und beendeten die Expedition, genau nach Plan, ein Jahr später am 14. Oktober 1958 in Singapore. Wir haben auf dieser Expedition eine Strecke von nicht weniger als 15 000 Kilometer zurückgelegt. Kapitän war diesmal unser früherer zweiter Offizier, Herr Heinrich Becker, der seine Aufgabe hervorragend ausgeführt hat. Lotte blieb winkend auf dem Kai in Cannes zurück. Sie erwartete ein Kind und sollte erst in Colombo wieder zu uns stoßen. Im goldenen Nachmittagslicht blieben der Hafen und die Fassaden der prächtigen Hotels hinter uns zurück. Ich dachte an die drei hektischen Jahre, die seit Rückkehr von der ersten »Xarifa«-Expedition vergangen waren.

Unser Film war ein großer Erfolg geworden und brachte uns mit vielen interessanten Menschen in Verbindung. John Huston, der damals den Monsterfilm »Moby Dick« über den sagenhaften weißen Pottwal drehte, lud uns nach England, in die Filmateliers von Elstree ein, wollte unsere Unterwasseraufnahmen von diesen Tieren sehen und bat mich um Beratung, ob bei seinen künstlich gebildeten und bewegten Walmodellen alles stimmte. Er filmte in mehreren Riesenateliers und führte uns in eines, wo gerade die Szene gedreht wurde, wie Kapitän Ahab – von Gregory Peck gespielt – in schwerem Seegang oben auf dem Rücken des Wales steht und ihm den tödlichen Stoß zu versetzen sucht. In dem Rücken steckten bereits mehrere abgebrochene Harpunen und an diesen hielt sich Gregory Peck fest. Für diese Szene wurde nur der mittlere Teil des Walkörpers benötigt; er war in der riesigen Halle so auf eine zentrale Achse montiert, daß er seitlich hin und hergedreht werden konnte. Ein gigantischer blauer Hintergrund, von zahlreichen starken Scheinwerfern ausgeleuchtet, zeigte auf das treffendste den Himmel über dem Meer. Unter dem Dach der Halle war ein großer Bottich montiert, aus dem, wie in Sturzbächen, Wasser herabfloß. Dies und weitere Vorrichtungen täuschten höchst überzeugend die hohen Wellen und die aufspritzende Gischt vor, in welcher der Wal hin und her schlingerte und Kapitän Ahab mit wilder Entschlossenheit auf seinem Rücken tätig war.

Abends saßen wir gemeinsam mit Gregory Peck und seiner Freundin im Appartement von John Huston, und der österreichische Graf Ledebour, der im Film den tätowierten Harpunier Quiqueck

spielte, kochte gemeinsam mit Lotte Wiener Zwetschgenknödel. John Huston vermittelte mir eine Ahnung davon, wieviel Geld jeder Tag dieser Aufnahmen verschlang und wieviel mit einem solchen Mammutfilm verdient werden konnte. Gerade für Abenteuer im Meer bestünde zur Zeit besonderes Interesse, versicherte er.

Kevin McKluri, der damals den ersten James-Bond-Film vorbereitete – als erster war »Fireball« geplant – lud mich auf die Bahamas ein, wollte mich als Leiter für alle Unterwasseraufnahmen engagieren. Da ich sowieso nach Los Angeles flog, um dort einen »Unterwasser-Oscar« in Empfang zu nehmen, sagte ich zu und verbrachte einige Tage in Nassau. Die vier Finanziers des Films, von denen jeder eine halbe Million Dollar beisteuerte, saßen den ganzen Tag im Pyjama um einen runden Tisch und spielten Poker. Selten lagen weniger auf dem Tisch als 20 000 Dollar – und wenn ich vorbeikam, hieß es: »Hallo, Hans, spielen Sie doch mit!«

Kirk Douglas, der damals in München Jule Verne's »Zwanzigtausend Meilen unter dem Meer« drehte, machte mir den Vorschlag, eine Unterwasser-Fernsehserie mit ihm zu drehen. Er und Lotte würden die Hauptrollen spielen, und wir würden auf der »Xarifa« rings um die Welt fahren. Ich würde das nötige Unterwasser-Knowhow

Wir bekamen viele Angebote für Spielfilme. Kirk Douglas wollte mit uns für das US-Fernsehen die erste Unterwasser-Abenteuerserie drehen.

Premiere unseres Filmes im berühmten Londoner Empire-Kino am Leicester Square. Hier finden alle Premieren, bei denen die königliche Familie anwesend ist, statt. – Unten: Lotte und ich mit unserem Freund Thor Heyerdal und seiner Frau. Daneben: Ankunft zur Premiere in New York. – Rechts: Die Invasion ins Meer setzte ein. Schwimmtaucher wurden zur Erprobung technischer Geräte eingesetzt, drangen mit Spezial-Schutzanzügen unter die Eisdecke von Seen und in die Antarktis vor, machten die ersten Unterwasser-Modeaufnahmen.

Ein Heer von Unterwasser-fotografen ging mit der Kamera auf Fischjagd. In aller Welt wurden mit der »Rolleimarin« prächtige Blitzlichtaufnahmen von den Meerestieren in ihrer natürlichen Umwelt gemacht.

Sporttaucher über einem
neu entdeckten Riff im Pazifik. Der Felsen ist mit farben-
prächtigen Seeanemonen
bewachsen. In strömungs-
reichen Gebieten umkreisen
dichte Fischschwärme die
unterseeischen Gebirgs-
gipfel.

Unterwasser-Safaris im Roten Meer: Oben Paul Hub-
schmid mit seiner Gattin, die
beide begeisterte Schnorch-
ler wurden. Um die Kosten
der »Xarifa« bis zur nächsten
Expedition aufzubringen,
wurde ich unter anderem
zeitweise auch Hotelier.

beisteuern – und wenn ich Lust hätte, könnte ich
auch noch in einer Nebenrolle mitspielen, etwa
als Wissenschaftler.

Von Arthur Brauners CCC-Film in Berlin kam
eine Anfrage, ob ich nicht einen deutschen U-
Boot Kapitän darstellen wollte, der dann Selbst-
mord begeht. Von der Rovere-Film in Rom kam
die Anfrage, ob ich in dem Film »Der Rommel-
Schatz«, der viele Unterwasserszenen enthielt,
einen amerikanischen Agenten spielen würde.
Auch hier wollte ich nein sagen – da bemerkte
ich, daß der Regisseur Romolo Marcellini, ein
bekannter italienischer Taucher war. Ich schrieb
zurück, den Agenten könnte ich nicht spielen,
aber ich wäre bereit, ihnen die »Xarifa« zu ver-
mieten und könnte bei den Unterwasser-Auf-
nahmen mithelfen. Ich war damals sehr in Geld-
not. Ich hatte erhebliche Überholungen an der

»Xarifa« durchführen müssen und für weitere
Expeditionen waren zusätzliche Anschaffungen
nötig. Die Antwort lautete, man würde mit Vergnügen die »Xarifa« mieten, doch hätte man kein
Geld, ob ich ihnen nicht einen deutschen Ver-
leihvertrag vermitteln könnte. Ich sprach mit
einem Verleiher meiner Filme, und dieser war
bereit, sich mit 300 000 DM zu beteiligen, wollte
aber mit Italienern geschäftlich nichts zu tun
haben. Ich war für alles verantwortlich, außerdem mußten zwei deutsche Schauspieler in führenden Rollen spielen – Paul Hubschmid und
Wolfgang Lukschy wurden von ihm ausgewählt.
So wurde ich plötzlich zum Co-Produzenten
eines italienischen Filmes, der auf den Schlacht-
feldern von El Alamein in Nordafrika, auf der
»Xarifa« in Ponza, im Roten Meer und in der
Cine-Citta in Rom gedreht wurde. Mir wurde
dabei klar, daß ich in eine total falsche Fahrbahn
geraten war.

Die einzige angenehme Überraschung bei diesen Spielfilmkontakten war ein Vertrag mit Dino
de Laurentiis, der für den Anfang seines Filmes
»Die Bibel« einige unserer Pottwalaufnahmen
verwenden wollte. Mein englischer Agent verfaßte den Vertrag so, daß er 1000 englische Pfunde
pro verwendete Minute zu zahlen hätte, wobei
eine Minute als Minimum zu zahlen war. Als
später der Film herauskam, stellten wir fest, daß
er nur etwa zehn Sekunden von meinen Aufnahmen enthielt. Also mußte Dino de Laurentiis für
diese zehn Sekunden 1000 Pfund bezahlen –
nach damaligem Kurs 12 000 Mark, die ich
schnell nach Genua überwies.

Der Unterwassersport war inzwischen ungeheuer populär geworden. Überall in der Welt – angeregt durch meine Bücher und Filme und anschließend durch jene von Cousteau – drangen
Sporttaucher mit Atemgeräten ins Meer vor.
Eine schnell anwachsende Industrie entstand,
die Masken, Flossen, Schnorchel, Tauchgeräte,
Unterwasserkameras, Tauchanzüge, Kompres-
soren und vieles andere lieferte. Überall entstanden Tauchclubs; Fachzeitschriften für den
Tauchsport erschienen in verschiedenen Sprachen; die ersten Tieftauchrekorde wurden aufgestellt; Unterwasserjagd-Meisterschaften wurden abgehalten. In vielen der an südlichen Küsten gelegenen Hotels wurden Tauchzentren
eingerichtet, der Tauchlehrer wurde zu einem
neuen Beruf. In der Fischerei verpflichtete man
Schwimmtaucher, sich an Schleppnetzen
festzuhalten und zu beobachten, wie die Trawler
funktionierten und wie die Meerestiere sich verhielten. Die Planungen für künftige Kriegsfüh-

Unterwasser-Tropfsteinhöhlen bei den Bahama-Inseln. Sie entstanden in der letzten Eiszeit, als der Meeresspiegel ca. 100 Meter tiefer lag. Heute sind sie mit Wasser gefüllt und bilden weitverzweigte Labyrinthe unter dem Meeresboden.

steau war der erste, der bei Marseille ein antikes Schiff aus dem Schlamm freilegte. Für die Unterwasserfotografie eröffneten sich durch Blitzlicht und Weitwinkelobjektiv neue faszinierende Dimensionen – was dazu führte, daß die heute gezeigten Unterwasserbilder oft Eindrücke vortäuschen, die kein Taucher je sieht. Ein bedeutsames Problem war die Möglichkeit der Gewinnung von Nahrung aus dem Meer. Unter Wasser ist der Mensch noch Nomade – konnte er nicht auch hier zum Farmer und Züchter werden?

Ich bekam viele Anfragen, hatte unzählige Möglichkeiten »ins Geschäft einzusteigen«. Die Entwicklungslawine, die ich meinem Vater prophezeit hatte, war jetzt überall erkennbar und nahm an Volumen ständig zu. Als ein schweizerisches Touristenunternehmen mir vorschlug, die »Xarifa« ins Rote Meer zu verlegen und dort zwei- oder dreiwöchige Tauchfahrten für wohlhabende Sporttaucher zu organisieren, erklärte ich mich einverstanden. Vielleicht konnte ich so am besten die Zeitspannen überbrücken, bis die Ergebnisse der letzten Expedition aufgearbeitet, und die Vorbereitungen zur nächstfolgenden abgeschlossen waren. Da dieses Angebot völlig neu war, wurde mir empfohlen, zur ersten Reise – auf eigene Kosten – eine möglichst bunte Auswahl von Prominenten und Zeitungsreportern einzuladen. Im Herbst 1956 führten wir diese erste »Unterwasser-Safari« durch: mit einem Filmstar, einem italienischen Prinzen, der hübschen Tochter eines argentinischen Millionärs, der Gattin des Reuter-Korrespondenten für Italien, einem amerikanischen Gesandten, einem ägyptischen Professor, einem jungen Schweizer Draufgänger und einem italienischen Tauchlehrer. Die Reise wurde ein Erfolg.

rung verlagerte sich unter Wasser. Man beschäftigte sich mit den Rechtsproblemen – wem gehörten die Reichtümer des Meeres und jene auf und unter dem Meeresboden? Verbrechen verlagerten sich unter Wasser: Verschwand ein Mensch im Meer, dann war ein Hai daran schuld. Künstler gingen unter Wasser: Sie kamen mit Malereien und Gedichten wieder nach oben. Die Archäologie ging unter Wasser: Cou-

Unten: Überreste eines antiken Schiffes auf dem Grund des Mittelmeeres – ein »Amphorenfeld«.

Links unten: Die Safari-Reisen auf der »Xarifa« leiteten eine neue Ausrichtung im Touristengeschäft ein. Heute gibt es bereits über zwei Millionen Sporttaucher und Tausende von Hotels und Schiffen, die sich in allen südlichen Meeren auf den ständig expandierenden Tauchtourismus spezialisierten.

Als jedoch durch den Assuan-Damm Nasser auf die russische Linie schwenkte, kam es zur Enteignung des Suez-Kanals, dann zum Sieben-Tage-Krieg... Es konnten nur noch wenige Reisen mit zahlenden Gästen durchgeführt werden. Nachträglich stellte ich fest, daß auch dies keine Lösung meiner Probleme, sondern ein Abweg gewesen war. Ich beneidete Cousteau, den Schiff und Mannschaft nichts kosteten, der mir erzählte, wie es ihm gelang, außer der Unterstützung durch die französische Marine noch zwei weitere Ministerien zur Finanzierung seiner Projekte zu gewinnen. Im Siegerland Frankreich war das möglich – in Österreich und Deutschland war der Staatssäckel durch dringendere Belange überlastet.

Aber vielleicht bestand doch noch eine Chance. Gemeinsam mit Eibl fuhr ich durch Deutschland, Österreich und die Schweiz – kreuz und quer – wir besuchten alle Biologen von Rang und Namen. Nicht weniger als 26 – unter ihnen von Holst, Stresemann, Heberer, Hediger, Koehler, von Marinelli sowie die beiden späteren Nobelpreisträger Konrad Lorenz und Karl von Frisch traten einem Komitee bei, das sich für eine Finanzierung weiterer Forschungsfahrten der »Xarifa« durch staatliche und wissenschaftliche Stellen einsetzen wollte. Jeder der Herren verfaßte ein Gutachten, und bei der Jahresversammlung der Deutschen Zoologischen Gesellschaft wurde dann ein entsprechender Antrag gestellt.

Die »Xarifa« sollte in ähnlicher Art wie die Zoologische Station in Neapel über die Vermietung von »Arbeitsplätzen« finanziert werden. Das Schiff konnte jeweils 6 teilnehmenden Wissenschaftlern Unterkunft und Arbeitsmöglichkeit bieten: Jeder Arbeitsplatz sollte pro Jahr 25 000 Mark kosten. Die ersten beiden Fahrten projektierten wir nach dem Indischen Ozean: nach den Malediven und den Sunda-Inseln. Dann sollte das Schiff in Port Darwin an der nordaustralischen Küste stationiert werden und von dort aus Fahrten in die Arafura-See, nach den Salomonen und in weitere Gebiete des melanesischen und polynesischen Raumes ausführen.

Die Deutsche Foschungsgemeinschaft stellte uns in Aussicht, drei dieser Arbeitsplätze zu übernehmen – unter der Bedingung, daß die Finanzierung der übrigen gesichert sei. Unsere Bemühungen führten dazu, daß die Max-Planck-Gesellschaft einen dieser Arbeitsplätze und das Land Nordrhein-Westfalen den zweiten übernahm. Die Finanzierung des letzten konnte ich über die Vergabe von Fernsehrechten selbst garantieren.

Ich atmete auf und wandte mich mit aller Kraft der Vorbereitung dieses großen Unternehmens zu. Die Arbeiten im Indischen Ozean stellten uns vor besondere Probleme. In den Malediven waren wir auf Monate von der Welt abgeschnitten und mußten uns deshalb in jeder Lage selbst helfen können. Für die elf wichtigsten Motoren, Pumpen und Aggregate der »Xarifa« mußten alle denkbar nötigen Reserveteile mitgenommen werden, bzw. mußten wir in der Lage sein, gebrochene Teile selbst neu zu erstellen. Proviant oder Treibstoff konnte nach den nautischen Handbüchern in den Malediven kaum oder gar nicht bezogen werden, und ein weiteres Problem war das Süßwasser. Auf einigen der Inseln gab es nach der Karte kleine Süßwasserseen, doch konnte dort die »Xarifa« wegen der Riffe nicht nahe genug heran. Wir sahen deshalb einen mehrere hundert Meter langen Schlauch samt Pumpe vor.

Besondere Sorge bereitete uns die Küche. Propangas, mit dem wir bisher an Bord kochten, darf, da es schwerer als Luft ist, aus Sicherheitsgründen nicht unter Deck gelagert werden. Auf Nachfüllung der Flaschen in den Häfen konnten wir uns aber nicht verlassen, denn jedes Land hatte da seine eigenen Anschlußgewinde und Prüfvorschriften. Wir richteten uns

Die Mitglieder des beratenden Komitees, das sich für eine Finanzierung der »Xarifa« durch wissenschaftliche und staatliche Stellen einsetzte. Das Schiff sollte als schwimmende Forschungsstation mit laufenden Forschungsprogrammen in tropischen Meeren tätig sein.

An Bord der »Xarifa« verfügten wir über ein Mikro-Labor, wo wir aus dem Meer hochgebrachte Kleinlebewesen in beliebiger Vergrößerung filmen konnten. Eine direkt über den Riffen verankerte »biologische Station« hat den Vorteil, einen unmittelbaren Kontakt zu den Studienobjekten zu ermöglichen.

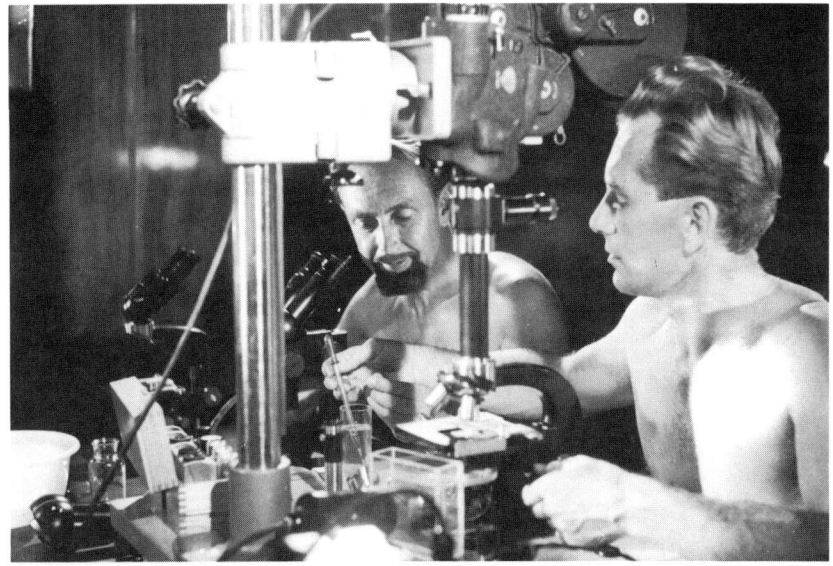

Wir waren mit der ersten Unterwasser-Fernsehanlage ausgerüstet, die ebenfalls Kameramann Hirschel bediente. Sie ermöglichte uns ungestörte Beobachtung des Verhaltens von Meerestieren – auch bei Nacht.

deshalb auf eine mögliche Umstellung des Herdes und Backofens auf Petroleum ein. Schwarzbrot und Vollkornbrot war in Italien nicht aufzutreiben. Also bestellten wir es aus Deutschland.

Dann stellte sich auf der Werft in Genua heraus, daß die Angeln des Steuerruders der »Xarifa« erneuert werden mußten. Kostenpunkt eine halbe Million Lire. Das Deck mußte nachkalfatert werden: 100000 Lire. Sechs Arbeitstische für die Wissenschaftler: 400000 Lire. Eine neue Schiffsbatterie: etwa 5000 Sfr. Ein modernes selbstaufblasbares Gummirettungsfloß: 2700 DM... die Liste ging noch lange weiter.

Eibl war es nach der letzten Expedition geglückt, bei der UNESCO zu erreichen, daß die Galapagos-Inseln zum Naturschutzgebiet erklärt und dort eine biologische Station eingerichtet wurde. Wegen wichtiger Verhandlungen an Ort und Stelle konnte er erst in Aden zusteigen. Wir legten fest, daß bis dorthin Prof. Luther, der besonders am Studium von Symbiosen interessiert war, seinen Arbeitsplatz übernahm. Insgesamt nahmen vier weitere Zoologen verschiedener Fachrichtungen an der Expedition teil. Unser Badezimmer verwandelten wir in ein physiologisches Labor. Eine deutsche Firma hatte uns diesmal mit einer Unterwasserfernsehanlage ausgerüstet. Außerdem hatten wir eine Telerecordinganlage anfertigen lassen. Als Hilfskraft für die Wissenschaftler begleitete uns diesmal Klaus Wissel, der damals beste deutsche Sporttaucher.

Alles war vorbereitet, da traf uns ein unerwarteter Schlag. Die Deutsche Forschungsgemeinschaft, die ja die Hälfte der Kosten übernehmen sollte, verschob ihre formelle Zusage von Monat zu Monat – eine Formsache, wie man uns sagte. Drei Wochen vor dem Abfahrtstermin erhielten wir dann einen negativen Bescheid. Ich war jedoch nicht bereit, das Unternehmen daran scheitern zu lassen, sondern flog nach Stuttgart und London und verpflichtete mich, für das deutsche und englische Fernsehen 26 Halbstundenfilme über den Verlauf unserer Arbeiten zu drehen. Dadurch war die Finanzierung des ersten Jahres, und die Teilnahme der vorgesehenen Herren gesichert. Für mich bedeutete dies wohl eine gewaltige zusätzliche Belastung, doch war ich trotzdem guter Dinge, weil ich mir diesmal keine Spielfilmhandlung ausdenken mußte, sondern einem großen Zuschauerkreis die Vorzüge der freischwimmenden Forschungsmethode und ihre Ergebnisse vor Augen führen konnte.

Schließlich verschwand Cannes hinter uns. Wir passierten Malta, durchquerten den Suezkanal und fuhren direkt zum Bluff Point in der Straße von Gubal, wo ich bei den Safari-Fahrten eine geschützte Bucht gefunden hatte, die sich zur Einschulung der mitfahrenden Wissenschaftler bestens eignete. Scheer, Hirschel und Wissel waren bereits erfahrene Taucher; Franzisket, Klausewitz, Gerlach und Prof. Luther erhielten hier ihre erste Lektion.

Auch diesmal zeigte sich, wie schnell Wissenschaftler, auch wenn sie über keine sportlichen Fähigkeiten verfügen, zu guten und disziplinierten Tauchern werden.

Kaum eine Meile von der Bucht entfernt, lag jenseits des Bluff Point, wo starke Strömungen herrschen, in 40 Meter Tiefe ein wunderschönes Wrack. Es war ein Eisenschiff, das vor damals 60 Jahren hier gestrandet war und dessen verbliebenes Geripe nun wie von einer Dornrös-

126

Prof. Luther und Dr. Kost bei der Untersuchung einer aus den Riffen hochgebrachten Krabbe. – Für Dr. Franzisket hatten wir unser Badezimmer in ein physiologisches Labor verwandelt. Hier befaßte er sich mit der Untersuchung der Kalkabscheidung von Korallen. – Ganz unten: Dr. Klausewitz bei der systematischen Untersuchung von Fischen. – Daneben: Dr. Scheer, der Korallen und ihren Wuchs studierte, hatte ebenfalls einen luftigen Arbeitsplatz an Deck.

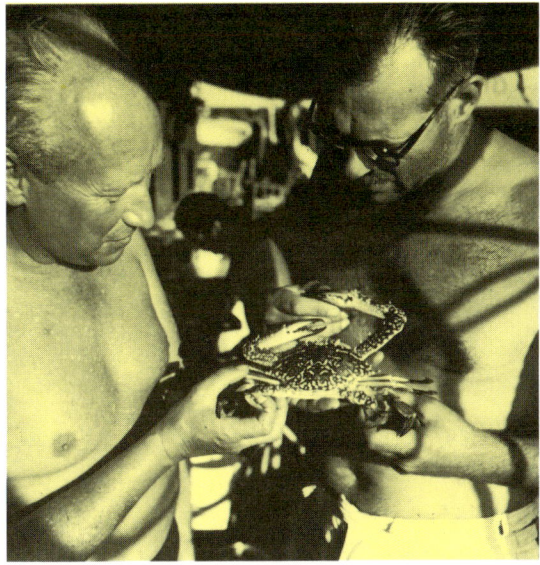

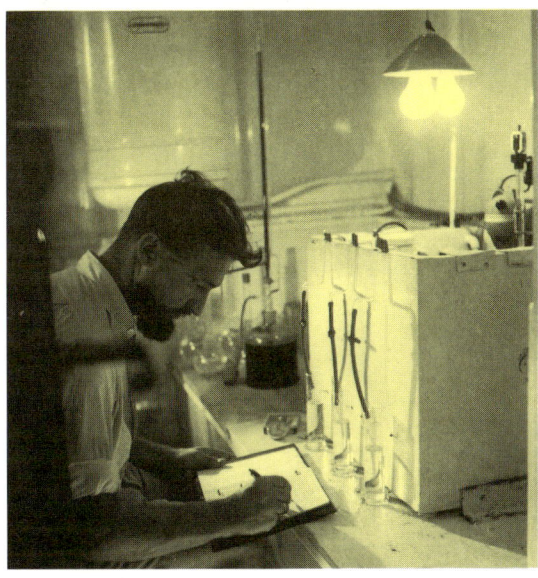

Oben: Die »Xarifa« auf hoher See. Bei stärkerem Seegang gab der Koch das Essen an Deck aus, und wir aßen direkt bei der Kombüse.

chenhecke mit Korallen überwachsen war. Dorthin führte ich Hirschel und Wissel, die hier so ziemlich das Schönste und Aufregendste sehen konnten, was das Rote Meer zu bieten hat. Unzählige kleine und große Fische umkreisten und bevölkerten diese Ruine – die ich 20 Jahre später nur noch als einen Schutthaufen wiedersah. Ich führte die beiden in die dunklen Innenräume, wo sich in den hintersten dunkelsten Ecken besonders prächtige Zacken- und Dornenaustern ausgebildet hatten. Bei den Safari-Fahrten hatte ich sie niemandem gezeigt, diesmal nahmen wir die schönsten Stücke für Museen mit. Ihre zierliche und künstlerisch vollendete Form legt die Frage nahe, warum die Natur im entlegensten Dunkel so erlesene Schönheit hervorbringt. Die Antwort ist: Was uns schön erscheint, entstand im Dienst einer sehr praktischen und lebensnotwendigen Aufgabe. Die verzahnte Schalenform und die spitzen Dornen sind ein wirkungsvoller Schutz gegen den Hauptfeind aller Muscheln, den Seestern, und hindern ihn, sich an ihren Schalen festzusaugen und sie gewaltsam zu öffnen.

Wir schwammen rings um das gesamte Wrack, und ich beobachtete, wie ruhig und umsichtig Wissel tauchte und unter Wasser fotografierte. Im Roten Meer zu tauchen, bedeutete für ihn die Erfüllung seines Lebenswunsches. Keiner von uns ahnte, daß ihm nur noch wenige Tauchabstiege bevorstanden.

Dann fuhren wir weiter nach Shaab Ambar, einem besonders interessanten Riff nordöstlich von Port Sudan, wo unsere wissenschaftliche Arbeit begann. Wir arbeiteten hier an verschiedenen Plätzen in zwei Gruppen. Während Klausewitz und unser Schiffsarzt, Dr. Kost, der sich auch als Verhaltensforscher betätigte, von Wissel und Scheer unter Wasser geführt wurden, tauchte ich in einiger Entfernung bei anderen Riffen mit Franzisket und Prof. Luther.

Als wir gegen Mittag von einem Tauchabstieg hochkamen, knatterte das Boot mit Scheer eilig heran. Wir sollten sofort zur »Xarifa« kommen, Wissel sei verunglückt, wahrscheinlich tot. Er hatte zuerst mit den Wissenschaftlern getaucht und war dann noch allein ins Seichte geschwommen, um dort Fische zu fotografieren. Als Scheer ihn nach einer Weile suchte, fand er ihn über zweieinhalb Meter tiefem, aber flachem Grund leblos im Wasser hängend. Der Atemschlauch befand sich nicht mehr in seinem Mund, die Kamera lag ein paar Meter entfernt auf den Korallen. Man hatte ihn ins Boot geschafft, und Dr. Kost hatte sofort mit Wiederbelebungsversuchen begonnen.

Wissel war offenbar schon tot, als man ihn ins Boot gebracht hatte.

Knapp vor Abfahrt hatte mir Wissel verraten, daß er an einem kompensierten Herzfehler litt. Zwei deutsche Ärzte hatten ihm gesagt, daß er damit jeden Tag sterben, aber auch neunzig Jahre alt werden könnte. Die ungewohnte Hitze und die Anstrengung beim Fotografieren im seichten Wasser hatten nun den Ausschlag gegeben. Dies gehört zum Schwierigsten und Anstrengendsten, das es für einen Taucher gibt. Denn im seichten Wasser wird man ständig von den Wellen und Strömungen hin und her geschaukelt, und die hier schwimmenden Fische verhalten sich unruhig und scheu. Sie scharf ins Bild zu bekommen und im richtigen Augenblick zu fotografieren, ist äußerst anstrengend.

Ich dachte an seine Frau – und ich dachte an Lotte, die fast zur gleichen Zeit mit unserem Kind niederkam. Wie ließ es sich verhindern, daß diese schreckliche Nachricht die beiden Frauen erreichte? Nach geltendem Seerecht mußte ein Toter im nächstliegenden Hafen bestattet werden: das war Port Sudan. Es konnte nicht ausbleiben, daß von dort die Nachricht durch die Presse ihren Lauf nahm.

Eine Ausnahme gab es allerdings dann, wenn das Schiff aus nautischen Gründen nicht in der Lage war, innerhalb von 24 Stunden einen Hafen anzulaufen. Dann durfte – ja mußte der Tote auf See bestattet werden. Als ich Kapitän Becker in seiner Kabine aufsuchte, sah er mich prüfend an und sprach lange kein Wort. Dann führte er mich an Deck und zeigte auf eine über dem Festland befindliche Wolke.

»Dort kommt ein Sturm auf«, sagte er. »Ich kann unmöglich verantworten, daß wir unter diesen Bedingungen das Atoll verlassen und Port Sudan anlaufen.« –

Wir bahrten den Toten in der Messe auf, nahmen in einer kurzen, feierlichen Andacht von ihm Abschied. Noch während der Nacht nähte Kapitän Becker ihn nach alter Segelschiffsart in grobes Segelleinen ein und befestigte darüber die deutsche Fahne. Zeitig morgens führten wir ihn bei einsetzenden Regenböen mit dem Boot aus dem Riffring heraus und senkten ihn im offenen Meer zur letzten Ruhe – wie es auch sicher seinem Wunsch entsprochen hätte. Seine Tauchmaske und seine Flossen ließen wir ihm folgen.

Es war nun aller Wunsch, Shaab Ambar möglichst schnell zu verlassen. Deshalb segelten wir, sobald das Wetter es wieder zuließ, gen Süden weiter und wählten als nächsten Arbeitsplatz die beiden langgestreckten Inseln Sarso und Sarad

Eine unserer zahlreichen Entdeckungen bei den Sarso-Inseln im Roten Meer: die Symbiose zwischen einem Krebs und einem Fisch. Sie leben gemeinsam in einem Sandloch, das die Garnele sauber hält, indem sie eindringenden Sand auf ihren Scheren aus dem Loch hinaus befördert. Von den Mahlzeiten des Fisches – einer Grundel – fällt meist auch einiges für den Krebs ab.

Sarso innerhalb der Farsan-Gruppe an der saudiarabischen Küste. Dieser Platz bot uns einen guten Ankergrund und war so entlegen, daß wir hier sicher sein durften, daß keine Nachricht zu den beiden Frauen gelangte. Daß unser Funkgerät ausfiel, war eben eine Panne.

Das Wasser war hier nicht sehr klar, doch gab es schöne Riffe. Außerdem erstreckten sich entlang der Küsten unterseeische Wälder von Sargassum-Tang, in denen wir eine ganz eigene Lebensgemeinschaft kennenlernten. Ungeheure Schwärme von Jungfischen fluteten hier kreuz und quer.

Die Tageseinteilung der einzelnen Teilnehmer und die Verwendung der Boote spielte sich nun gut ein. Die Deckmannschaft überholte Takelage und Segel, während unser Maschinist einige notwendige Reparaturen ausführte. Allmählich überwanden wir den erlittenen Schock.

Eine interessante Entdeckung machten wir auf sandigem Grund. In kleinen Löchern unter Gesteinsbrocken fanden wir – zur besonderen Freude von Prof. Luther – eine kuriose Gemeinschaft zwischen einem Krebs und einem Fisch. Der Fisch, mit prächtigem Augenmuster an den Seiten, war ein Gobius – später von Klausewitz als neue Art beschrieben und Cryptocentrus Lutheri benannt. Der Krebs ein Alpheus djibutiensis. Während der Fisch meist ruhig vor dem Loch stand, hielt der Krebs die gemeinsame Wohnhöhle sauber. Er trug auf seinen Scheren, wie auf einem Präsentierteller, Sand heraus, packte mit den Scheren Steine, die in das Loch geraten waren und entfernte sie. Dann wanderte er zurück und bürstete mit seinen Ruderfüßen die letzten störenden Sandkörner weg. Es war eine noch unbekannte Form von Symbiose. Der Krebs sorgte für die Sauberkeit im gemeinsamen Heim. Der Fisch war für den kleineren Krebs ein Schutz, außerdem fiel von den Mahlzeiten des Fisches auch immer etwas für ihn ab.

Bei näherer Untersuchung erwiesen sich die öden Sandwüsten zwischen den Korallenriffen als wesentlich dichter bevölkert als gedacht. Nur die pflanzenhaft hochwuchernden Korallen und Schwärme fehlten hier, da ihre Larven auf dem lockeren Boden nirgends eine geeignete Unterlage zum Errichten ihrer Bauwerke finden konnten. Unter den freibeweglichen Tieren gab es dagegen kaum eine Gruppe, die nicht mit zahlreichen, hochspezialisierten Formen unter den Sandbewohnern vertreten war.

Der Grund dafür ist, daß sich zwischen den einzelnen Sandkörnchen, dem Auge unsichtbar, eine bunte Menagerie von Kleinlebewesen tummelt: Strudel- und Fadenwürmer, Bärtierchen, Rädertierchen, Muschelkrebse, Ruderfüßer und andere mehr. Viele sind nur den Bruchteil eines Millimeters lang, alle sind schlank und beweglich und gut geeignet, um in der unterirdischen Felsengalerie der Sandkörner umherzustreifen. Sie bilden in ihrer Vielfalt gleichsam eine Nahrungswiese, auf der größere, sich in den Sand einwühlende Spezialisten weiden. Stachelhäuter, Mollusken, aber auch größere Würmer und allerlei Fische fressen den Sand, mit allem, was er enthält, verdauen die organische Substanz und scheiden den Rest wieder aus. Räuberische Krebse und Schnecken wühlen sich in das Sandgeröll ein und stellen ihrerseits anderen Untersand-Spezialisten nach. Noch größere Räuber sorgen schließlich dafür, daß auch den kleineren Kollegen das Leben nicht zu leicht wird.

Ich filmte hier die ersten beiden der 26 Programme – eines über die Untersuchungen von Gerlach, das zweite über das ungemein reiche Leben in den Wäldern von Sargassum-Tang. Nach zwei Wochen fuhren wir weiter, um durch das Bab el Mandeb, die »Straße der Tränen«, in den Indischen Ozean zu gelangen.

Aber diese Meerenge machte ihrem Namen auch in unserem Fall alle Ehre. Wir kämpften zwei Tage lang gegen heftigen Gegenwind, starke entgegenlaufende Strömung und hohen Wellengang an. Aber es war aussichtslos. Wir kamen kaum vorwärts. Schließlich gaben wir es auf, fuhren bis Massaua zurück und warteten dort besseres Wetter ab. Erst beim zweiten Anlauf gelang uns die Ausfahrt aus dem Roten Meer.

In Aden nahmen wir Eibl an Bord. Von ihm erfuhren wir, daß Frau Wissel einem Mädchen das Leben geschenkt hatte, und daß auch ich Vater eines Mädchens geworden war.

Wir tauchten zwei Tage lang bei der kleinen Insel Abdel Kuri vor der Ostspitze von Afrika und nahmen dann Kurs auf die Malediven – die Weite des Indischen Ozeans nahm uns auf. Zuerst hatten wir gutes Wetter. Mit vollen Segeln schnitt die »Xarifa« durch die weite schwingende Dünung. Nach Überschreiten des fünften Breitengrades ließ die Dünung merklich nach. Der Wind flaute ab, und wir mußten den Motor anwerfen. Das Meer wurde jetzt bleigrau und völlig glatt. Einige kleine Wale mit weißgefleckten Köpfen sprangen auf. Dann begann es zu regnen.

Heute fliegt man im Direktflug in zehn Stunden nach den Malediven – damals gehörten diese Inseln zu den entlegensten der Welt. Unser erstes Ziel war das südlichste, jenseits des Äquators liegende Atoll Addu.

In den Malediven

Neben dem großen Barriereriff von Australien ist das riesige Atollgebiet der Malediven das zweite große Weltwunder im Unterwasserraum. Wie eine von der Natur geformte bizarre Halskette besteht es aus zwölf großen und zahlreichen kleineren Riffringen, die in einer Doppelreihe nord-südlich verlaufen. Sie schließen sich dann beim zweiten Breitengrad wieder zum Ring, an den noch ein weiterer, besonders großer Riffring als prächtiger Anhänger anschließt, gefolgt von einem noch kleineren – dem schon jenseits des Äquator liegenden Addu Atoll.

Dieses erstaunliche, vom abgrundtiefen Meer umgebene Korallengebilde ist nicht weniger als 900 Kilometer lang, und, als zusätzliche Kuriosität, ist jeder der größeren Riffringe selbst wieder aus unzähligen, winzig kleinen aufgebaut – »Faros« genannt. Diese liegen wie Perlen entlang der Ränder, sind aber auch noch im Inneren der Großringe zwischen punktartigen Riffen verstreut.

Schon Darwin, der die Malediven selbst nie kennenlernte, machte sich auf Grund der vorzüglichen englischen Seekarten über diese kleinen Ringe, welche die großen aufbauen, seine Gedanken. Nach seiner berühmten Theorie entstehen Atolle durch Absinken von Inseln, indem das ursprüngliche Saumriff höher wächst und so – wenn die Insel dann völlig verschwunden ist – als Ring verbleibt. Für die kleinen »Faros« war diese Entstehungsweise nicht denkbar, so winzige Inseln konnten hier nicht versunken sein. Er nahm an, daß die »Faros« durch Absinken von Riffen entstanden seien.

Inzwischen waren verschiedene andere Theorien der Atollbildung vorgebracht worden, doch keiner der Autoren hatte sich selbst zur Untersuchung unter Wasser begeben. Die Malediven boten dazu ideale Bedingungen. Da es hier Riffringe jeder Größe gab – manche von kaum einem Kilometer im Durchmesser und andere über 60 Kilometer groß – konnte ich hier vielleicht durch Studium der Situation auf dem Meeresgrund Anhaltspunkte gewinnen, die zur Klärung der vielumstrittenen Problematik beitrugen. Dafür allerdings – wie auch zur Festlegung der besten Arbeitsplätze für unsere Expedition – war ungemein wichtig, das Gesamtgebiet vom Flugzeug aus zu betrachten.

Die Malediven, ein Sultanat, gehörten zum British Commonwealth, und ich hatte in Großbritannien die Erlaubnis für diese Expedition erwirkt. Außerdem hatte ich mich dort nach einer Möglichkeit umgesehen, ein Flugzeug für einen Flug von Colombo aus zu mieten. Die Strecke von über 1000 Meilen konnte jedoch unmöglich

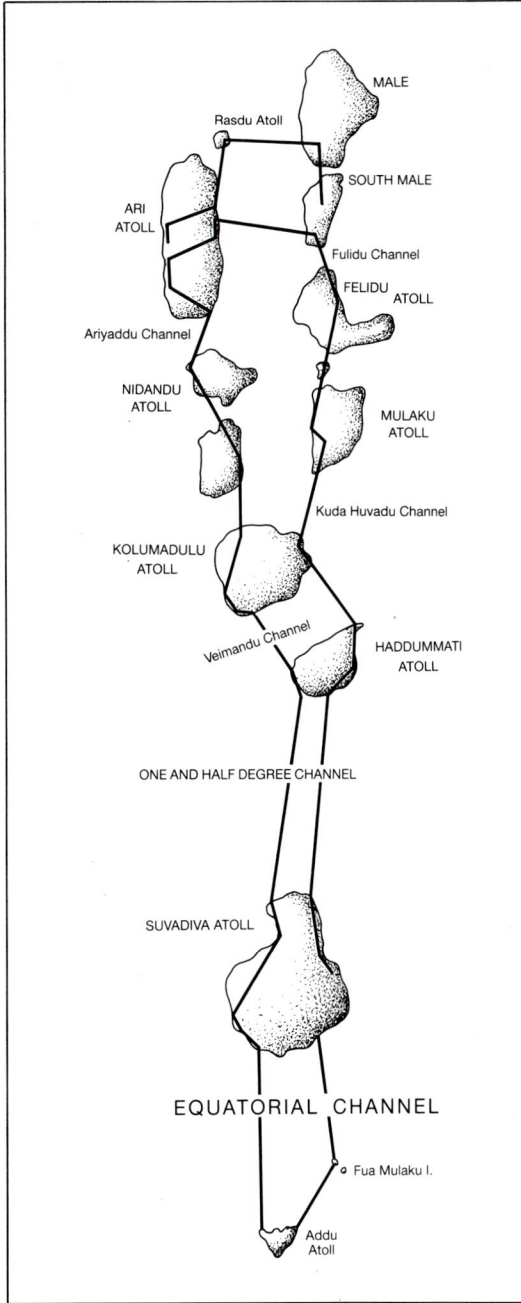

Die Atolle der Malediven, die sich 900 Kilometer weit nord-südlich bis über den Äquator erstrecken, erheben sich über massiven Sockeln, die steil aus großer Tiefe emporsteigen. In ihrer Anordnung bilden sie ein Geschmeide mit Anhänger. Unsere Fahrtroute, die bei Addu begann, folgte teilweise dem gleichen Weg, den der Faden einer solchen Halskette nehmen würde. – Oben: Damals trugen viele der Malediverinnen und Kinder goldenen Schmuck.

von einem Sportflugzeug bewältigt werden. Dann hatte ich erfahren, daß auf der Insel Gan im Addu Atoll von der Britischen Luftwaffe eine Landebahn errichtet wurde. Näheres konnte ich nicht ermitteln, doch hatte ich mich entschlossen, auf gut Glück dorthin zu fahren. Mit einem der Militärflugzeuge mußte es von dort aus möglich sein, zumindest den größten Teil der Atollringe zu überfliegen. Eine Fernsehserie, welche die BBC über Lotte und mich gedreht hatte, war als deren erfolgreichstes Programm des Jahres eingestuft worden, und so hatte ich alle Hoff-

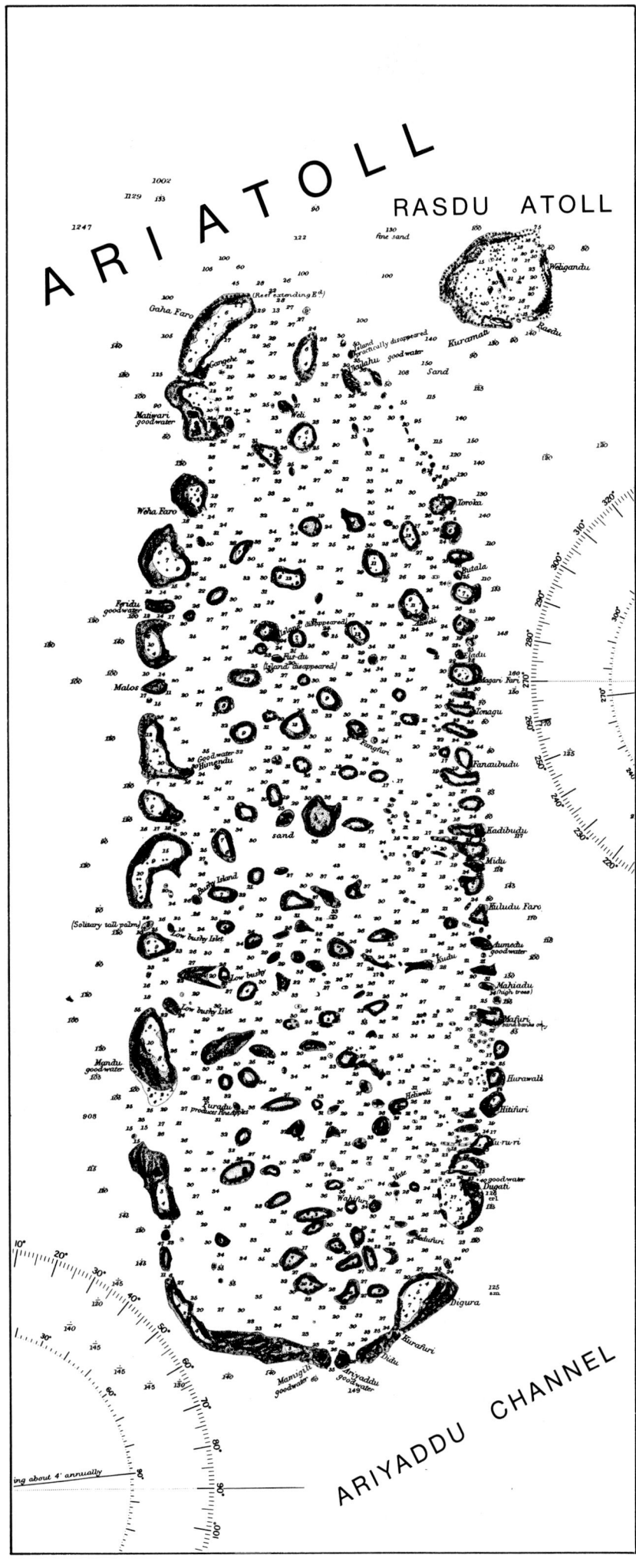

Das Ari-Atoll. Der riesige Riffring besteht aus kleinen Ringen (Faros), die sich auch im Inneren des Atolls bilden. Man kann hier sehen, wie pilzartig hochwachsende Riffe an der Oberfläche breiter werden, dann in der Mitte einsacken und eine Lagune bilden.

nung, daß uns die hier gerade stationierten Offiziere im Rahmen ihrer Übungsflüge mitnehmen und uns so diese wichtige Flugerkundung ermöglichen würden.

Dann hatte sich aber für einen der Professoren unseres Komitees die Möglichkeit ergeben, an unseren Arbeiten in den Malediven teilzunehmen – sofern er nach drei Monaten wieder zu seiner Lehrkanzel nach Heidelberg zurückkehren konnte. Die einzige praktische Lösung dafür war die Flugverbindung der Royal Air Force von Gan nach Ceylon, und ich hatte dafür eine mündliche Zusage erhalten. Die Deutsche Forschungsgemeinschaft – die uns auch hier kein Glück bescherte – hatte jedoch auf einer schriftlichen Zusage bestanden. So mußte ich mich schweren Herzens mit einem offiziellen Antrag an das Air Ministry wenden und legte aus taktischen Gründen eine Befürwortung der BBC bei, uns für die geplanten Filme Flugaufnahmen zu gestatten. Wie so oft zeigte sich hier, daß über offizielle Wege unlösbar wird, was über persönlichen Kontakt leicht zu erwirken ist. Die freundliche Antwort lautete: leider, nein.

Jetzt liefen wir durch den engen Kanal von Addu in das Atoll ein und legten uns direkt vor dem englischen Stützpunkt vor Anker. Der Kommandant – Wing Commander Roy Schofield – kam selbst an Bord und begrüßte uns herzlich. Bei einem Sherry in unserer Kajüte erzählte ich ihm von unseren Absichten, von der Wichtigkeit der Flugerkundung und erwähnte auch wahrheitsgetreu meinen Antrag und den ungünstigen Bescheid. Er ließ mich in aller Ruhe zu Ende reden, dann erfuhr ich, daß er ohnedies Durchschläge meines Briefwechsels erhalten hatte.

»Schade«, sagte er. »Ich hätte Sie leicht auf einen Übungsflug mitnehmen können. Aber so sind mir natürlich die Hände gebunden.«

Die beste Regel bei solchen Rückschlägen ist, geduldig zu sein. Da sich Addu vorzüglich als erstes Untersuchungsgebiet eignete, blieben wir hier sechs Wochen. Die englischen Offiziere waren am Tauchen interessiert, und wir feierten den Weihnachtsabend gemeinsam. Als ich dann die »Xarifa« an einen entfernten, für unsere Untersuchungen besonders geeigneten Platz in der geräumigen Lagune verlegte, besuchte uns Roy Schofield jeden Sonntag, und wurde in kurzer Zeit zu einem hervorragenden Taucher, der an vielen interessanten Einsätzen teilnahm. Eines Tages rief er dann per Funktelefon an, der Oberkommandierende der Britischen Luftstreitkräfte im Fernen Osten, Earl of Bandon, käme gemeinsam mit drei Luftmarschällen zu einer Inspektion, ich sei abends zum Diner in der

Offiziersmesse freundlich eingeladen. Es wurde ein besonders netter Abend, an dem ich viel über unsere Arbeit erzählen mußte. Roy sah einmal verschmitzt zu mir herüber. Am nächsten Morgen erzählte er mir so nebenbei, daß der Commander in Chief ihm inoffiziell die Sanktion für unseren Flug gegeben habe. Er könne das nun sehr gut mit einem ohnedies erforderlichen Kontrollflug verbinden.

Hirschel und ich, jeder mit mehreren Kameras bewaffnet, begleiteten ihn. Wir hatten die Route und die für uns wichtigen Aufnahmen im voraus genau festgelegt und arbeiteten beide wie Maschinen. Roy umkreiste mit großer Bereitwilligkeit jeden uns interessierenden Platz. Nachdem er nun die Riffe von unten her kannte, interessierte ihn die Vogelschau nicht weniger als uns.

Anhand dieser Beobachtungen und der anschließend entwickelten Aufnahmen konnten wir nun die für unsere Forschungsabsichten günstigste Route festlegen. Mich brachte die Betrachtung der Riffe und Faros aus der Luft auf einen Gedanken, der eine von den bisherigen Theorien der Atollbildung durchaus abweichende Entstehungsweise der Riffringe nahelegte. Vom Flugzeug aus sahen wir praktisch jeden Übergang von hochwachsenden Riffen, die noch nicht bis zur Oberfläche gelangt waren, zu solchen, die sie eben erreicht hatten und eine weiße Brandungsmütze zeigten... zu weiteren, die sich immer mehr ausdehnten und eine entsprechend große Riffplatte ausgebildet hatten, die in der Mitte verödete, während an den Außenrändern üppiger Korallenwuchs zu erkennen war... zu solchen, bei denen die verödete Mitte wie ein Kuchen einzusacken begann und

eine Lagune bildete... zu noch größeren, bei denen auch die Lagune entsprechend tiefer war... und schließlich zu solchen, an deren Rändern sich Sandbänke und Inseln gebildet hatten und bei denen der Riffring vielfach Öffnungen zeigte, durch die bei Ebbe und Flut das Meer in die Lagune ein- und ausströmte und bei denen vom Boden der Lagune wieder kleine punktförmige Riffe hochwuchsen.

Ich gewann den Eindruck, daß die hier hochwachsenden und sich vergrößernden Riffe in der Mitte zuerst verödeten und dann einsanken, und zwar um so mehr, je weiter sie sich ausdehnten.

Untersuchungen, die ich dann bei zahlreichen Riffen und Faros ausführte, deckten einen Zusammenhang auf, der das alte Problem in ein neues Licht rückte. Bisher wurde als recht selbstverständlich angenommen, daß jedes Korallenriff eine solide, felsenhafte Struktur darstellt. Und wer die Oberseite eines Riffes – die »Riffplatte« – untersucht, kann kaum zu einem anderen Schluß kommen. Denn man steht hier auf einem Gestein, das an Beton erinnert. Betrachtet man dagegen unter Wasser, wie die Abhänge hochwachsender und sich dann ausbreitender Riffe beschaffen sind, dann ergibt sich ein ganz anderes Bild. Besonders die verzweigten Korallenarten wuchern in einem durchaus losen Gerüstwerk übereinander; sterben sie ab und brechen sie los, dann rollen sie über den Hang hinunter und bilden eine locker geschichtete Schutthalde, die in einem Winkel von etwa 45 Grad weiter in die Tiefe führt.

Ich versuchte, in 15 Meter Tiefe seitlich einen Stollen in einen Riffhang vorzutreiben, was mir mit bloßen Händen auch ohne weiteres gelang.

Oben: Ein Faro, auf dem sich bereits eine Insel gebildet hat. Je größer diese Riffringe werden, umso tiefer wird die Lagune. Nach meiner Theorie sackt die auf losem Geröll ruhende Riffplatte in der Mitte wie ein Kuchen ein. – Darunter: Wing Commander Roy Schofield von der Royal Air Force ermöglichte mir eine Erkundung des ganzen Gebietes vom Flugzeug aus.

Nach der Theorie von Darwin entstehen Atolle durch Absinken von Inseln. Bei den Malediven trifft dies offensichtlich nicht zu. Nach der von mir veröffentlichten Theorie entstehen die kleinen Riffringe aus Riffen, die sich ausbreiten und dann in der Mitte einsacken.

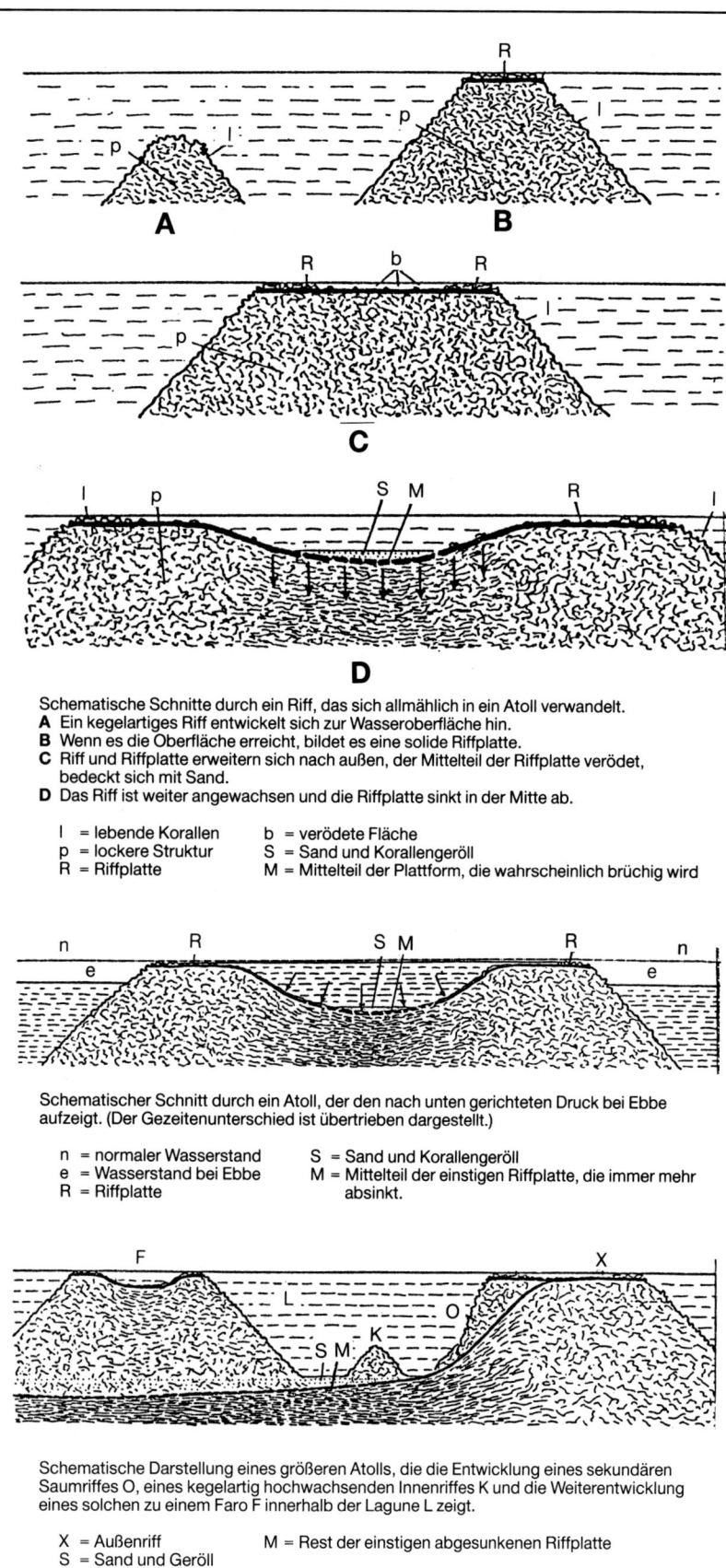

Schematische Schnitte durch ein Riff, das sich allmählich in ein Atoll verwandelt.
A Ein kegelartiges Riff entwickelt sich zur Wasseroberfläche hin.
B Wenn es die Oberfläche erreicht, bildet es eine solide Riffplatte.
C Riff und Riffplatte erweitern sich nach außen, der Mittelteil der Riffplatte verödet, bedeckt sich mit Sand.
D Das Riff ist weiter angewachsen und die Riffplatte sinkt in der Mitte ab.

l = lebende Korallen   b = verödete Fläche
p = lockere Struktur   S = Sand und Korallengeröll
R = Riffplatte   M = Mittelteil der Plattform, die wahrscheinlich brüchig wird

Schematischer Schnitt durch ein Atoll, der den nach unten gerichteten Druck bei Ebbe aufzeigt. (Der Gezeitenunterschied ist übertrieben dargestellt.)

n = normaler Wasserstand   S = Sand und Korallengeröll
e = Wasserstand bei Ebbe   M = Mittelteil der einstigen Riffplatte, die immer mehr
R = Riffplatte   absinkt.

Schematische Darstellung eines größeren Atolls, die die Entwicklung eines sekundären Saumriffes O, eines kegelartig hochwachsenden Innenriffes K und die Weiterentwicklung eines solchen zu einem Faro F innerhalb der Lagune L zeigt.

X = Außenriff   M = Rest der einstigen abgesunkenen Riffplatte
S = Sand und Geröll

Das Gefüge war so locker und labil, daß es schon bei mäßiger Unterhöhlung in sich zusammenstürzte.

Das zementartige Gestein der Riffplatte ist in der Tat gar nicht das Werk der Korallen, sondern wird von Kalkalgen geschaffen, die alle abgestorbenen Korallen überwuchern. Selbst das zarte Gitterwerk großer Madreporentische verwandelt sich so in massive Steinplatten, die von der Brandung bei Sturm an Land geworfen werden – und welche die Malediver dann mit Hämmern in kleinere Stücke schlagen, um daraus ihre Häuser zu bauen. Aller Schutt wird so von Kalkalgen zusammengekittet, und auf diese Weise entsteht die Riffplatte. An den Außenrändern, wo die Korallen die günstigsten Lebensbedingungen haben, breitet sich das Riff allseits aus, und die Riffplatte wird größer – ist jedoch nur von mäßiger Dicke und ruht wie ein flaches Dach auf dem durchaus lockeren, in Form einer Schutthalde entstandenen Geröll. So gerät bei diesem Wachstumsprozeß, was zunächst außen liegt, immer mehr nach innen und damit unter die Last der sich darüber anlagernden Schuttmassen und der sich obenauf bildenden Platte. Da die einzelnen Korallenstücke durch die in ihnen enthaltene, organische und verwesende Substanz bis in kleinste Dimensionen von Höhlungen durchzogen sind, nehme ich an, daß das unter der Riffplatte befindliche lose Gefüge allmählich morscher wird oder umkristallisiert, und daß aus diesem Grund die Riffplatte in der Mitte einsackt, also absinkt.

Ein weiterer bisher noch nicht beachteter Umstand mag hier ebenfalls eine wichtige Rolle spielen. Je größer ein Atoll wird, um so größer wird auch die umschlossene Wassermenge im Verhältnis zur Rifflänge. Denn während das ringförmige Riff nur in einfacher Potenz anwächst – also länger wird –, vergrößert sich die umschlossene Fläche im Quadrat. Deshalb entstehen bei größeren Atollen immer mehr Ausgänge, durch die bei Ebbe und Flut das zusätzliche Wasservolumen aus der Lagune abfließen und in sie wieder einströmen kann. Bei Ebbe staut sich also das Wasser innerhalb des Ringes und steht, bis es abgeflossen ist, um ein weniges höher als das umgebende Meer. Das aber bewirkt einen erheblichen Mehrdruck auf den Lagunenboden. Ich könnte mir vorstellen, daß durch diesen ständig schwankenden Druck von Ebbe und Flut in den Jahrtausenden das Absinken des Lagunenbodens wie durch eine rhythmische Massage unterstützt wird.

Durch zyklisch auftretende Springfluten und plötzliche Regengüsse, wie sie in den Tropen häufig sind, kann sich diese Stauwirkung noch erhöhen und das dadurch verursachte Mehrgewicht noch weiter vergrößern. Man muß bei allen diesen Überlegungen den Lagunenboden – die einstige Riffplatte – nach statistischen Gesichtspunkten beurteilen. Je größer er wird, um so größer wird auch das in der Mitte wirksame Moment.

Eine der von Darwin abweichenden Atolltheorien stützt sich darauf, daß während der Eiszeiten der Meeresspiegel absank, und das Wasser sich abkühlte. Infolgedessen seien in diesen Perioden die Korallen abgestorben, die Riffe wären durch die Erosion der Wellen abgetragen worden, und so seien große Plattformen entstanden. Als das Meer dann wieder anstieg und sich erwärmte, hätte neuer Korallenwuchs eingesetzt. Die Korallen hätten sich bevorzugt an den Außenkanten entwickelt – und so wären Riffringe entstanden.

So könnte man sich in der Tat die Bildung der großen unterseeischen Plattformen vorstellen, auf denen sich die Korallenbildungen der Malediven erheben. Auch die Bildung der Großatolle ließe sich so ohne Annahme eines – hier nicht sehr wahrscheinlichen – Absinkens einzelner Inseln erklären. Durch die von mir festgestellte lose Innenstruktur der Riffe ließe sich nun aber auch – ohne Absinken von Riffen – die Bildung der Faros verstehen.

Wahrscheinlich sind die Atolle in den verschiedenen tropischen Meeren nicht überall auf Grund gleicher Vorgänge entstanden. Wichtig erscheint mir indes die Erkenntnis, daß entgegen weitverbreiteter Überzeugung die Korallen nur zum Teil für die Bildung der Korallenriffe verantwortlich sind. Einen entscheidenden Beitrag liefern die Kalkalgen – die erst dann in Aktion treten können, wenn die Korallen absterben.

Daß Pflanzen noch in einer weiteren wichtigen Beziehung bei der Riffbildung beteiligt sind, wurde schon erwähnt. Durch die symbiotisch in den Geweben der Polypen lebenden einzelligen Algen erhalten die Polypen von innen zusätzlichen Sauerstoff, was sie zu verstärkter Kalkbildung befähigt. Dieses Zusammenwirken wollte Franzisket genauer prüfen, als es bisher möglich gewesen war, indem er lebende Korallen nur zur Messung an Bord brachte, sie jedoch die übrige Zeit in ihrem natürlichen Lebensraum beließ. So wurden die bei Laboruntersuchungen auftretenden Fehlerquellen auf ein Minimum beschränkt, wenn nicht sogar völlig beseitigt.

Franzisket tägliche Routine bestand darin, daß er zu einem von ihm ausgewählten Korallen-

stock hinabtauchte, bei dem er ein Ästchen vorsichtig abgebrochen und an einem Nylonfaden befestigt hatte. Er zog dann behutsam an dem Faden das Ästchen aus dem Gefüge der übrigen heraus und überführte es in ein mitgenommenes Glasgefäß. Mit diesem schwamm er vorsichtig hoch. Die Polypen des Ästchens wa-

Der in etwa 45 Grad abfallende äußere Hang eines Faros in etwa 25 Meter Tiefe. Abgestorbene Korallen rollen in die Tiefe und bilden eine Schutthalde, die immer weiter vorwächst, wenn sich das Riff erweitert. Die sich oben ausbildende Riffplatte ruht deshalb auf einer lockeren, porösen Struktur.

Durch Wind und Strömungen bilden sich auf manchen Riffen Sand- oder Geröllbänke. Diese von einer Ratte ausgefressene Kokosnuß zeigte uns, auf welchen Wegen Landlebewesen und Pflanzensamen auf neugebildete Inseln gelangen. Das Schneckenhaus eines Einsiedlerkrebses verschloß diese im Meer treibende Arche Noah. Als wir die Kokosnuß aufsägten, sahen wir die vielen Gäste, die sie transportierte.

ren so in keiner Weise gestört, lebten im gewohnten Wasser weiter. Beim Boot angelangt,
wurde das Gefäß dem Bootsmann übergeben,
Franzisket trocknete sich ab und brachte dann
das Gefäß zu der im Decksalon montierten Ana-
lysenwaage, die so genau arbeitete, daß sie
einen Gewichtszuwachs bis zu einem tausend-
stel Gramm registrieren konnte. Der Nylonfaden
wurde an ihrem wägenden Arm befestigt, wobei
das Ästchen nach wie vor in dem Glasgefäß
unter Wasser verblieb. Nun wurde der Glaskasten, der die Waage vor Zugluft, Feuchtigkeit
und vor Staub schützte, geschlossen und die
Einstellungen von außen her vorgenommen.
Dann wurde der Glaskasten wieder geöffnet, der
Nylonfaden gelöst und das im Glasgefäß befindliche Korallenstück wieder im Tauchgerät an seinen normalen Lebensplatz zurückgebracht. Da
jeder Korallenstock eine Kolonie ist, bei dem die
Polypen auch bei Abtrennung eines Stückes
normal weiterleben, wurde durch das Abbre-
chen des Ästchens die Kalkproduktion in keiner
Weise beeinflußt. Franzisket konnte so feststellen, daß das Gewicht dieses Stückes um täglich
0,3 Prozent zunahm. In gleicher Weise untersuchte er die Kalkproduktion bei anderen Arten
– und maß ebenso behutsam den Sauerstoffbe-
darf in der in unserem Badezimmer montierten
Durchströmungsanlage. Das Ergebnis war, daß
die untersuchten Korallen bei Licht tatsächlich
bedeutend weniger Sauerstoff benötigten und
gleichzeitig doppelt so viel Kalk abschieden.
Dies erklärte, warum riffbildende Korallen nur bis
zu einer Maximaltiefe von 50 Metern gedeihen.
Weiter unten gibt es wohl noch einzelstehende
Stöcke, aber sie bilden keine Riffe mehr. Da
Pflanzen Licht benötigen, und es dort unten für
ihre freundliche Mitwirkung zu finster wird, war
somit dieser Zusammenhang eindeutig be-
wiesen.
Während Scheer in unermüdlicher Tauchtätigkeit immer wieder neue Arten von Korallen entdeckte, ihre Wachstumsbedingungen studierte,
sie mit äußerster Sorgfalt mit Hammer und Meißel vom Boden losschlug, hochbrachte, bis in
allen Einzelheiten beschrieb und, ohne irgend
jemanden in die Nähe seiner Heiligtümer zu
lassen, diese höchstpersönlich konservierte und
verpackte, befleißigte sich Gerlach eines, wie es
schien, sehr entgegengesetzten Vorganges.
Auch er brachte Korallen hoch oder bat uns,
dies für ihn zu tun. Doch dann zerschlug er sie
rücksichtslos mit dem Hammer, rührte die Trümmer im Wasser um, filterte alles durch ein Plank-
tonnetz und ging dann im verbleibenden Brei
unter hundert- bis tausendfacher Vergrößerung

auf die Jagd. Er führte das gleichmäßigste und
geruhsamste Leben von uns allen. Er saß wie
angewurzelt an seinem Arbeitsplatz und mikro-
skopierte; schmerzten ihn schließlich die Augen,
dann wanderte er an Deck, legte sich in eine
Hängematte und rauchte eine Zigarre.
Wenn in dem Gewimmel winziger Würmer und
Krebse, die sich im Inneren der Korallen herum-
treiben, eine ihm noch unbekannte Art auftauchte, dann waren freilich Zigarre und Hängematte
vergessen. Dazu kam es, als er einen neuen
Vertreter der Gnathostomulidae entdeckte, eine
rätselhafte, den Strudelwürmern verwandte
Wurmordnung, und ein zweites Mal, als er einen
parasitisch in den Korallen lebenden winzigen
Krebs aufspürte, der später von einem amerikanischen Kollegen nicht nur als eine neue Art oder
Gattung, sondern sogar als Typus einer neuen
Familie – denen er den Namen »Xarifiidae« gab –
beschrieben wurde. Zwölf Exemplare dieses
eher wurmartig anmutenden Ruderfüßlers wurden im Nationalmuseum in Washington und
zwölf weitere im Zoologischen Museum in
Amsterdam deponiert.
»Die Farbe ist gewöhnlich hell«, vermerkte Gerlach in seinem Tagebuch, »im Auflicht grünlich
schillernd, der Darm war dagegen leuchtend rot
gefärbt. Die Tiere kriechen mit raupenartigen
Bewegungen auf der Oberfläche der Korallen
herum und sind imstande, mit den scharfen
Klauen das Polypengewebe zu zerfetzen und
sich so auch Zugang zu den Kelchen zu ver-
schaffen, wo sie vielleicht auch längere Zeit in
das Korallengewebe eingebohrt leben.«
Eibl half Klausewitz bei der Erbeutung von 416
verschiedenen, in und zwischen den maledivi-
schen Riffen lebenden Fischarten und verbrachte die übrige Zeit, unbeweglich wie immer,
irgendwo auf dem Meeresgrund sitzend und
beobachtend. Wer zum ersten Mal in ein Korallenriff hinabtaucht, gewinnt den Eindruck, daß
die unzähligen, sich hier tummelnden Fische
beliebig kreuz und quer herumschwimmen. Wie
Eibl dagegen feststellte, herrscht in Wahrheit in
diesem Durcheinander eine ausgewogene Ordnung.
Nur wenige Arten, wie etwa Makrelen, streifen
an den Riffen entlang, jagen, was immer ihnen in
den Weg kommt, und haben kein eigentliches
Zuhause. Die meisten jedoch – und zwar auch
Haie – sind ortstreu und haben ihre bestimmten
Wohn- und Jagdgebiete, die sie gegen jeden
rivalisierenden Artgenossen auf das Entschie-
denste verteidigen. Eibl achtete nicht weiter auf
das ihn umgebende Gewimmel, sondern kon-
zentrierte sich auf die Schwimmwege einzelner

Fische, die er mit Bleistift auf seiner Aluminiumtafel festhielt. Wie daraus ersichtlich wurde, entfernten sich die Tiere nur in begrenztem Umkreis
von ihrem Versteck. Überschritten sie die unsichtbaren, doch den Nachbarn wohlbekannten
Grenzen, dann kam es zu ritualisierten Kämpfen,
und der Eindringling wurde wieder in seine
Schranken verwiesen.
Einmal hatte ich das Glück zu beobachten und
filmisch festzuhalten, wie ein Schwarm von
Sträflingsseebadern – wegen ihres Streifenmu-
sters so genannt – in die wohlbehüteten Reviere
nahe verwandter, ortstreuer Arten einbrach und
dort die Algenreservate der rechtmäßigen Eigentümer plünderte. Wo immer sie hinkamen,
fielen sie wie ein Heuschreckenschwarm ein und
waren so zahlreich, daß die ortsansässigen
Eigentümer sie trotz verzweifelter Bemühungen
nicht von ihrer gierigen Tätigkeit abhalten konnten. Es war interessant zu sehen, wie bei den
Verteidigern die sonstige gegenseitige Reser-

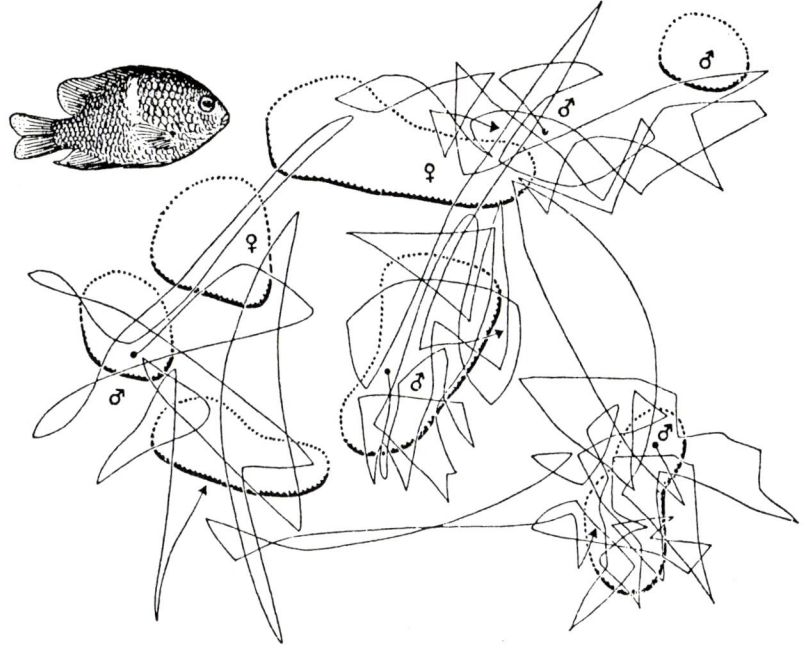

137

viertheit und Feindschaft wie weggelöscht war, und wie sie in gemeinschaftlichem Bemühen hin- und herschossen, um die Angreifenden zu behindern und zu verscheuchen. Bei Landtieren und auch beim Menschen gibt es ganz analoge Phänomene. Erst als alles kahlgefressen war, zog der räuberische Schwarm in geschlossener Formation weiter und beehrte die nächste Gegend mit seinem so unerwünschten – und vorübergehend bandstiftenden Besuch.

Eibl setzte auch hier die im Karibischen Meer begonnenen Studien verschiedener Formen der Vergesellschaftung und interessanter Einzelbeziehungen zwischen verschiedenen Tierarten fort – insbesondere das Studium der Signalsprache der so interessanten Maulputzer. In einem 15 bis 25 Meter tiefen, völlig glattgescheuerten Kanal stießen wir auf einen sich in der Mitte erhebenden, einsamen Korallenklotz von gut acht Meter Durchmesser, über dem nicht weniger als acht große Mantas kreisten. Ich benutzte die Gelegenheit und filmte die Flossenbewegungen dieser gewaltigen, an vorsintflutliche Riesenvögel erinnernden Tiere, schwamm bis dicht an sie heran – sie erschraken, flatterten erschreckt davon, kamen aber wie an einem Gummiband befestigt, immer wieder zu dem Felsen zurück. Wir stellten dann fest, was sie so sehr mit diesem Platz verband. Der große Korallenklotz war die Wohnstätte mehrerer hundert Maulputzer – eine Groß-Entlausungsanstalt sozusagen.

Auch die Mantas beherrschten die geheime Signalsprache. Sie stellten sich mit gespreizten Kiemen einen oder zwei Meter hoch über den Felsen und blieben dort oben wie eine Wolke hängen. Ganze Bataillone von Maulputzern rückten dann aus, um sie zu säubern. Während die einen sich über die Bauchfläche verteilten und dort auf Treibjagd gingen, ringelten sich die übrigen in die nicht allzu weiten Kiemenspalten, verschwanden darin und kamen später, vorne, aus dem großen Rachen wieder an den Tag. Ich konnte mit der Kamera ganz dicht herankommen und den noch nie gefilmten Vorgang in aller wünschenswerten Klarheit festhalten.

Auch in den Malediven konnte Eibl feststellen, daß die hier lebenden Maulputzer – die anderen Gattungen angehörten und auch anders gefärbt waren – untereinander ähnliche Musterungen und Färbungen aufwiesen; als Erkennungszeichen ihrer Gilde. Hier beobachtete er einen weiteren, noch unbekannten Zusammenhang. Manche der putzbedürftigen Fische, die sich vertrauensvoll zum Putzerfelsen begaben und dort durch Stillstehen, Öffnen des Maules und

Spreizen der Kiemen die unter Fischen gültigen Signale abgaben, zuckten, wenn Putzer an sie herankamen, plötzlich erschreckt zurück und jagten davon. Eibl konnte den Grund für dieses Verhalten aufklären, nachdem es ihm gelang, einen dieser Putzer, der solche Verwirrung stiftete, zu erbeuten. Wie sich herausstellte, gehörte er gar nicht zur Putzergilde, sondern betätigte sich gleichsam als Wolf im Schafspelz. Er gehörte zu einer Fischgattung, die darauf spezialisiert ist, zu anderen Fischen hinzuschwimmen und ihnen mit ihren ungemein scharfen Zähnen Stücke aus der Haut zu beißen. Es war ein Aspidontus taeniatus, der dem Putzerfisch Labroides dimidiatus nicht nur in Färbung und Musterung sondern auch in der Art, wippend zu schwimmen – ein weiteres Erkennungsmerkmal dieser Maulputzergilde –, zum Verwechseln glich. Auch diese Mimikri war wieder ein Beispiel für eine Entdeckung, die nur auf dem Meeresgrund selbst erfolgen und aufgeklärt werden kann. Über entsprechende Mutationsschritte war diese Anpassung allmählich erfolgt und ermöglichte nun dieser Art, ohne Schwierigkeit an ihre Opfer heranzukommen, ja von diesen bereitwillig die Haut zum gezielten Biß angeboten zu erhalten.

Unsere so beschauliche Forschungstätigkeit in diesen Monaten wurde nur einmal – dies ereignete sich noch in Addu – sehr unerwartet unterbrochen und gestört. Eines Morgens kam unser Koch, der in der Praxis zweitwichtigste Mann der Schiffsbesatzung, zu mir in die Kajüte und sagte: »Herr Doktor, es ist leider Schluß!« »Wieso Schluß, Herr Schoedl?« fragte ich. Die Antwort lautete: »Unser Proviant ist zu Ende, wir haben nichts mehr.«

Schoedl war ein allgemein sehr beliebter Mann. Er war früher einmal Freistilringer gewesen und

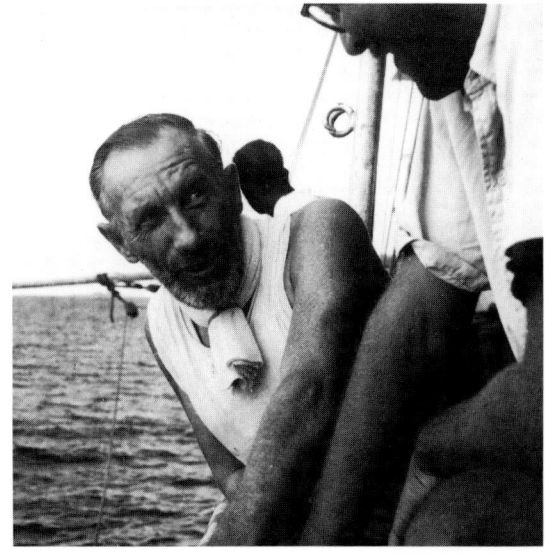

Unser Koch Schödl, der mir in den Malediven unversehens mitteilte, daß unser Proviant zu Ende war. Die Wissenschaftler hatten ständig sein gutes Essen gelobt, deshalb hatte er mehr als vorgesehen verbraucht. So folgten auf sieben »fette« Wochen sieben sehr »magere«.

konnte wunderbare Geschichten erzählen. So erfuhren wir von ihm, daß er Meister im »Dänischen Kuß« gewesen sei – eine Finte, die darin besteht, daß man seinem Gegner mit der eigenen Stirn so kräftig gegen dessen Stirne schlägt, daß dieser zusammenklappt.

Mir war schon aufgefallen, daß wir erstaunlich viel und gut zu essen bekamen, doch liegt die Proviantfrage im Verantwortungsbereich des Kapitäns, mit dem ein Tagessatz pro Mann und Nase vereinbart wird – in unserem Fall waren es DM 4,50 – mit dem dann entsprechend gewirtschaftet werden muß. Wie ich erst jetzt erfuhr, hatten die wissenschaftlichen Kollegen ihn ständig gelobt und listig gefragt, ob es denn am nächsten Tag wieder etwas so Gutes gäbe – und da wollte er es »den Herren Doktoren besonders gut machen«. Schoedl war an kleine Fahrten gewöhnt, bei denen man nur von einem Hafen zum nächsten wirtschaften muß, aber nicht gleich auf mehrere Monate.

Im Hafen lagen gerade drei englische Schiffe, zu deren Kapitänen ich in meiner Not ging und deren Kinder glücklicherweise unsere Fernsehsendungen verfolgt oder meine Bücher gelesen hatten. Ich bekam hier ein halbes Schwein, dort ein halbes Kalb, Butter, Gemüse, Marmelade... bei 24 hungrigen Mägen an Bord leider nur ein Tropfen auf den heißen Stein. Wir versuchten nun im Großeinsatz Fische zu harpunieren – aber auch das kostete uns nur Zeit und brachte nur geringe Resultate. Nun ist auf den Malediven außer Kokosnüssen und getrocknetem Fisch, der nur mit Genehmigung bezogen werden darf, sowie gelegentlich einigen Hühnern und Eiern kaum etwas zu bekommen. Wir fuhren nach Malé – wo ich ohnedies dem damals regierenden Sultan meinen Besuch abstatten wollte –, konnten dort größere Mengen des semmelartigen Maledivenbrotes für uns backen lassen und erhielten größere Mengen von Maledivenfisch zugeteilt. Dieser ist wohl sehr schmackhaft, doch so hart, daß der Bootsmann ihn mit dem Hobel bearbeiten mußte. So folgten auf die »sieben fetten Wochen« sieben recht magere. Damit fanden sich jedoch alle ab, und unsere Arbeit ging weiter – brachte uns fast täglich neue Erlebnisse.

Eines Nachts rief uns Kapitän Becker an Deck, und wir erlebten achteraus ein erstaunliches Phänomen. Ein gutes Stück weit über die schwarze Meeresfläche verteilt, leuchteten dort regelmäßig helle Felder auf. Sie bestanden aus je etwa hundert, hellen kreisförmigen Flecken, die in regelmäßigem Rhythmus aufleuchteten und dann wieder verlöschten. Wir fuhren mit

dem Beiboot hin, spähten mit dem Guckkasten in die Tiefe, konnten aber nicht sehen, welche Wesen dieses erstaunliche Feuerwerk verursachten. Es mochten Medusen sein, kleine Würmer oder sonstige Leuchttiere. Vermutlich waren es Signale, die den Paarungsakt einleiteten. Die Tiere stimulierten sich so gegenseitig optisch, bis die Erregung synchronisiert war, was dann das gleichzeitige Ausstoßen der männlichen und weiblichen Fortpflanzungsprodukte auslöste. Ähnliches ist bei verschiedenen Tierarten bekannt. Wir waren alle von dieser nächtlichen Erscheinung gebannt. Aus der kalten schwarzen Tiefe der Nacht glomm hier ein Einverständnis, ein freundlich organisierter Takt: Funktion des sich in so mannigfacher Gestalt und Tätigkeit manifestierenden Wunders »Leben«.

Ein andermal verlegten wir von einem Standort zum nächsten, da sah ich ein röhrenartiges Gebilde an uns vorbeitreiben. Ich rief nach Hirschel, er solle mir mit einem Eimer folgen und sprang über Bord. Genau dieses Gebilde hatte ich bereits einmal zu Gesicht bekommen und fotografiert – vor 19 Jahren an der Südküste von Cura-

Diese merkwürdige Gallertröhre fotografierten wir 1939 im Karibischen Meer. Auf den Malediven trafen wir auf eine weitere. In spiraliger Anordnung enthielt die Gallerte Tausende von Eiern eines zehnarmigen Tiefseetintenfisches.

In Male stattete ich dem damaligen Sultan der Malediven meinen Besuch ab. Er herrschte sehr autokratisch, aber er zeigte sich an unseren Arbeiten interessiert und half uns bei der Beschaffung von Nahrungsmitteln.

cao. Wir hatten nie feststellen können, was es war. Jetzt sah ich es mit klopfendem Herzen wieder: Eine etwa 2 Meter lange Gallertröhre mit eigenartiger Spiralstruktur. Wir brachten das Ding an Bord und erlebten dabei zwei Überraschungen. Erstens zeigte sich, daß dieses ephemere Gebilde gar keine Röhre war, sondern eine solide, durchsichtige Gallertwurst. Zweitens stellten wir fest, daß sie, an einem endlosen Spiralfaden aufgereiht, Tausende von punktartig kleinen Eiern enthielt. Es war das Gelege eines zehnarmigen Tintenfisches – vielleicht von jenen Riesen, welche die Pottwale in 200 bis 300 Meter Tiefe nachstellen. Für mich ergab dies das willkommene Thema für ein weiteres Fernsehprogramm in der von mir zu produzierenden, so umfangreichen Serie. Unter dem Mikroskop filmten wir die Eier, in denen bereits die Embryonen deutlich sichtbar waren – und bald darauf das Schlüpfen der Jungen und ihr Verhalten in den ersten Lebenstagen, die bei uns im Aquarium gefahrlos waren, jedoch in freier Natur mit dem Gefressenwerden der meisten endeten.

An äußeren Riffabhängen der Großatolle fanden wir in 25 bis 35 Meter Tiefe geräumige Grotten, in denen sich viele Fische versteckt halten. Hier stellten wir fest, daß manche normal, andere jedoch mit dem Bauch nach oben oder bauchseitwärts schwammen. Des Rätsels Lösung war, daß diese Höhlenfische sich nach dem ihnen nächstliegenden Felsen orientierten, den sie in der Dunkelheit mit ihrem Seitenlinienorgan wahrnehmen. Schwammen sie unter der Grottendecke, dann war diese ihr »unten«, sie schwammen also mit dem Bauch nach oben; schwammen sie an einer Höhlenwand, dann war eben diese ihr »unten«. Den intelligenten Menschen erscheint solches kurios – und dabei unterliegt er einer ganz ähnlichen Täuschung. Seit Kopernikus wissen wir, daß wir auf einer Kugel leben, deren Masse uns anzieht – doch nach wie vor läßt unser Schweresinn uns glauben, daß es ein absolutes Oben und Unten im Universum gibt.

Einmal machte Hirschel mir Zeichen, ich sollte kommen, und zeigte mir einen Schiffshalter, der dicht an seinem Körper schwamm und sich nicht verjagen ließ. Er hielt Hirschel offenbar für einen Hai und wollte diesen in der ihm angeborenen Weise begleiten. Ich filmte, wie das elegante Tier an Hirschels Rücken und Beinen entlangschwamm: Der Fisch verhielt sich so, als suche er nach etwas. Er gelangte dann auch zu Hirschels Bauch und Brust – plötzlich sah ich Hirschel zusammenzucken. Der Schiffshalter hatte ihn kräftig in eine der Brustwarzen gebissen.

Warum? – Die Antwort war einfach: Er hatte die Brustwarze für einen der Haut aufsitzenden Parasiten gehalten und diesen – seinem instinktiven Verhalten gemäß – beseitigen wollen. Das erklärte, warum Haie diese Begleiter dulden. Auch hier handelt es sich um eine Symbiose: um ein Zusammenleben zum beiderseitigen Vorteil. Der Schiffshalter ist am Körper des Haies vor Raubfischen sicher und kann sich auch an dessen Haut festsaugen und gratis transportieren lassen. Und als Gegenleistung befreit er ihn von lästigen Parasiten.

Eibl und ich schwammen in 20 Meter Tiefe über flachem sandigen Grund, als wir auf eine »Wiese« stießen, deren etwa fingerdicke »Halme« sich, sobald wir näherkamen, in den Boden zurückzogen. Es war offenbar eine noch unbekannte Art von Aalen, die mit dem rückwärtigen Körperende in senkrechten Röhren steckten und so ein fast pflanzenhaft an den Ort gefesseltes Leben führten. Sie kamen bis über 50 Zentimeter weit aus ihrem Loch hervor. Bei diesen überaus scheuen Tieren bot unsere Unterwasser-Fernsehanlage uns die Möglichkeit für genauere Beobachtung. Wir brauchten ja das »Fernauge« bloß neben eines der Löcher zu legen – und da es weder Bewegungen noch Geräusche verursachte, mußten sich die Tiere schnell an diesen fremden Körper gewöhnen. Es stellte sich jedoch heraus, daß wir wegen des Riffes mit der »Xarifa« nicht nahe genug an das

Ein Schiffshalter begleitet Hirschel, hält sich über seinem Kopf oder zwischen den Beinen. Auch andere Taucher haben es inzwischen erlebt, daß Schiffshalter sie mit Haien verwechseln. Sie lassen sich dann nur schwer verjagen.

Feld dieser später als »Röhrenaale« bezeichneten Tiere herankonnten. Jetzt hatte Hirschel wieder einmal Gelegenheit, sein technisches Improvisationstalent unter Beweis zu stellen. In der Nähe gab es eine kleine Insel, und dort errichteten wir eine Fernsehstation, die von einem transportablen Generator gespeist wurde. Im Zelt installierten wir auch die Telerecording-Anlage, so daß wir vom Bildschirm in Großaufnahme abfilmen konnten, wie diese Tiere erst vorsichtig mit ihrem Kopf aus dem Loch hervorkamen, sich dann mit ihren großen Augen umsahen, immer höher emporwuchsen und sich – völlig ungestört – schlangenhaft hin- und herdrehten, um nach vorbeitreibendem Plankton zu schnappen. Ebenso filmten wir über den Umweg des Fernauges, wie Eibl mit einer Pipette ein Betäubungsmittel in das nächstgelegene Loch spritzte, wie der betroffene Röhrenaal dann wie ein Betrunkener hervorkam, ja sogar das Schwanzende aus dem Loch zog und sich ohne Schwierigkeit von Eibl fangen ließ. Wie Klausewitz feststellte, handelte es sich hier um eine noch unbekannte Gattung. Den Maledivern waren diese Tiere völlig unbekannt. Da wir auf den Feldern nur erwachsene Tiere sahen, nahmen wir an, daß diese Röhrenaale im Jugendstadium noch frei leben und erst später zur pflanzenhaft am Ort festsitzenden Lebensweise übergehen.

Höhepunkt unserer Arbeiten in den Malediven – auch Sicht des spektakulären Abenteuers – war schließlich unser Aufenthalt auf Gaha Faro am nördlichsten Ende des Nord-Male-Atolls. Hier zeigte uns die Admiralitätskarte ein an einem Außenriff gesunkenes Wrack an, das wir auch fanden und bei dem Eibl und ich recht ungewöhnliche Erlebnisse hatten. Denke ich nachträglich an diese Tage zurück, dann frage ich mich, ob wir bei Sinnen waren.

Nur das einstige Schiffsheck war noch erhalten und ragte wie ein phantasievoll arrangiertes Korallenbouquet dachartig über den steilen Riffabhang vor. Unterhalb dieser romantischen Kulisse gab es – aus welchen Gründen auch immer – mehr Haie, als wir an sämtlichen anderen Riffen gesehen hatten. Einem augenblicklichen Impuls folgend, harpunierte hier Eibl einen großen Fisch quer durch den Kopf, zerstückelte ihn und versteckte die blutenden Segmente unter Korallen, die auf dem völlig freien Abhang wuchsen. Ich verstand sofort, was er im Sinn hatte. Ein noch ungeklärtes Problem war nach wie vor, wie sich Haie Menschen gegenüber verhielten, wenn sich Blutgeruch im Wasser ausbreitete. Wurde für uns die Lage zu ungemütlich, dann konnten wir uns in die Innenräume des Schiffshecks flüchten.

Wie sich zeigte, war das nicht notwendig. Cousteau und andere haben später aus Eisenkäfigen ähnliche Situationen inszeniert. Die Erregung der Haie, wenn sie Blut riechen – von den Engländern »Frenzy« genannt – wurde in ihren publikumswirksamen Aspekten in jeder erdenklichen Form ausgeschlachtet, und unterstrich das Image des Haies als »mordlustige Bestie«. Unsere Beobachtungen und meine Filmaufnahmen zeigten dagegen sehr anschaulich, daß derarti-

Eine schwingende Wiese von Röhrenaalen. Diese von uns entdeckten Tiere leben seßhaft wie eine Pflanze in einer senkrechten Röhre und schnappen nach vorbeitreibendem Plankton.

Ein von einem Tauchteam im letzten Jahrzehnt verwendeter Käfig zum Filmen von Haifischen, der dann auf dem Grund zurückgelassen wurde und jetzt prächtig mit Korallen bewachsen ist.

In den Malediven füttern heu-te Tauchlehrer Haie mit der Hand, wobei Sporttaucher – gegen »Eintrittsgebühr« – zu-schauen können. Das be-denkliche an solchen Vorfüh-rungen ist, daß Sporttaucher dies nachmachen, was zu Unfällen führen kann. Man muß mit Haien gut vertraut sein, ihre Reaktionen genau kennen.

ge Käfige für solche Unterfangen ebensowenig notwendig sind, wie die Innenräume des Wracks in unserem Fall. Es zeigte sich, wie die gesamte Bewegung der Haie, wenn der Blutgeruch zu ihnen gelangt, wesentlich schneller wird, und wie zielstrebig sie nach der Quelle dieses Blut-geruches suchen. Dicht neben uns packten und verschlangen 2 bis 3 Meter lange Haie die ver-steckten Brocken, zersäbelten sie durch hefti-ges Kopfschütteln, wenn sie ihnen zu groß wa-ren, kümmerten sich jedoch um uns fast über-haupt nicht, obwohl wir frei und ungeschützt auf dem Riffhang saßen. Ich hatte bis dahin ge-glaubt, daß es für Taucher zweckmäßig ist, schleunigst das Meer zu verlassen, wenn sich Blut ausbreitet. Schon bei den Pottwalen hatten wir gesehen, wie magisch die blutende Wunde die aus der Tiefe hochkommenden Haie anzog. Nun stellten wir fest, daß diese Blutquelle für Taucher geradezu ein Schutz ist, da sie das Interesse der Haie völlig auf sich zieht.

Drei Tage lang spielten und steigerten wir dieses immerhin gewagte Spiel: Schließlich waren oft mehr als zehn sich um die Brocken streitenden Haie um uns. Die amerikanische Luftwaffe hatte eine Chemikalie entwickelt, »Shark-Repellent« genannt –, die den Fliegern in Beuteln mitgege-ben wurde und sie vor Haiangriffen schützen sollte, wenn sie abstürzten und in ihren Ret-tungswesten im Meer trieben. Wir brachten sol-che Beutel zu unserem Haiplatz – in etwa 20 bis 40 Meter Tiefe –, und die anwesenden Haie mißbilligten in der Tat diesen Geruch und ver-schwanden innerhalb weniger Minuten aus un-serer Sicht. Dann schoß und zerstückelte Eibl wieder Fische in gewohnter Weise. Es dauerte nicht lange, und die Haie tauchten wieder auf. Sie waren etwas irritiert, doch die anlockende Wirkung des Blutgeruches war stärker. Letztes und entscheidendes Experiment: Eibl steckte den Beutel einem harpunierten Zackenbarsch in den aufgeschlitzten Bauch. Ergebnis: Ein drei Meter langer Hai kreiste zwei- oder dreimal, dann verschlang er den Kadaver samt dem Beu-tel. Für Schiffbrüchige ergibt sich daraus, daß dieses Mittel sie in der Tat schützt, sofern sie keine stärkeren Verletzungen haben. Falls doch, ergeht es ihnen schlecht.

Nach viermonatigem Aufenthalt verließen wir die Malediven – die heute, 30 Jahre später, zu einem Zentrum des Tauchtourismus geworden sind. Wir fuhren weiter nach Ceylon, wo mich eine besonders schwierige Aufgabe erwartete.

Für Taucher wird die Begegnung mit Haien zum besonderen Erlebnis. So häßlich diese »Bestien« aussehen, wenn sie an Land blutbeschmiert daliegen, im Meer übertreffen sie jedes andere Tier an Schönheit und Eleganz in der Bewegung. Auf Grund ihrer perfekten Stromliniengestalt bietet ihnen das Wasser kaum einen Widerstand.

Fütterung eines Riffhaies mit dem Mund. Diese Vorführungen sind auch deshalb bedenklich, weil durch die erregten Bewegungen der Tiere zufällig in der Nähe befindliche größere Haie aus dem offenen Meer angelockt werden können, die sich weniger freundlich verhalten.

143

Im Golf von Bengalen

Um diese Expedition doch noch planmäßig durchführen zu können – oder härter formuliert, um die dafür nötigen Mittel aufzubringen –, hatte ich mich verpflichtet, 26 Halbstundenfilme innerhalb eines Jahres zu drehen, in englischer und in deutscher Fassung. Das entspricht in der Länge ungefähr sechs bis acht abendfüllenden Filmen und bedeutete praktisch, daß ich – wenn ich meinen guten Namen nicht aufs Spiel setzen wollte –, mir über die Tätigkeit unserer Reise nicht weniger als 26 in sich geschlossene, sich möglichst nicht wiederholende Themen ausdenken und sie in vertretbare und interessante Darbietungen umsetzen mußte. Als weiteres Handicap kam noch hinzu, daß ich mich schriftlich verpflichtet hatte, von Ceylon nach Bristol in England zu fliegen und, während das Schiff mit 22 Mann an Bord dort auf mich wartete, und jeder Tag entsprechende Kosten verursachte, die ersten sechs dieser Filme in beiden Sprachfassungen fertigzustellen und abzuliefern. Erst dann sollte ich die zur Fortsetzung des Unternehmens notwendigen Mittel erhalten. In meinem später veröffentlichten Buch »Expedition ins Unbekannte« lieferte ich nähere Details darüber, wie ich dies in knappen acht Wochen bewerkstelligte und illustrierte dies mit einer kurzen Übersicht, die ich auch diesem Buch beifüge. Der Schnittmeister, Paul Kahn, ein Pakistani und leider schon lange verstorben, arbeitete mit mir in dieser Zeit täglich bis 11 Uhr nachts, und wir erlaubten uns nur jeden zweiten Sonntag einen halben Ruhetag. Das letzte und schwierigste Problem war schließlich, daß mir in England für den deutschen Kommentar kein deutschsprechender Fachmann zur Verfügung stand, und ich in die Verlegenheit kam, selbst nicht beurteilen zu können, ob ich überhaupt noch in Aussprache und Rhythmus ein vertretbares Deutsch lieferte. Wie auch immer, der Südfunk in Stuttgart war zufrieden – erhöhte sogar freiwillig und unaufgefordert sein Honorar; ebenfalls zufrieden war die BBC. Die nun fällige zweite Rate wurde also gezahlt. Ich flog nach Wien, verbrachte zwei Tage mit Lotte und meinem mir noch unbekannten Kind Meta. Dann flogen Lotte und ich – während das Kind in der Obhut der Schwiegereltern blieb – nach Ceylon, wo die anderen Wissenschaftler alle Nationalparks in guter Muse besucht und sich im übrigen gelangweilt hatten. Natürlich, wie immer bei Untätigkeit, hatte es Zwist gegeben. Dr. Kost, der Schiffsarzt, war aus Gesundheitsgründen nach Deutschland zurückgefahren, ebenso unser griechischer Maschinist Manolis, der sich ja noch knapp vor Abfahrt von Cannes in eine sehr aparte Französin verliebt hatte. Klausewitz, Gerlach und Franzisket waren planmäßig mit ihren Sammlungen abgereist. Bei der Überholung des Schiffes hatte sich gezeigt, daß für einen der Generatoren ein neuer Motorblock aus Deutschland bestellt werden mußte. Im Hafen von Colombo hatte es Streiks gegeben und die Hafenbehörden hatten uns – obwohl wir als Yacht fuhren – saftige Liegegebühren in Rechnung gestellt. Im Indonesischen Archipel, dem vorgesehenen zweiten Arbeitsgebiet, hatte sich die politische Lage zugespitzt, und die Prämien für die Kriegsversicherung, die ich wegen der kreditgebenden Banken weiterführen mußte, waren auf monatlich 25000 bis 30000 DM geklettert. Das war beim besten Willen nicht tragbar. Also hatte ich ersatzweise die noch kaum besuchte Inselgruppe der Nikobaren im Golf von Bengalen

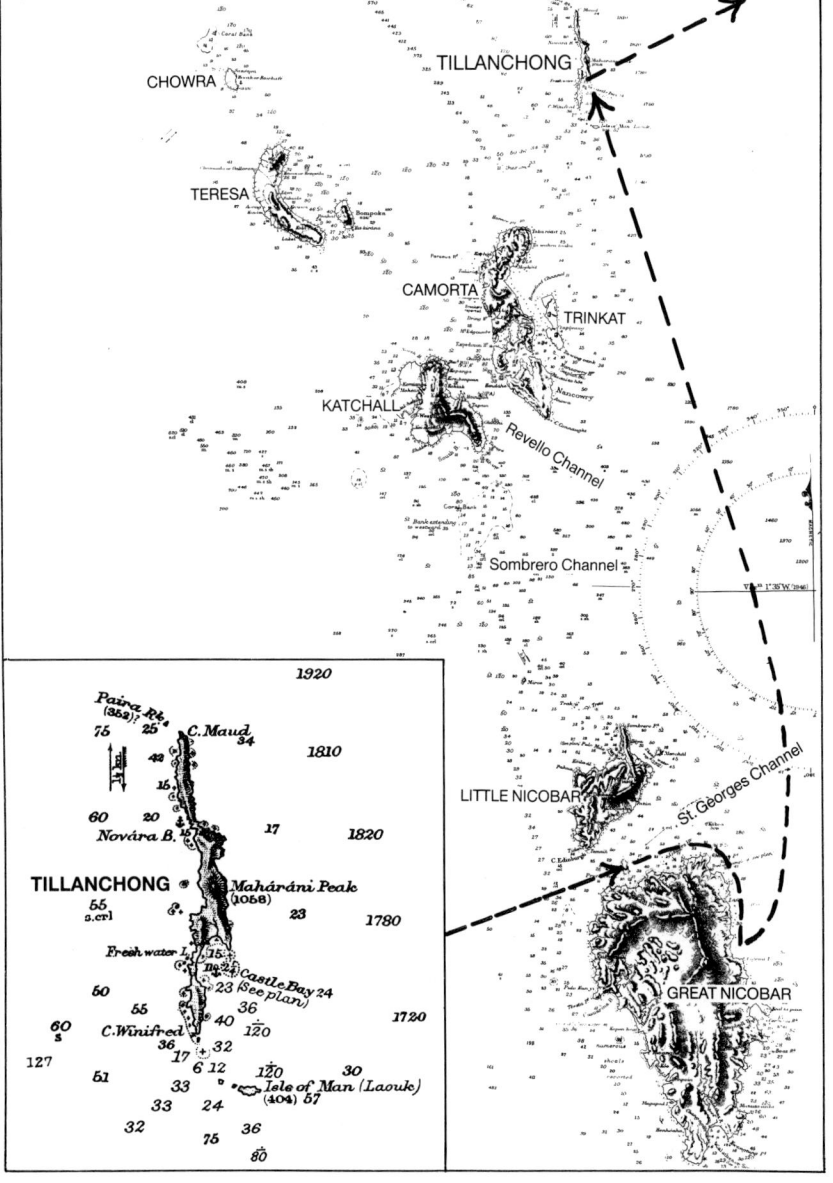

Das Archipel der Nikobaren im Golf von Bengalen. Den schönsten Tauchplatz entdeckten wir bei Tillanchong einer völlig unbewohnten, landschaftlich besonders reizvollen Insel.

ausgewählt, die wegen ihrer hohen, von undurchdringlichen Urwäldern bedeckten Bergen zu den Malediven ein interessantes Gegenstück bot. Prof. von Schouppé, der in Ablösung von Franzisket den von Nordrhein-Westfalen finanzierten Arbeitsplatz übernehmen sollte, war leider nicht an den Nikobaren interessiert. Ein qualifizierter Ersatzmann war in der knappen Zeit nicht zu finden. Damit entfiel die zweite Hälfte für diesen Arbeitsplatz – in Zahlen waren das 12500 DM. Das Gesamtunternehmen für das eine Jahr kostete 400000 Sfr. Davon hatte ich nun 325000 Sfr. allein zu tragen. Der Schweizer Franken entsprach damals ungefähr dem Wert der Deutschen Mark.

Die »Forschermutter« Frau Schneider-Lindemann in Berlin, die mich seit Jahren unermüdlich betreute, sandte uns per Flugzeug als neuen

Maschinisten den äußerst sympathischen und qualifizierten Herrn Jauch. Bei den Hafenbehörden erreichte ich, daß sie auf die überhöhten Liegegebühren verzichteten. Kapitän Becker übernahm in zusätzlicher Funktion nun auch das Amt des Schiffsarztes – was zur Folge hatte, daß fortan kaum jemand mehr krank wurde. Die Nikobaren, ursprünglich englischer Besitz, waren seit einigen Jahren indisches Hoheitsgebiet, und alle bisher gemachten Erfahrungen sprachen dagegen, bei den Behörden ein entsprechendes Ansuchen um Arbeitserlaubnis zu stellen. Die Zeit war zu kurz, und die Gefahr einer offiziellen Absage war zu groß. Ich hatte deshalb – um uns zumindest ein gewisses Alibi zu schaffen – in Wien den Indischen Konsul besucht und ihn um einige Angaben über die Nikobaren gebeten. Ich ließ jedermann – auch Kapitän Becker

Der Palmenstrand an der Westküste von Tillanchong. Da wir hier ohne Genehmigung tauchten, hielten unsere Matrosen ständig Ausschau. Aber erst nach vier Wochen entdeckte uns ein Flugzeug, und wir fuhren schleunigst nach der Straße von Malakka weiter.

– im Glauben, daß ich über eine offizielle Arbeitserlaubnis in diesem Gebiet verfügte. Ein Aufat-
men ging durch das Schiff, als die zweieinhalb-
monatige Geduldsprobe wieder zu Ende war,
und die »Xarifa«, nun wieder mit der so tüchtigen
und für die Filme so wichtigen Lotte an Bord,
sich zum Vorstoß in neue, noch von keinem
Taucher besuchten Gegenden aufmachte.

Vorher drehte ich schnell noch ein Programm
über Ceylon und seine Unterwasserwelt – und
leistete mir, als verdienten Luxus, den Abstieg in
ein Wrack, von dem mir Ceylonesen erzählt
hatten. Nicht um zu filmen oder zu forschen,
sondern um nach der hektischen Zeit für eine
Stunde mit mir und meinen Plänen allein zu sein,
in der beruhigenden Einsamkeit der Meerestiefe,
die für mich zu einer zweiten Heimat geworden
war. In jeder Tauchschule wird heute als erstes
Gebot zu Recht gepredigt, nie allein, sondern
immer mit anderen zu tauchen. Ich gestehe ganz
offen, daß ich dies nicht immer befolgt habe –
und so war es auch an diesem Tag. Auch Lotte
glaubte, ich hätte anderwärts zu tun.

Im Inneren dieses Wracks, das von vielen großen Fischschwärmen bevölkert war und nur
noch ein großes Eisengerippe darstellte, verharrte ich, und zog Bilanz. Was ich mir als Junge
ausgedacht hatte, hatte ich mit großem Einsatz,
viel Frechheit und manchem Risiko verwirklicht,
aber letztendlich war meine Rechnung nicht auf-
gegangen. Der einzige, der auf dem von mir
geschaffenen Schiff meist nur minutenlang für
wissenschaftliche Forschungsarbeit Zeit hatte,
war ausgerechnet ich. Ich hatte zwar eine Woge
in Bewegung gesetzt, die sich nun ganz von
selbst fortsetzen würde und sich bereits fortsetzte. Aber die Jahre gingen vorbei, und dieses
Leben lebte ich nur einmal. Ich würde, diesen
Entschluß faßte ich, das vorgesehene Unternehmen noch bis auf den Punkt genau zu Ende
führen und alle gegebenen Versprechen erfüllen.
Dann würde ich die »Xarifa« verkaufen und mich
von ihr und ihrem Diktat befreien.

An jenem unterseeischen Logensitz am Großen
Barriereriff war mir wie eine Vision der Gedanke
gekommen, ob nicht am Ende das Interessanteste, was das Meer zu bieten hatte, ausgerechnet
der an Land lebende Mensch war. Ich hatte
damals geistig erfaßt, daß alles Leben an Land
nicht nur aus dem Meer stammt, sondern als
besondere Anpassung von Meeresorganismen
an die Luftwelt angesehen werden muß. Auch
an Land setzt sich das Leben nach grundsätz-
lich gleichen Gesetzmäßigkeiten fort. Mehr als
das: Das dem Kreis dieser Landeroberer ent-

stammende Lebewesen Mensch war auch,
samt seiner Technik und sonstigen Entfaltung,
ein Bestandteil in diesem Prozeß. Nun stand der
Mensch – der sich ganz anders sah, ganz anders die künstlich geschaffenen Einheiten seines
Zellkörpers einschätzte – vor immer größeren
Schwierigkeiten, mit denen er offensichtlich
nicht fertig wurde. War dieser »Fisch« nicht eigentlich der interessanteste und aus evolutionä-
rer Sicht nicht der weitaus am wenigsten erforschte und erkannte von allen? An Land war
es trocken und nicht naß, das stimmte. Kraft
seiner besonders entwickelten geistigen Fähig-
keit war der Mensch allen Pflanzen- und Tierkol-
legen immens überlegen geworden. Auch das
stimmte. Doch mußte er, um nun mit sich und
der Welt in Einklang zu kommen, seine immer
schwieriger werdende Problemlösung nicht mit
einer ganz anderen Beurteilung seiner selbst
beginnen? Ganz im Sinne des ERKENNE DICH
SELBST über dem Tempel von Delphi. Hatte
mein Weg mich nicht über den Umweg meiner
Tauchtätigkeit zu jenem kuriosesten »Fisch« geführt – zu der Frage nach unserem Standort, zur
Frage nach uns selbst?

Beim Auftauchen aus der Einsamkeit und Stille
dieses Wracks stieß ich auf einen Einsiedlerkrebs. Diese Krebsart erspart sich die Panze-
rung ihres Schwanzes durch eine Verhaltens-
steuerung, die es ihr ermöglicht, bereits in der
Umwelt vorhandene, gleichsam vorfabrizierte
Einheiten – leere Schneckenhäuser – sich anzu-
gliedern und zum Schutzorgan eben dieses
Schwanzes zu machen. Nach bisheriger Auffas-
sung in der Wissenschaft und im Gemeinden-
ken, war dieses Schneckenhaus keineswegs
Organ des Einsiedlerkrebses – weil er es nicht
selbst gebildet hatte. War das nicht ein sehr
folgenschwerer Trugschluß? Auch das Netz der
Spinne, obwohl selbst gebildet, wird vom Biologen nicht als ihr Organ, also Bestandteil ihres
Wirkungskörpers angesehen, sondern als ihr
Werk. Ganz ebenso wie mein Tauchgerät nicht
als zusätzliches Organ angesehen wurde...

In aller Klarheit wurde mir der Standort des
Menschen deutlich. Mit seinem besonders entwickelten Intellekt erweitert er die Macht seines
Körpers durch zusätzliche, technisch gebildete
Organe, die den besonderen Vorteil haben, ihn
zu den verschiedenartigsten Spezialleistungen
zu befähigen.

So betrachtet, wurde der Mensch zu einem
Lebewesen, das seinen Wirkungskörper ständig
verändert. So betrachtet, waren alle menschlichen Organisationen und Betriebe unmittelbar

Rechts: An der zweiten Etappe der »Xarifa«-Expedition in den Indischen Ozean konnte Lotte nach der Geburt unserer Tochter Meta wieder teilnehmen. Das Kind blieb in dieser Zeit in der Obhut der Großmama. Wir waren jetzt nur noch zu fünft: Hirschel, Scheer, Eibl-Eibesfeldt, Lotte und ich. Vorne links Kapitän Becker, rechts Maschineningenieur Jauch.

Produktions-Übersicht vom 5.5.–28.6.58

Woche		Woche	
1	Ankunft Bristol – Projektion der Unterwasseraufnahmen Rolle X 1-87, der Oberwasseraufnahmen A 1-62 und der Farbaufnahmen F 1-32 – Trennen und Ordnen der Szenen nach Drehbuchnummern und Sachgebieten – Entwurf eines Produktionsplanes	6	und 4 – Aufnahme deutscher Kommentar Progr. 6 – Deutsche Übersetzung Kommentar Progr. 1, 2 und 4 – Auswahl der Toneffekte für Progr. 6 und 4 – Tonkontrolle engl. Kommentar Progr. 1 und 6 und deutscher Kommentar Progr. 6 – Probe engl. Kommentar Progr. 2, Einsetzen von Synchronzeichen – Ausarbeitung engl. Kommentar Progr. 5 – Pressesynopsis und Fotos für Progr. 1 und 6
2	Nachbestellung schlecht kopierter Szenen – Projektion der Rollen X 88-148 sowie A 63-122 – Trennen und Ordnen der Szenen – Auftrag zur Nachnumerierung von Rollen ohne Perforationsnummer – Bestellung der Synchronateliers – Beginn Rohschnitt Programm 1 – Entwurf der englischen Titel	7	Rohschnitt Progr. 3 – Probe engl. Kommentar Progr. 4, Einsetzen von Synchronzeichen – Feinschnitt Progr. 3 und 5 – Aufnahme engl. Kommentar Progr. 2 und 4 – Ausarbeitung engl. Kommentar Progr. 3 – Probe deutscher Kommentar Progr. 1, 2 und 4, Einsatz von Synchronzeichen – J. Morris Überarbeitung engl. Kommentar Progr. 3 und 5 – Abklärung der Musikrechte – Ausarbeitung der engl. Trailer für Progr. 1, 6, 2 und 4 – Aufnahme deutscher Kommentar Progr. 1, 2 und 4 – Orchesteraufnahme der Titelmusik – Tonkontrolle engl. Kommentar Progr. 2 und 4 sowie deutscher Kommentar Progr. 1 und 2 – Auswahl der Toneffekte für Progr. 2 und 3 – Pressesynopsis und Fotos für Progr. 2 und 4 – Deutsche Übersetzung Kommentar Progr. 3 und 5
3	Rohschnitt Progr. 1 und von Sektionen Progr. 4 und 6 – Projektion der Rollen A 123-134 und F 33-41 – Trennen und Ordnen der Szenen – Auswahl der Farbszenen zur Anfertigung von Schwarz-Weiß-Negativen – Feinschnitt von Sektionen Progr. 1 – Kontrolle der englischen Titel – Entwurf der deutschen Titel		
4	Rohschnitt Progr. 6 und 4 – Kontrolle der deutschen Titel – Feinschnitt Progr. 1 und von Sektionen Progr. 6 – Auftrag zur Komposition der Titelmusik	8	Probe engl. Kommentar Progr. 3 und 5, Einsetzen der Synchronzeichen – Auswahl der Toneffekte für Progr. 5 – Aufnahme engl. Kommentar Progr. 3 und 5 – Pressesynopsis und Fotos für Progr. 3 und 5 – Probe deutscher Kommentar Progr. 3 und 5, Einsetzen von Synchronzeichen – Ausarbeitung der engl. Trailer für Progr. 3 und 5 – Aufnahme deutscher Kommentar Progr. 3 und 5 – Tonkontrolle engl. Kommentar Progr. 3 und 5 sowie deutscher Kommentar Progr. 3, 4 und 5 – Abschließende Besprechungen BBC – Flug Stuttgart – Abstimmung der Lieferung der deutschen Kommentarbänder, der internationalen Tonbänder und der Sendekopien an den Süddeutschen Rundfunk – Ablieferung der deutschen Presseunterlagen und Abklärung der deutschen Musikrechte
5	Rohschnitt Progr. 4 und 2 – Ausarbeitung des englischen Kommentars Progr. 1 und 6 – Feinschnitt Progr. 6 und Sektionen Progr. 2 und 4 – Toneffekte Progr. 1 – J. Morris Überarbeitung engl. Kommentar Progr. 1 und 6 – Sprechprobe Synchronatelier – Deutsche Übersetzung Kommentar Progr. 6 – Ausarbeitung engl. Kommentar Progr. 2.		
6	Probe engl. Kommentar Progr. 1 und 6, Einsetzen von Synchronzeichen – Ausarbeitung engl. Kommentar Progr. 4 – Aufnahme engl. Kommentar Progr. 1 und 6 – Probe deutscher Kommentar Progr. 6, Einsetzen von Synchronzeichen – Rohschnitt Progr. 5 und von Sektionen Progr. 3 – Feinschnitt Progr. 4, 2 und Sektionen Progr. 3 – J. Morris Überarbeitung engl. Kommentar Progr. 2		

(Die Mischung der englischen Fassung und der internationalen Tonbänder aller 6 Programme wurde nach meiner Abfahrt von der BBC ausgeführt, die deutsche Mischung später vom Süddeutschen Rundfunk.)

Links: In Colombo verließ ich das Schiff, um vertragsgemäß die ersten sechs Fernsehfilme in England fertigzustellen. Wie ich das (mit dem Schnittmeister Paul Khan) in 8 Wochen schaffte, zeigt diese Übersicht. Insgesamt mußte ich zur Finanzierung dieser Forschungsreise 26 Halbstundenfilme für das deutsche und englische Fernsehen herstellen.

Die unheimlichen Küsten von Groß-Nikobar. Das Archipel der Nikobaren ist vulkanisch. Die hohen Gebirge sind mit dichtem Urwald bedeckt.

mit den Körpern der Pflanzen und Tiere vergleichbar. Das war das Thema, dem ich mich weiterhin widmen wollte.

Dann überrollte mich die Woge des Alltags und seiner Forderungen wieder, diktierte für die nächsten Monate, was ich zu denken und zu tun hatte. Am 24. 7. 1958 verließen wir Colombo und nahmen Kurs auf die Nikobaren. Vor genau 100 Jahren hatte die österreichische Fregatte »Novara« auf der nördlich von Great Nicobar gelegenen kleinen Insel Kondul Eingeborene gesehen. Dagegen waren vor 59 Jahren bei dem Besuch des deutschen Forschungsschiffes »Valdivia«, keine Menschen angetroffen worden. Also dachte ich, daß wir dort am ehesten Chancen hatten, auf keine indische Polizeistelle zu stoßen. Knapp bevor nach dreitägiger Fahrt die steilen Konturen der hohen Berge von Great Nicobar in Sicht kamen, schenkte ich Käpitän Becker reinen Wein ein. Wie mir schien, stieg ich erheblich in seiner Achtung. Er meinte: »Wenn es darauf ankommt, dann haben wir eben Maschinenschaden. Da kann man uns nach Seerecht die Aufenthaltserlaubnis nicht verwehren. Und Herr Jauch ist prima, der zieht sicher mit.«

Wir standen alle an Deck und betrachteten die prächtige Silhouette der steilgezackten Gebirge, die durch schwere Regenwolken und niedergehende Schauer teilweise verhangen waren. Prachtvolle Urwaldhänge zeichneten sich immer deutlicher vor uns ab. Wir erspähten einen schneeweißen Strand mit einer Hütte unter Kokospalmen und weiter oben einen riesengroßen Baum, dessen Krone so groß wie ein Berggipfel aussah. Das Meer war trüb, große blaue Medusen trieben an uns vorbei. Hinter der Südhuk der kleinen Insel Kondul lugte kurz ein Eingeborenenboot hervor und verschwand gleich wieder. Wir waren alle schon sehr auf das erste Zusammentreffen mit den Eingeborenen gespannt und malten uns aus, wie die Nikobarer jetzt in den Urwald flüchteten und wie ihr Medizinmann mit seinem Zauber begann.

Am nächsten Tag, wir waren im St. Georgskanal unweit von Kondul vor Anker gegangen und hatten gerade ein gutes Mittagessen genossen, sahen wir einen schnittigen Einbaum mit Ausleger und zwei kleinen Spitzsegeln auf uns zusteuern. Hirschel, der durch sein Fernglas blickte, sagte plötzlich: »Wißt ihr was, der eine im Boot hat eine Maschinenpistole in der Hand!«

Das Boot enthielt sechs oder sieben fast völlig nackte Nikobarer, außerdem drei Mann in zerlumpter Uniform mit schweren Infanteriegewehren. Während der Einbaum längsseits kam, und wir den Insassen freundlich zuwinkten, entsicherten die drei Soldaten ihre Schießprügel.

Es war indische Polizei, und die erste Frage lautete, ob wir eine Genehmigung der Indischen Regierung hätten. Wir servierten Limonade, und die drei unrasierten Gesellen, die aussahen wie Söldner aus dem Dreißigjährigen Krieg, machten es sich im Decksalon bequem. Umständlich entschärften sie ihre Gewehre in unsere Richtung. Wir zeigten ihnen Fotos, und Lotte tat ihr Bestes, um eine freundliche Konversation in Gang zu bringen. Der Haupträuber grinste geschmeichelt, aber zwischendurch wurde er immer wieder offiziell. Alle Expeditionsteilnehmer wußten inzwischen, welches Spiel wir da spielten. Als Lotte herausbekam, daß die Frau des einen gerade ein Kind erwartete, verehrten wir ihm als Geschenk für die Wöchnerin eine Flasche Kognak. Unten in der Kajüte fragte mich dann der Hauptrabauke, ob wir nicht vielleicht auch eine Flasche Gin entbehren könnten. Ich übergab sie ihm mit Vergnügen, ebenso ein Stück Papier, um das er mich bat, um sie unsichtbar zu machen.

Wir setzten nun unser Boot aus und fuhren nach Kondul – dem Stützpunkt der kleinen Indischen Besatzung – und verhandelten dort mit dem Chef dieser Truppe, einem sehr netten und wohlerzogenen Mann. Das Argument, daß wir hier unseren Motorschaden reparieren müßten,

Eingeborene der Nikobaren vor ihrem Haus. Sie sind äußerst abergläubisch und werden heute von der indischen Regierung betreut.

mußte er wohl oder übel akzeptieren. Wie er uns erklärte, seien wir hier in einem Naturschutzgebiet, in dem ohne Genehmigung keinem Würmchen ein Haar gekrümmt, kein Foto geknipst und kein Film aufgenommen werden dürfe. Ich versicherte ihm, daß wir keine chinesische Dschunke seien, die auf widerrechtlichen Fischfang ausging. Wir einigten uns nach weiteren Verhandlungen und Besuchen, daß wir in die mehrere Meilen entfernte Ganges-Bucht an der Küste von Great Nicobar verlegen würden, wo wir in geschütztem Wasser die Kolben ziehen und den Motorschaden beheben konnten. Für

uns hatte dieser Platz den besonderen Vorteil, daß wir dort vor direkter Beobachtung von Kondul geschützt waren. Da wir nun auch wußten, daß die Polizei nur über Einbäume als Transportmittel verfügte, konnten wir uns hier einigermaßen ungestört bewegen.

Die Behebung des Motorschadens dehnte sich »zu unserem Bedauern« auf vier Wochen aus, die wir mit besten Kräften nützten. Den ersten Tauchversuch unternahmen wir bei einem kleinen Kap, wo die Strömung so stark war, daß wir uns kaum gegen sie behaupten konnten. Der Felsboden war eher kahl und mit erstaunlich

Empfang bei der Ankunft: Indische Soldaten kamen mit Gewehren an Bord. Da uns die ordnungsgemäße Arbeitserlaubnis fehlte, sollten wir die Inseln sofort wieder verlassen. Zum Glück hatten wir »Motorschaden«, dessen Behebung vier Wochen dauerte. – Rechts: Altar im Haus des Medizinmannes.

Die Tauchbedingungen in den Nikobaren waren schwierig. Das Wasser an der Küste rings um Groß-Nikobar war trübe und es herrschten starke Strömungen. Außerdem regnete es oft. Wir ließen uns dadurch nicht abhalten und machten auch in diesen völlig unberührten Gewässern viele interessante Entdeckungen.

Lotte und ich mit Foto- und Filmkamera.

vielen, teils geschlossenen Seeanemonen überdeckt. Nach den langen Monaten der Wartezeit tummelte sich Lotte zwischen uns wie ein vergnügter Fisch und machte sich dann an ihre Arbeit als Unterwasserfotografin. Auffallend schnell und nervös schwamm ein großer Hai an uns vorbei und verschwand wieder.

Dann begann es für Tage, ja Wochen zu regnen. Doch unter Wasser ist es sowieso nicht trocken, also setzten wir wohlgemut unsere Tätigkeit fort. In der Ganges-Bucht lagen wir über zwölf bis zwanzig Meter tiefem, flachem schlammigem Boden. Für den normalen Taucher ist das wohl ein sehr wenig attraktives Gebiet – für den Naturforscher dagegen nicht weniger interessant als das prächtigste Korallenriff. Da lagen, halb im Schlick eingegraben, ein paar alte Äste. Unter einem saß ein ziemlich großer Krebs, der drohend die Scheren aufrichtete, als wir näherkamen. Nicht weit davon erhob sich eine buschige Seefeder, die sich erschreckt in den Boden zurückzog. In einer sanften Schlammulde fanden wir eine Kolonie von acht langstacheligen Seeigeln. Eine lange Linie lief im Zickzack über den Sand. Am Ende marschierte eine Schnecke mit langem Einhorn, zog sich schnell in ihr Gehäuse zurück und lag wie tot da.

Bei etwas genauerer Betrachtung erwies sich die öde Wüste des Schlammbodens als ein Tummelplatz eigenartiger Meeresbürger. Wir stellten an Deck unter dem Sonnensegel – auf das nun der Regen prasselte – eines unserer großen Aquarien auf und setzten die gesammelten Tiere hinein. Als ich nochmals hinuntertauchte, um mit einem Kübel Schlamm zu holen, entdeckten wir darin einen unsymmetrischen Seeigel, der wie ein Maulwurf unter dem Schlamm auf Nahrungssuche ging. Seine Körperform hatte sich im Laufe von zahllosen Generationen dieser besonderen Lebensweise angepaßt. Die fünfstrahlige Symmetrie, das wesentliche Merkmal der Seeigel, hatte diese Art sozusagen an den Nagel gehängt und war zweiseitig symmetrisch geworden, was sich für die Fortbewegung unter dem Schlamm weit besser eignete. Manche der Stacheln wurden kürzer, andere länger – sie konnten damit auch oben auf dem Schlamm sehr flott spazierengehen. Einige Saugfüße unter dem Bauch waren bei dieser Art mächtig angewachsen. Sie sahen wie Blumen aus und dienten im luftarmen Schlamm zum Atmen. Jedes dieser Tiere, die wir teils unten auf dem Grund, teils oben im Aquarium genauer studierten, wurde bald zu einem Hauptdarsteller in den Filmen, die ich nun der Reihe nach produzierte.

Der für diesen Zweck ergiebigste und für uns wissenschaftlich interessanteste Akteur war ein Tier, das in kreisrunden, senkrecht abwärts führenden Löchern lebte, mit riesigen Augen aus seinem Versteck hervorsah und sich, sobald wir näherkamen, tief in sein Loch zurückzog.

Das erstaunlichste war das Loch selbst. Es war

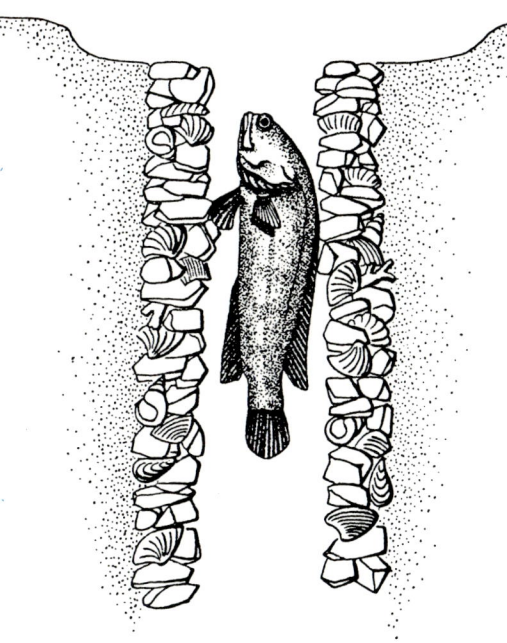

ein senkrechter, kreisrunder Schacht, der ebenso wie ein Brunnen mit Steinen ausgemauert war. Bei den Röhrenaalen in den Malediven hatten wir festgestellt, daß sie ihre weit dünneren Röhren durch Absonderung von Schleim, der den Sand befestigt, errichten. Hier konnten wir bei einigen der Löcher eine weit kompliziertere und kunstvollere Bauweise beobachten und filmisch festhalten. Der Fisch – denn darum handelte es sich – grub erst einen tiefen Trichter in den Schlamm und begann dann von unten her den Brunnenschacht aufzuführen. Als Baumaterial verwendete er Bruchstücke von Munscheln. Er nahm sie in das ziemlich breite derbe Maul und legte sie schön säuberlich im Kreis, immer eine Lage auf die nächste. Nun hatten wir an mehreren Abenden die Blechkapseln von Bierflaschen über Bord geworfen – auch sie dienten dem Fisch als willkommenes Baumaterial. Er hatte sie säuberlich zusammengesucht und in sein Werk miteinbezogen.

Wir wollten dieses erstaunliche Tier fangen und dazu bringen, in unserem Aquarium an Bord einen Brunnen zu bauen. Lotte versuchte es im Tauchgerät mit einer Angel und ließ den Köder direkt über dem Brunnen hin und her baumeln. Der Brunnenbauer ließ nicht lange auf sich warten – doch selbst diesem Einsiedler des Indischen Ozeans war die Sache verdächtig. Er nahm den Bissen vorsichtig am Eck, trug ihn einen Meter vom Loch weg und legte ihn dort ab. Als Lotte mit dem Finger am Rand des Loches kratzte, sauste er hervor und verschwand wieder.

Daraufhin kniete sich Eibl über das Loch und

Seeigel, die wie Passagierdampfer über den Sandboden spazieren. Zwischen ihren Stacheln halten sich Kardinalfische versteckt, die so vor Raubfischen geschützt sind und ihrerseits die Seeigel von Parasiten säubern. – Darunter: Der »brunnenbauende« Kiefernfisch. Er errichtet im Sand senkrechte Löcher, die er mit Schneckenschalen und Muschelstücken säuberlich auskleidet.

wühlte sich mit den Händen in den Schlamm ein, bis allmählich nur seine Schultern hervorsahen. Der Brunnen führte eine ganze Armlänge senkrecht abwärts, doch war der Schacht im unteren Teil, wo der Schlamm fester wurde, nicht mehr ausgemauert. Ganz unten bog er nach der Seite um und bildete einen Sack. Dort saß der Fisch und biß Eibl in den Finger. Aber solche Kleinigkeiten ist ein Zoologe gewohnt. Eibl packte ihn, gab ihn in Lottes Plastikbeutel, und wenig später schwamm der Fisch an Bord in unserem Aquarium.

Aber er fühlte sich dort durchaus nicht wohl. Er schwamm ruckweise, verdrehte die Augen und war offensichtlich krank. Ich ahnte, was ihm fehlte. Eibl hatte ihn zu schnell hochgebracht. Der schnelle Druckunterschied war ihm – ähnlich wie bei Tauchern, wenn sie die vorgeschriebenen Dekompressionszeiten nicht einhalten und zu schnell hochschwimmen – nicht bekommen.

Wir befestigten eine Mausefalle an einer Leine, sperrten den Fisch darin ein und ließen ihn wieder auf den Grund. Dann zogen wir ihn in regelmäßigen Abständen Stück für Stück höher, entpreßten ihn wie einen Taucher.

Nach einer Stunde war er wieder im Aquarium und bewegte sich jetzt ganz normal. Seine Augen waren glänzend und sahen uns interessiert der Reihe nach an. Zum Brunnenbau in unserem Aquarium konnten wir ihn jedoch, trotz reichli-

cher Versorgung mit Baumaterial, nicht bewegen. Es war eine noch unbekannte Unterart von Gnanthypops rosenbergi. Die Form, wie das Tier seinen Brunnen errichtet, hat unter den Fischen keine Parallele.

Da es außerhalb der Bucht zahlreiche Seeanemonen gab, nützte Eibl dies zu einer eingehenden Untersuchung ihrer so erstaunlichen Symbiose mit den so putzigen Clownfischen. Während alle übrigen Fischkollegen, die den mit Nesselkapseln reichlich ausgestatteten Fangarmen dieser Riesenpolypen zu nahe kommen, rücksichtslos erfaßt, umschlungen und in den Magen befördert werden, genießen die Clownfische eine Sonderstellung. Sie tummeln sich im Wald dieser Fangarme, als wären es harmlose Grasbüschel, und wenn Gefahr droht, flüchten sie sogar in den Magen der Seeanemone und finden somit ausgerechnet dort Schutz, wo alle übrigen Fische verdaut werden. Es wurde vermutet, daß die Clownfische durch Abscheidung einer besonderen Substanz oder durch besondere Bewegungsweise vor den Fangarmen und der Verdauungstätigkeit geschützt sind. Doch auch hier konnten nähere Hinweise nur durch Versuche auf dem Meeresgrund selbst ermittelt werden. Für zusätzliche Experimente an Bord stellten wir für Eibl ein weiteres großes Aquarium an Deck auf.

Die Sichtverhältnisse unter Wasser verschlechterten sich nun von Tag zu Tag, trotzdem führte Eibl, während ständig einer von uns aufpaßte, die von ihm geplanten Experimente durch. Wie ein Schmetterlingsjäger eilte er mit einem Handnetz von einer Anemone zur nächsten und streifte dort mit geschicktem Schwung die Clownfische ab. Die verpflanzte er dann von einer Anemonenart auf andere. Er fing gewöhnliche Fische und bot sie dieser und jener Anemone zum Fraß an. Er offerierte den Fangarmen verletzte und unverletzte Clownfische. Dann saß er wieder für eine Viertelstunde regungslos auf dem Grund, schaute bloß, dachte nach. Wären wir nicht dagewesen und wäre ein angriffslustiger Hai vorbeigekommen, dann hätte Eibl ihn bestimmt nicht bemerkt.

Im Aquarium spielte Eibl höchst eigenwillig Schicksal, indem er Clownfische und Anemonen nach seinem Belieben zusammensperrte. Bei der unwirtlichen Anemonenart Radianthus kuekenthali konnte keine Bemühung die Clownfische der Art Amphiprion akallopsius dazu bringen, sich den Fangarmen auf Greifweite zu nähern. Die Fische erkannten also sehr wohl, welche Anemonenart für sie gastfreundlich war und welche nicht. Eibl fand so heraus, daß manche

Auf den schwarzen Lavaklippen des Meeresbodens wuchsen unzählige große Seeanemonen. Hier sind sie geschlossen und die als Gäste zwischen ihren Fangarmen lebenden Clownfische sind im Inneren der kugeligen Gebilde versteckt.

Anemonen nur ganz bestimmte Arten von Clownfischen duldeten, während andere freundlicher waren und auch solchen Arten, die gewöhnlich nicht bei ihnen lebten, Unterschlupf boten. Einige Forscher hatten vermutet, daß die wippende Schwimmbewegung der Clownfische sie ihrer Anemone kenntlich macht, doch konnte Eibl das widerlegen. Auch wenn er den zur Anemone gehörigen Clownfisch am Schwanz festhielt und in ungewohnter Bewegung zwischen die Fangarme führte, ergriffen sie ihn nicht. Dagegen packten sie ihn sofort, sobald er eine offene Wunde hatte. Dies zeigte, daß die Clownfische über einen, wahrscheinlich aus der Haut abgeschiedenen Schutzstoff verfügen, der die Nesselkapseln der Fangarme hemmt, in Aktion zu treten. Wird jedoch das Tier verletzt, dann ist offenbar der Blutgeruch stärker als der aus Duft gebildete Schutzpanzer, und die Anemone verschlingt auch ihren Freund. – Unwillkürlich erinnerten wir uns hier an die Haie in den Malediven.

Unter Wasser hörte Eibl eigenartige Geräusche, wenn er Clownfische in Anemonen setzte, in denen sich bereits andere befanden. Wir senkten ein Unterwassermikrophon in das Aquarium und nahmen diese an ein entferntes Maschinengewehrgeknatter erinnernden Fischstimmen auf Tonband auf. Es waren Kampfrufe, wie sie bei Angriff und Verteidigung ausgestoßen werden. Auch bei den Clownfischen gibt es hochritualisierte »Kommentkämpfe«, die sofort in Erscheinung treten, wenn ein fremdes Männchen in eine Anemone, die bereits von einer anderen Clownfischfamilie besiedelt ist, einzudringen versucht. Das Familienoberhaupt tritt ihm dann sofort – wie ein zum Duell geforderter Ritter – entgegen. Die beiden versuchen einander an den Brustflossen zu packen, dann packen sie einander gegenseitig beim Maul, zerren und kreisen, bis schließlich der Schwächere aufgibt und sich in einer Art »Demutstellung« zurückzieht. Er wird dann vom Sieger in Ruhe gelassen und schwimmt davon.

Direkt unter unserem Schiff entdeckten wir Seeigel, die auf flachem schlammigem Grund wie auf Stelzen umherliefen und zwischen deren Stacheln kleine Fische geborgen sind wie Fahrgäste auf einem Dampfer. Auch hier handelt es sich um angeborenes Verhalten zum beiderseitigen Vorteil. Über dem Schlammboden schwebt eine dichte Wolke von kleinen Schwebetierchen, die in der Nähe der Korallenriffe den gierigen Polypen zum Opfer fallen. Für kleinere Fischarten wäre somit der flache Schlammboden ein reiches Nahrungsfeld, doch können sie sich nor-

malerweise nicht dorthin vorwagen. Sie werden dort sofort von Raubfischen aufgeschnappt. Diese »Kardinalfische« (Siphamia versicolor) sind dagegen zwischen den Stacheln der Seeigel vorzüglich geschützt und können aus dieser Deckung vorbeitreibenden Plankton gefahrlos aufschnappen. Ich konnte filmen, wie die Seeigel ihre Stacheln so hielten, daß für die Fische bequeme Wege zwischen ihnen entstanden. Und besonders aufschlußreich war, wenn zwei solche Passagierdampfer einander begegneten. Sofort besuchten Kardinalfische des einen Schiffes jene des anderen. Aus geselligem Drang? Um mit ihnen zu »plaudern«? Mitnichten. Sie stellten so fest, ob das andere Schiff vielleicht weniger bevölkert war und sich dort somit eine günstigere Konkurrenzstellung gegenüber den lieben Artgenossen bot. Dann blieben sie dort, sonst kamen sie zurück... nicht anders wie die Pilotenfischen jener Weißspitzen-Hochseehaie, die aus den Abgründen des Meeres hochkamen, wenn Wale getötet wurden.

Zweimal kamen die Inder uns besuchen und ihre Frage, ob denn unsere Maschine schon wieder in Ordnung sei, wurde deutlich dringender. Schließlich kam ein indisches Regierungsschiff – und wir beschlossen den Bogen nicht zu überspannen. Wir fuhren dem Schiff entgegen, erklärten, eben jetzt seien wir fertig geworden, wollten morgen früh weiterfahren. Wir luden die Herren zu einer Abschiedsparty an Bord. Dem lokalen Polizeichef fiel sichtlich ein Stein vom Herzen. Wir landeten wieder vor Kondul, es wurde ein gelungenes Fest, und gegen Morgen entschwanden wir in südliche Richtung.

Eibl-Eibesfeldt untersuchte das territoriale Verhalten der Clownfische, die ihre Seeanemone gegen Eindringlinge verteidigen. Dabei stoßen sie klickende Geräusche aus, die wir an Bord in einem Aquarium mit dem Unterwassermikrophon festhielten.

Zu meiner Schande muß ich gestehen, daß dies – man möge uns unsere Zielsetzung zugutehalten – abermals nur ein Trick war. Denn inzwischen hatten wir erfahren, daß es in nördlicher Richtung eine größere Insel gab, die völlig unbewohnt war. Dort konnten wir also ohne die Gefahr einer Entdeckung unsere Arbeiten fortsetzen. Diese Insel hieß Tillanchong. Wir fuhren also südwärts, ankerten an der Ostküste von Great Nicobar, fuhren dann ostwärts und gelangten in einem großen Bogen unbemerkt zu unserem neuen Ziel.

Die dreieinhalb Wochen, die wir auf Tillanchong verbrachten, wurden zum Höhepunkt unserer Expedition. Zu keinem Platz der Welt möchte ich so gern nochmals zurückkehren wie zu diesem paradiesischen Eiland. Es ist neuneinhalb Meilen lang und hat die Form eines ungemein graziösen und schmalen Reitstiefels. Die Ferse umschließt die Castle Bay, in der wir ankerten; über dem Stiefelschaft erheben sich mehrere, über dreihundert Meter hohe, ungemein steile Urwaldgipfel. An der Westseite gibt es einen Palmenstrand, der sich in seiner völlig unberührten Schönheit mit kaum einem anderen der Welt vergleichen läßt. Auf den Höhen der Insel schossen wir wilde Schweine und Tauben, so viele wir wollten. Die Regenwolken hatten sich verzogen, wir hatten nur noch schönes Wetter. Das Meer war kristallklar, hochinteressante Korallenriffe säumten hier die Küste. Gleich bei meinem ersten Abstieg stieß ich auf einen prächtig gemusterten Leopardenhai, den ich aus nächster Nähe filmen konnte. Am Sandstrand der Bucht beobachteten wir vom Schiff aus ein Krokodil, das im Meer verschwand – und das wir leider, trotz aller Mühe, nie unter Wasser zu Gesicht bekamen. Es gehörte zu der gefährlichen Art Crocodilus porosus, die bis zehn Meter lang wird und im Meer taucht. Jeder von uns hatte hier von früh bis spät zu tun, um die Fülle an Interessantem, das wir hier sahen und erlebten, bewältigen zu können.

An der Ostseite der Castle-Bay entdeckten wir ein winziges Riff mit einem wunderschönen Korallenhain, wo alle hier lebenden Fische offenbar nichts anderes als das Fortpflanzungsgeschäft im Sinn hatten. Mehrere Arten – besonders Nashornfische – zeigten hier im Liebeswerben prächtige Verfärbungen. Bei einem Dascyllus-Männchen konnte ich aus nächster Nähe filmen, wie es das Weibchen in Paarungsbereitschaft versetzte, zu einem großen Becherschwamm hinjagte und dort, ihm dichtauf folgend, die abgelegten Eier besamte. Bei einem Drückerfisch fiel mir auf, wie wütend er einen bestimmten Platz gegen andere Fische verteidigte, sie immer wieder attackierte und verjagte. Er entfernte sich dann jeweils von dem Platz – doch die anderen Fische kehrten sofort wieder zurück, so daß auch er zurückeilte und sie wieder verzweifelt bekämpfte. Ich hatte diesen erstaunlichen Vorgang schon mehrmals gefilmt, als ich endlich begriff, was da los war. Beim Filmen hatte ich mit meinen Flossenbewegungen ungewollt das Korallengeröll verschoben, unter dem sich die von ihm befruchteten Eier befanden. Nun kamen andere Fische und wollten die Eier fressen. Er war ein sorgenvoller Vater, der seine Brut verteidigte und dabei von zwiespältigen Regungen hin und her gerissen war. Einerseits hatte er Angst vor mir und meiner Kamera, andererseits band ihn sein Instinkt an seine Pflicht.

Eibl zeigte aufgeregt zur anderen Seite des Riffs. Dort schwamm ein etwa 1,80 Meter langer, schlanker Hai, der merkwürdig zerbissene Kiemen hatte. Er bewegte sich langsam und lauernd – wir wurden nicht klug aus ihm. Ich filmte ein anderes Fischpärchen, das in victorianischer Steifheit ungeweglich nebeneinander lag, ohne jedoch das geringste zu tun. Vielleicht hatte der Pastor ihnen noch nicht den Segen gegeben. Da machte mir Eibl schon wieder aufgeregte Zeichen und führte mich eilig zum Abhang des »Liebesriffes«, wie ich es dann in meinem Film nannte. Jenseits eines Riffvorsprunges bewegte sich in einiger Tiefe ein undeutlicher Knäuel. Vier schlanke Haie umkreisten einander, waren so dicht beisammen, daß sie sich beinahe berührten. Da sah ich, daß unser merkwürdiger Freund mit den zerbissenen Kiemen das Zentrum bildete. Es war ein Weibchen, dem drei Männchen dichtauf folgten und sich bemühten, ihm behutsam und zärtlich an den Kiemen zu knabbern. Die Wunden, von denen wir angenommen hatten, es seien Spuren, die von Kämpfen herrührten, waren sozusagen Liebesbisse, mit denen jeder um die Gunst dieses Weibchens wetteiferte.

Über die Paarung der Haie ist nicht viel bekannt. Die Männchen haben paarige Begattungsorgane – also je einen doppelten Penis –, die sie in die ebenfalls paarige Scheide des Weibchens einführen. In Aquarien wurde beobachtet, daß das Männchen zu diesem Zweck das Weibchen ringförmig umschließt und sich so an ihm festklammert. Wir haben manche Beobachtungen gesammelt, die mit dem Bild, das man sich gemeinhin von Haien macht, nicht ganz übereinstimmen. Die freundlich zärtliche Form, wie diese Männchen dem Weibchen den Hof machten, um sie buhlten, sie zu erobern suchten, hat

Ein Nasenfischmännchen beim Liebesspiel. Normalerweise ist es gleichmäßig dunkelblau gefärbt, doch bei der Werbung verfärbt es sich auffällig. Ist die Erregung abgeklungen, dann verschwindet der weiße Fleck ebenso plötzlich wie er sichtbar wird.

Unten: Eine seltene Beobachtung: Haie bei der Paarung. Drei Männchen folgen einem Weibchen, versuchen sich an ihre Seite zu schieben und an ihren Kiemen zu knabbern. So versetzen sie das Weibchen in Paarungsbereitschaft.

diese Einschätzung noch um ein weiteres charakteristisches Detail bereichert. Keines der drei Männchen zeigte Eifersucht. Einer nach dem anderen versuchte, sich an die von allen Begehrte heranzuschieben. Dabei gab es keine plötzliche Bewegung, keine eigentliche Erregung, alles vollzog sich in Harmonie. Mag sein, daß es bei anderen Haien anders ist: mir ist dieses Quartett in unauslöschlicher Erinnerung. Wie ein sich von selbst verwirrender und entwirrender Knäuel bewegte sich die Gruppe weiter und entschwand dann leider aus unserer Sicht. Scheer machte inzwischern andere, nicht weniger aufregende Beobachtungen. Am Abhang der Korallenriffe, wo diese in schräg abfallenden Sandboden übergehen, entdeckte er zwei Korallenarten, die es zuwege bringen, auf Sandboden zu leben, wo keine andere Korallenart Fuß fassen kann. Denn die freischwimmenden Larven, über welche die stockbildenden Korallen sich vermehren, benötigen eine feste Unterlage, um auf dieser ihre Bauwerke zu errichten.

Die erste Art – sie gehörte zur Gattung Heterocynthus – siedelt sich auf winzigen Schneckengehäusen an, die der Wurm Aspidosiphon besiedelt und so in ein schützendes Haus verwandelt. Indem nun die Koralle Kalk abscheidet, umwächst sie das Schneckenhaus samt dem Wurm, so daß dieser schließlich in einem Spiralengang im Sockel der Koralle ein vorzügliches Heim hat, während der Polyp wie ein Reiter oben aufsitzt. Der Wurm genießt bei dieser Partnerschaft den Vorteil, daß er durch den Polypen noch besser geschützt ist, während die Koralle nicht nur der Sorge um einen soliden Baugrund enthoben, sondern gleichsam motorisiert ist. Wird das Gespann durch Wasserbewegung mit Sand bedeckt, dann sorgt der Wurm dafür, daß sie wieder freikommen: er richtet den Reiter wieder auf.

Die zweite, nicht minder aufregende Entdeckung war eine Goniopora, die bereits fix und fertige kleine Kolonien bildete, die wie Triebe auf einem Kaktus auf ihr entstanden. Diese Ableger quollen auf, trieben wie Ballone durchs Wasser, wurden von der Strömung getragen, landeten irgendwo auf dem Sand als fertiger, halbkugelig dem Sand aufliegender Stock. Im weiteren Verlauf bildeten dann die Polypen ein gekrümmtes Horn, mit der die Kolonie sich im Boden verankerte. Das Problem der Larve, die zur Bildung einer neuen Kolonie eine feste Aufsitzfläche braucht, war durch diesen Pionier, durch diese »lebend gebärende« Koralle, überwunden.

Als Eibl und Scheer zum Liebesriff fuhren, verfehlten sie es und entdeckten dabei ein anderes

Bei Tillanchong entdeckten
wir das Wrack einer englischen Korvette. Im noch gut
erhaltenen Bug befanden
sich Schiffslampen aus Messing, die wir hochbrachten
und putzten. Sie zieren heute
die Wohnungen aller Expeditionsteilnehmer.

Riff, neben dem die Trümmer eines versunkenen Schiffes lagen. Im noch erhaltenen Vorderteil fanden wir einen Raum, wo die einstigen Schiffslampen aufbewahrt worden waren. Jede war handgearbeitet und wunderschön. Wenn man vorsichtig mit dem Hammer an ihnen klopfte, fiel die vom Meer gebildete Kalkschicht von ihnen ab und ihr Messing oder Kupfer glänzte auf, als wären sie erst vor einigen Wochen hergestellt worden. Jeder Mann an Bord wollte eine solche Lampe nach Hause als Erinnerung mitnehmen. Überall an Deck saßen nun Männer und klopften.

Dann machte ich einen Routinebesuch auf dem sandigen Grund, über dem wir ankerten, und entdeckte unter vielem anderen eine sehr merkwürdige Muschel. Das darin befindliche Tier verfärbte sich, als sie sich schloß. Oben im Aquarium öffnete sie sich wieder, und ein Kopf mit hochentwickelten Augen kam zum Vorschein. Es war ein kleiner Krake, ein Oktopus, der sich zwischen den leeren Muschelschalen installiert hatte und sie in gleicher Weise betrieb, wie es das ursprünglich darin lebende Muscheltier getan hatte. Indem er sich mit den Saugnäpfen seiner Fangarme von innen her festsaugte, konnte er die Schalen nach Belieben öffnen und schließen.

In dem Aquarium befanden sich verschiedene Krebse und Krabben, die diesen Kraken sehr bald zu belagern begannen. Der Krake wehrte sich energisch, ließ sich nicht aus seiner Muschel vertreiben. Den Ausschlag gab schließlich ein Einsiedlerkrebs, der den Oktopus so sehr in Erregung brachte, daß dieser in plötzlichem Impuls die Schalen der Muschel verließ, sich auf ihn stürzte und ihn umschlang.

Jetzt sahen wir, was das Ziel dieser Belagerung war. Die Muschelschalen waren zur Hälfte mit Eiern angefüllt. Dieser Krake war ein Weibchen, das in der leeren Muschel seine Eier abgelegt hatte und nun bewachte.

Wir konnten in den nächsten Tagen beobachten und filmen, wie rührend diese Mutter um ihre Brut besorgt war, indem sie die Eier mit frischem Wasser versorgte. Dann schlüpften die Jungen, und bald war das ganze Aquarium mit Tausenden von umherschwimmenden winzigen Oktopus-Babys erfüllt. Am Morgen des vierten Tages kam dann das dramatische Ende. Das Krakenweibchen kroch an einer der Scheiben des Aquariums hoch, zog die Eischnüre hinter sich her und schwenkte diese, als wollte sie die letzten, noch nicht geschlüpften Jungen auffordern, das nun endlich zu tun.

Dann ließ sie plötzlich die Eischnüre fallen. Ihr

Körper verkrampfte sich, sie versuchte noch zu schwimmen, doch die Arme waren bereits gelähmt. In einem schaurigen Todestanz torkelte sie hilflos durchs Wasser. Dann sank sie zukkend zu Boden und atmete nur noch langsam und schwer. Schließlich hörten die Bewegungen ganz auf. Während die Krakenbabys zu Tausenden unbekümmert ins neue Leben tanzten, hatte die Mutter ihren Lebenszweck erfüllt. Umringt von ihrer heiteren Nachkommenschaft lag sie regungslos neben der nun wieder leeren Muschel – ein Symbol des sich von Generation zu Generation auf immer neuen Wegen mühevoll weiterkämpfenden Lebens.

Ein kleiner Krake, der sich zwischen den leeren Schalen einer Herzmuschel einquartiert hat und darin seine Eier verbirgt. Über seine Brutpflege und seinen dramatischen Tod drehten wir einen ganzen Film.

Eines Morgens hörten wir das Geräusch eines Flugzeuges, und sahen es um uns kreisen. Wir waren entdeckt – und damit war dieser besonders schöne und ertragreiche Aufenthalt zu Ende. Wir lichteten die Anker und segelten in die Straße von Malakka, wo wir noch bei den einsamen Inseln Pulau Perak und Pulau Yarak eindrucksvolle Erlebnisse hatten. 50 Meilen von Singapore entfernt kam uns dann unerwartet eine Barkasse des Royal Army Service Corps entgegen, überbrachte uns die Post und geleitete uns in den Hafen. Da Lotte und ich die Inseln vor Singapore kennenlernen wollten, führte uns ein Flugzeug des Royal Singapore Flying Clubs, wohin wir wollten, und anschließend brachte uns eine Barkasse der Armee zu Raffles Lighthouse, dem südlichsten Punkt des asiatischen Kontinents.

Wir tauchten hier bei trübem Meer und außerordentlich starker Strömung – ich wußte, daß dies für lange Zeit mein letzter Abstieg war. Wie in einem Fluß wurden wir an sehr bizarren Riffen entlanggespült. Schildkröten und Haie tauchten vor uns aus dem Nichts auf und waren bald wieder hinter uns in der trüben Suppe dieses Wassers verschwunden. An einer geschützten Stelle entdeckte ich Rasierklingenfische, die wie tanzende Zahnstocher aussehen. Diese kuriosen Tiere, die an eine Messerklinge erinnern, schwimmen kopfabwärts, mit dem Rücken voran, und sie können auf Grund dieser Gestalt Kleintiere aus den engsten Spalten hochwachsender Korallen herausholen. Gelingt es, mit der Handfläche unter sie zu fassen, dann tanzen sie darüber auf und ab, weil eine angeborene Reaktion ihnen strikt befiehlt, nach abwärts zu flüchten.

Auch diese Expedition war somit erfolgreich zu Ende geführt, und ich nahm von der »Xarifa« Abschied. Ich beließ das Schiff mit drei Jugoslawen an Bord in der Obhut der Englischen Marine, der ich es für Fahrten der Offiziere in die Indonesischen Inseln zur Verfügung stellte. Es dauerte zwei Jahre, bis ich einen Käufer für das Schiff fand. Dann sandte ich einen Kapitän und einen Maschinisten nach Singapore, und in unerwartet schneller Fahrt gelangte die »Xarifa« nach Cannes zurück, wo ich sie ihrem neuen Eigner, Herrn Carlo Traglio, dem damaligen Vertreter von Coca Cola in Italien, übergab. Er ließ sie auf einer italienischen Werft wieder in eine Luxusyacht, die sie ja ursprünglich gewesen war, zurückverwandeln.

Die weiteren Jahre galten dann jener anderen Expedition ins Unbekannte, die nicht mehr Thema dieses Buches ist. Es zog mich zwar immer wieder ins Meer zurück, doch nur noch zum Vergnügen und um dort zu filmen. Meine wissenschaftliche Tätigkeit galt einem neuen Weg, der an Abenteuern nicht weniger reich ist. Wohin er letztendlich führen wird, wird die Zukunft zeigen.

Regenbogenmakrelen, die sich an der rauhen Haut eines Haies scheuern. Auch auf diese ungewöhnliche Weise kann man Hautparasiten loswerden. Die Haie schwimmen verärgert davon.

In Singapore verließen wir die »Xarifa« – und sahen sie erst wieder, als wir sie verkauften. Die Finanzierung weiterer Fahrten durch wissenschaftliche und staatliche Stellen blieb leider aus. Heute fährt die »Xarifa« wieder als Luxusyacht.

Veröffentlichungen
von Hans Hass

Jagd unter Wasser, Stuttgart 1939
Unter Korallen und Haien, Berlin 1942
Fotojagd am Meeresgrund, Harzburg 1943
Drei Jäger auf dem Meeresgrund, Zürich 1947
Menschen und Haie, Zürich 1949
Manta, Berlin 1952
Ich fotografierte in den Sieben Meeren,
    Harzburg 1954
Wir kommen aus dem Meer, Berlin 1957
Expedition ins Unbekannte, Berlin 1961
Wir Menschen, Wien 1968
Energon, Wien 1970
In unberührte Tiefen, Wien 1971
Vorstoß in die Tiefe, Hamburg 1971
Welt unter Wasser, Wien 1973
Tauchführer: Das Mittelmeer, Wien 1976
Der Hai, München 1977
Die Schöpfung geht weiter, Stuttgart 1978
Wie der Fisch zum Menschen wurde,
München 1979
Im Roten Meer, Wien 1980
Wie Haie wirklich sind, München 1986
Naturphilosophische Schriften, München 1986
Der Ball und die Rose, München 1986

Die Ergebnisse der »Xarifa«-Expeditionen
wurden in bisher über 130 wissenschaftlichen
Arbeiten veröffentlicht.
(Verzeichnis in: Expedition ins Unbekannte)

Der Autor produzierte in den Jahren 1939–1984
insgesamt 4 Kinofilme und 86 Fernsehfilme.

»Abenteuer unter Wasser« folgt in seinem Inhalt
der 13teiligen Fernsehserie »Meine Abenteuer
und Forschungen im Meer«, die erstmals 1985
vom Südfunk Stuttgart und vom Bayerischen
Rundfunk ausgestrahlt wurde.

Abbildungsnachweis

Prof. Dr. I. Eibl-Eibesfeldt, Seewiesen, 118 r. o.
foto-ciné-sub Kurt Amsler, Wädenswil, 45 o.
Ing. Kurt Hirschel, Kornwestheim, 4, 5
IKAN Unterwasser-Bildarchiv, Frankfurt, 2, 3, 9,
    17 u., 21
tesche dokumentarfilm produktion, Leichlingen,
    28 l. u., 93 r. o.
Alle anderen Abbildungen stammen vom Autor.

Zeichnungen
31, 137 aus: Eibl-Eibesfeldt, Irenäus, Die
        Malediven, München-Zürich 1985
151   aus: Hass, Hans, Expedition ins
        Unbekannte, Berlin 1961

Tauchplätze und Fahrtrouten der »Xarifa«

NORD AMERIKA

ATLANTISCHER

London   Hamburg

① Genua ②

AZOREN

⑦

KANAR. I.

⑧

AFRIKA

KARIBISCHES MEER

Curacao
Bonaire
Los Roques

③

Panama

La Guaira

Kokos I.

⑦

Galapagos

KAPVERDE I.

OZEAN

SÜD AMERIKA

PAZIFIK

① 1937 Französische Riviera
② 1938 Dalmatinische Küste
③ 1939/40 Curacao, Bonaire
④ 1942 Griechische Inseln
⑤ 1949/50 Port Sudan
⑥ 1951/52 Großes Barriereriff